中国经济文库 · 应用经济学精品系列（二）

杨松令
刘亭立◎著
董香兰

生态位理论范式下的股东关系及其经济后果研究

Research on Shareholder Relations and Its Economic Consequences under the Paradigm of Niche Theory

中国经济出版社
CHINA ECONOMIC PUBLISHING HOUSE
北京

图书在版编目（CIP）数据

生态位理论范式下的股东关系及其经济后果研究／杨松令，刘亭立，董香兰著. --北京：中国经济出版社，2021.11

ISBN 978-7-5136-6723-4

Ⅰ.①生… Ⅱ.①杨…②刘…③董… Ⅲ.①上市公司-股东-研究-中国 Ⅳ.①F279.246

中国版本图书馆 CIP 数据核字（2021）第 225735 号

责任编辑 彭 欣
责任印制 巢新强
封面设计 华子图文

出版发行 中国经济出版社
印 刷 者 北京艾普海德印刷有限公司
经 销 者 各地新华书店
开 本 710mm×1000mm 1/16
印 张 16.5
字 数 213 千字
版 次 2021 年 11 月第 1 版
印 次 2021 年 11 月第 1 次
定 价 88.00 元
广告经营许可证 京西工商广字第 8179 号

中国经济出版社 **网址** www.economyph.com **社址** 北京市东城区安定门外大街 58 号 **邮编** 100011

前　言

近年来，上市公司股东之间的矛盾时有发生，因利益冲突而发生内斗的现象日渐增多，严重影响了公司的健康发展。因此，如何建立良好的股东关系已成为理论界和实务界面临的一个重要课题。自 LLSV 组合（法与金融学研究领域的“四剑客”）开创新的研究范式以来，学术界便把目光聚焦于大股东与小股东的关系治理上，希望通过健全法制环境等措施，限制大股东的权力，保护小股东的利益。但是，随着相关研究的不断深入，不少学者发现股东具有异质性特征，股东之间的利益格局不是完全取决于其持股比例，而是需要从新的视角认识并解释日趋复杂的股东关系。

本研究引入自然生态学的相关理论，构建了股东生态系统，提出了股东生态位的概念，按照所处生态位对股东进行了分类，归纳并量化了不同类型股东的生态位特征，从公司价值和盈余管理两个方面实证检验了股东生态位的影响作用，并结合万科公司案例阐释了股东生态位重构的经济后果。在此基础上，进一步提出了未来相关研究的方向，为股东关系及其经济后果提供了新的研究视角。

具体而言，本研究主要包括五篇内容。第一篇是股东生态系统的理论基础，明确了股东生态系统的研究内容、研究方法、研究创新方向并进行了文献综述。第二篇是股东生态系统的构建，在界定股东生态系统概念的基础上，明确了股东生态系统的构成，归纳了股东生态系统的特征，阐述了股东生态系统的网状结构及股东在生态系统中的位置。第三篇是对股东生态位的研究，首先提出了股东生态位的概念，对股东角色进行了划分，分析了不同类型股东的生态位特征；其次引入了自然生态学中生态位的基本参数和测度模型，构建了股东生态位的宽度、重叠度和自由度指标，并采用我国A股上市公司的样本数据，分析了股东生态位宽度、重叠度和自由度的分布现状。第四篇是对生态位视角下股东关系经济后果的研究，具体包括股东生态位对公司价值和盈余管理的影响研究，以及对万科公司股东生态位重构的案例研究。第五篇是基于生态位的股东关系研究，即通过构建多个模型，分析不同类型的股东生态位关系，再根据股东生态位理论改进传统的公司股权资本成本估算模型。

最后，本研究得到如下结论：

（1）股东与其所处环境共同构成股东生态系统。与自然生态系统相似，上市公司股东可以被看作一个虚拟的生态群落。股东生态系统由股东生态主体、股东生态环境和股东生态调节机制三个部分构成。根据股东的生态位特性，股东生态主体可分为类掠食型股东、优势型股东、建群型股东、从属型股东和伴生型股东五种类型。

（2）不同类型股东归属于不同生态位，处于不同生态位的股东具有不同的行为特征。类掠食型股东位于股东生态链的顶端，扮演着“主宰者”的角色；优势型股东在系统中处于仅次于类掠食型股东的地位，扮演着“关键者”的角色；建群型股东个数众多，在系统中扮演着“支持者”的角色；从属型股东和伴生型股东在系统缝隙中求得生存，扮演着“缝隙者”的角色。

（3）股东生态位宽度决定了股东在生态系统中的位置，股东生态位重叠度决定了股东之间的关系状况。股东种群拥有的生态位宽度越宽，说明该类股东种群可利用资源的多样化程度越大。股东种群间的生态位重叠度越大，竞争的激烈程度越大，越可能产生利益冲突，越能发挥监督和制衡作用。在特定股东生态系统中，股东种群间的生态位重叠度越小，股东类型的多样性越强。股东生态位自由度是判断公司股东关系良好程度的指标。股东生态位自由度越大，股东生态位宽度越大，且相互之间的生态位重叠度越小，存在资源闲置的可能性越大。股东生态位自由度过大或者过小，都不利于公司的整体发展。

（4）互惠共生是不同类型股东相处的最终目标。不同股东之间存在多种关系，短期内股东之间因利益冲突而存在的各种矛盾和争斗虽然不可避免，但是从长期来看，处于不同生态位的股东之间的关系是可以协调的，不同类型的股东最终应该达到一种互利共生的状态。

（5）股东生态位会显著影响公司价值。股东生态位宽度、重叠度与公司价值之间存在显著的正相关关系，然而股东生态位自由度与公司价值之间存在显著的正 U 形关系，临界点为 0.262。外部法律制度环境的完善水平对各股东种群自身作用的发挥具有重要影响，代理成本对股东生态位与公司价值之间的关系能起到部分中介作用。

（6）不同类型股东的生态位特征对真实盈余管理的影响存在显著差异。优势型股东的生态位宽度与真实盈余管理程度呈负相关关系，说明优势型股东的生态位宽度越大，对真实盈余管理行为的抑制作用越明显。股东生态位的重叠度越大，公司真实盈余管理程度越高。真实盈余管理程度随着股东生态位自由度的增加而呈现先降后升的正 U 形关系，临界点为 0.275。

（7）股东生态位的重构，特别是由大股东之间变动造成的生态位重构会对公司产生重要影响。当具有侵占意图的大股东在股东生态系统中占据主导地位时，不利于企业价值的提升。

（8）基于股东生态位视角对公司股权资本成本估算模型的改进是必要的。股东所处生态位的差异决定了股东对未来收益期望的差异，异质性股东对未来期望收益的要求可能高于同质性股东，会导致公司股权资本成本的增加，进而影响公司的加权平均资本成本。

运用生态学理论研究股东关系是我们的初步尝试，虽然我们提出了股东生态位以及测度方法等新的概念和思路，但是对股东生态位的特征、生态位在股东关系中的作用等问题还需要进一步的探索。我们希望本书的出版能够引起更多学者对股东关系问题的关注，以促进对该问题的积极和深度研究。

目　录

第一篇
股东生态系统的理论基础

>>>>

本篇为股东生态系统的理论基础，共分为两章。

其中，第1章为引言，介绍了研究背景与研究意义、研究内容、研究方法、技术路线以及研究创新，展示了本研究的总体思路。第2章为文献综述，围绕股东关系、公司价值和盈余管理等相关内容进行了文献梳理，找出本研究在股东关系领域可进一步拓展的研究空间，并结合生态学理论在经济管理领域中的应用现状，进一步明确了本研究的可行性。

第1章　引言

1.1　研究背景

自现代企业制度建立以来，公司治理领域的相关理论与实证研究成果在提高公司治理结构的有效性、提升公司绩效和完善现代企业制度方面发挥了重要作用。Berle 和 Means（1932）[1] 发现公司的股权虽然主要分散在小股东之间，但公司的实际控制权却被掌握在经营管理者的手中，造成所有权和经营权的分离。随后，Jensen 和 Meckling（1976）[2] 提出了股东和管理层之间的委托代理关系是公司治理领域研究的主要问题，由此引发了对第一类委托代理问题的讨论。随着相关研究的深入和研究范围的扩大，LLSV 组合（1998，1999）[3,4] 发现，大多数国家公司的股权结构普遍趋向于集中化，人们逐渐认识到大股东在公司治理方面的重要作用。这种认识进一步推动了公司治理领域的相关研究从关注股东与管理层之间的第一类委托代理问题，逐渐转向大股东与小股东之间的第二类委托代理问题。

从我国公司治理实践来看，随着资本市场的发展，利益相关方争夺控制权的方式逐渐呈现出多样化的特点，不再局限于所有者和经营者之间，而是更多地体现在股东之间。2011 年 7 月，通信企业中创信测（股票代码：600485）成为沪、深两市首家因大股东遭清算，致使公司控制权发生变更的上市公司。2012 年 3 月，国内首家上市的锦纶生产企业美达股份（股票代码：000782）的董事长起诉解散控股股东，使公司面临实际控制人变更的风险。自 2012 年 8 月起，平湖九龙山（股票代码：600555）也因新旧大股东对九龙山未来发展方向的不同定位，导致大股东之间的矛盾不断升级，进而影响了公司业绩。九龙山2012年季报显示，公司前三季度营业总收入为1.23亿元，同比减少2.56亿元；实现净利润286万元，同比减少1.14亿元。2013年1月，闪存盘的发明者朗科科技（股票代码：300042）由于实际控制人和第二大股东对公司营利模式、发展路径的意见不一致，导致公司面临大股东大规模减持的风险。2013年，天立环保（股票代码：300156）的第一大股东与第三大股东、第四大股东在公司转型上意见相左，主要股东与高管层面分歧巨大，导致公司主要业务基本停滞，最终在2014年5月以三大股东结盟为一致行动人而告终。2014年8月，西藏药业（股票代码：600211）的两大股东因争夺董事会控制权引发股东内斗，致使第三方股东及其一致行动人“坐收渔利”，一跃成为公司的控股股东。2015年8月，东方银星（股票代码：600753）的大股东通过股份增持，以29.99%的持股比例成为与原第一大股东并列的第一大股东，为了巩固各自在公司的大股东地位，他们分别召集股东大会，试图改选董事会成员，引发了“双头”董事会风波。2015年10月，天科股份（股票代码：600378）第一大股东和第二大股东之间对控股权的争夺逐渐升级，演变成对董事会成员委派比例的争夺，董事会秘书面临被罢免的风险。这些股东“内斗事件”虽然只是现实中的“冰山一角”，但它们充分表明，不同类型股东的势力格局已不仅由股权控制权决定，还受到其他很多因素的影响。

近年来有不少研究发现，不同类型的股东经济实力不对等、资本成本不同、向公司转嫁成本的能力不同、投资偏好不同、股权的行使方式不同，对未来收益与风险的估计也存在异质信念（李维安、张立党、张苏，2012；汪青松，2012；汪平、邹颖、兰京，2015）[5~7]，股东之间除了持股比例等数量关系之外，还存在其他经济或社会关系、正式或非正式的契约关系，如持股关系、一致行动人关系以及自然人之间可能存在的家族关系等（魏明海、程敏英、郑国坚，2011；吴德胜、李维安，2010）[8,9]，使股东关系变得越发错综复杂，成为大股东异质化的主要原因（程敏英、林秉旋、魏明海，2012）[10]。更重要的是，大股东之间复杂的节网关系会掩盖一些决策或寻租行为，影响公司内部治理机制，并最终影响公司绩效。

总之，股东特别是大股东之间多样化的利益之争，使不同类型股东之间的利益格局不再完全取决于股权比例，还必须考虑其在资本市场环境中所处的地位及其对资源的利用程度。而且，许多处于弱势地位的股东群体或个体，并没有因为相互之间的竞争或内斗而退出股市，反而与处于强势或优势地位的股东群体或个体长期共存。这些现象和问题都是促使我们从新视角探索其中奥秘的重要原因。

在自然界中，生物物种（相似个体的集合）本身是以复杂的方式相互作用的，不同类型的生物之间会相互争夺同一组资源的使用权。例如，对于食草动物而言，如果草的供应有限，那么某种食草动物生存上的胜利就会以另一种食草动物的淘汰为代价。有时我们可以观察到不同物种之间明显的合作状态。比如，野猫让鸟吃它身上的跳蚤和虱子，以及猞猁与野兔之间的共生关系。生物间的相互关系为我们研究股东关系带来了启发。企业中，不同类型股东间的复杂关系与生物物种极其相似，由于股东可以利用的资源是有限的，不同类型股东之间也存在相互争夺同一组资源的现象，因此股东之间的关系也属于一种生态关系。

在生态学中，用以研究不同生物物种资源利用情况的理论就是生态位理论，它揭示出不同类型物种拥有不同生态位的本质，如果生态位相近、重叠或者完全相同，就会发生残酷的生存竞争，这是生态系统结构中的一种秩序和安排。结合公司治理实践，我们可以看到，在我国上市公司中，不同类型大股东之间普遍存在严重的生态位相近或者重叠现象，表现为内斗不断，进而影响公司价值。所以，用生态学的生态位理论解释股东间的关系，有利于分析不同类型股东对资源的利用情况，剖析股东关系、公司治理与公司价值之间的作用机制，进而通过改善公司治理机制提升公司价值。可见，利用生态位理论范式研究股东关系及其经济后果具有重要的理论和实践意义。

要将生态位理论应用于股东关系研究，首先应识别股东生态位，如果将上市公司看作一个生态群落，在不断变化的内部环境和外部环境中，什么因素将导致不同类型的股东调整其目前所处的生态位？不同类型股东所处的生态位对公司治理又会产生何种经济后果？这些正是本书要深入讨论的问题。

简而言之，本书尝试运用生态学理论来分析股东关系，借鉴生态位的分析范式，研究不同类型股东在不同资源维度上的占有幅度和利用程度，刻画股东的异质性特征，为揭示不同类型股东之间的关系提供新的研究视角，探寻股东生态位通过影响公司治理机制进而影响公司价值和盈余管理的路径，从而寻求优化股东关系的方法和途径，为改善公司治理机制并最终提高公司价值提供依据。

1.2 研究意义

1.2.1 理论意义

（1）生态学理论对于经济学、管理学领域的很多现象都具有很强的解释力，本书运用生态学相关理论和方法，明确了股东生态系统的构成，系统地刻画了各类型股东之间的生态关系，结合生态学特征对异质性股东进行了分类，突破了传统上根据股东性质及股东持股规模进行的简单分类，建立了新的股东关系分析框架，为股东关系及其经济后果的研究提供了新的解释视角，开拓了经济学、管理学与生态学交叉研究股东关系问题的新领域。

（2）本书引入生态学研究种群所使用的基本参数与测度模型，通过计算股东生态位的宽度、重叠度和自由度指标，构建了 LV 模型、传染病模型等，丰富了股东关系及其经济后果的研究方法。

（3）本研究基于生态学视角，剖析了股东生态位通过影响公司治理机制，进而影响公司价值的作用机制，实证检验了股东生态位对公司价值、盈余管理的影响，并采用案例分析法研究了万科公司股东生态位重构的经济后果，丰富了对股东关系经济后果的研究。

（4）本书还提出了未来相关研究的方向，通过分析处于不同生态位上股东之间的关系，尝试寻找股东和谐共生的路径，同时将股东的异质性特征融入股权资本成本估算模型，以期提高股权资本成本估算的准确性，从而进一步拓展股东生态位的研究领域。

1.2.2　现实意义

（1）生态位理论范式下的股东关系及其经济后果的研究成果，能够更好地解释股东的异质性特征，提供关于股东关系的增量信息，帮助公司及时制定并修正公司治理机制，提高各种资源的利用率，继而实现提高公司价值的根本目标。

（2）本书的研究成果能够为上市公司利益相关者了解公司股权结构、评价公司经营绩效提供新的视角，为相关监管部门加强对上市公司股权变更等重大事项的监督和管理提供经验证据和对策建议。

1.3　研究内容与研究方法

1.3.1　研究内容

鉴于近年来我国上市公司股东冲突频发的现状，在传统公司治理研究中，以股东性质和持股规模对异质性股东进行区分，已不足以解释日益复杂的股东关系。本研究引入生态学相关理论，构建了股东生态系统，提出了股东生态位的概念。根据股东生态位特征重新对股东进行分类，借鉴生态位的基本参数和测度模型，计算出股东生态位的宽度、重叠度和自由度指标。采用实证研究法考察了股东生态位对公司价值、盈余管理的影响作用，采用案例研究法分析了万科公司股东生态位重构的经济后果，并从股东关系分析和股权资本成本估算模型的改进这两个角度提出了未来研究的方向。

具体而言，本研究开篇为股东生态系统的理论基础，共分为两章。第 1 章为引言，介绍了研究背景与研究意义、研究内容、研究方法、技术路线以及研究创新，展示了本研究的总体思路。第 2 章为文献综述，围绕股东关系、公司价值和盈余管理等相关内容进行了文献梳理，找出本研究在股东关系领域可进一步拓展的研究空间，并结合生态学理论在经济管理领域中的应用现状，进一步明确了本研究的可行性。

第二篇是对股东生态系统的构建。该篇包含三章内容：第 3 章结合自然生态系统的概念，界定了股东生态系统的内涵；第 4 章从股东生态主体、股东生态环境、股东生态调节机制三个方面详细阐述了股东生态系统的构成要素，在借鉴生态系统理论、适者生存理论和亲缘选择理论基础上，从股东性质、股东持股规模、股权关联情况和侵占性四个维度出发，将股东划分为类掠食型股东、优势型股东、建群型股东、从属型股东和伴生型股东五种类型；第 5 章讨论了股东生态系统的结构，归纳了股东生态系统所具有的结构特征，并运用营养等级和社会等级的观点，将不同类型的股东划分为不同的等级，进一步对股东生态系统的立体式网状结构进行阐释。

第三篇是对股东生态位的研究。该篇包含两章内容：第 6 章通过分析股东生态位与自然生态位的相似性和差异性，界定了股东生态位的内涵。在此基础上，从生态位视角出发，对股东角色进行了划分，并详细阐释了不同类型股东的生态位特征。第 7 章通过引入生态学中生态位参数及测度模型，构建出股东生态位宽度、重叠度和自由度指标，并采用我国 A 股上市公司的样本数据，展示了股东生态位宽度、重叠度和自由度的分布现状，为后续的实证研究奠定了基础。

第四篇是对生态位视角下股东关系经济后果的研究。该篇包含三章内容：第 8 章和第 9 章采用实证研究方法，分别考察了股东生态位对公司价值与盈余管理的影响作用；第 10 章则采用案例研究法，对万科公司股东生态位重构的经济后果展开研究。

第五篇是基于生态位的股东关系研究。该篇包含两章内容：第 11 章通过构建 Lotka – Volterra 模型和传染病模型，对不同生态位的股东关系进行分析，并尝试寻找不同生态位上股东实现和谐共生的路径；第 12 章首先讨论了传统股权资本成本估算模型的局限性，其次基于生态位理论分析了股东的异质性特征。在此基础上，提出了改进传统股权资本成本估算模型的建议，以期提高股权资本成本估算的准确性。

研究报告最后一部分是结论与展望。在对以上章节进行理论分析、实证检验及案例分析基础上，归纳研究结论，提出政策建议，并总结了本研究的不足之处和未来的进一步研究方向。

1.3.2　研究方法

本研究以生态位理论、委托代理理论和关系契约理论为依托，以股东生态系统的构建、股东生态位特征的研究、股东生态位的度量、股东生态位对公司价值和盈余管理的影响机制及实证检验等一系列问题为研究对象，借鉴相关领域国内外主流的研究方法，主要采用文献研究、理论研究、类比分析、模型研究、实证研究和案例研究等方法，对我国上市公司不同类型股东生态位及其经济后果进行多层次和多角度的研究与剖析。采用的主要研究方法具体阐述如下。

（1）文献研究法。广泛收集和研究国内外相关文献，吸收和消化有关成果。在研究过程中，参阅股东关系、股东行为和公司治理及其经济后果的相关文献，并对它们进行整理、分类、比较与总结，找到该领域存在的研究空白，为本研究的选题提供了文献支撑。

（2）理论研究法。在文献研究的基础上，系统考察国内外相关领域的研究成果，比较分析国内外研究方法、研究结论的差异及其产生的背景和原因。分析研究现状，确定了以生态学视角研究股东关系，试图在现有传统的公司治理理论支撑下获取研究突破。以生态学相关理论为基础，分析和界定股东生态系统与股东生态位的相关概念，并以现代契约经济学相关理论和公司治理传统理论作为支持，构建股东生态系统的研究框架。

（3）类比分析法。在生态学理论与股东关系研究的契合性分析中，借鉴种群理论、亲缘选择理论等生态学相关理论，将股东生态系统和股东生态位与自然生态系统和自然生态位相类比。在挖掘两者异同点的基础上，确定股东生态系统的构成要素和结构特征，界定了股东生态位的内涵和特征。借鉴自然界中依据亲缘关系远近和相关动物行为划分门类的方法，将股东群体划分为类掠食型股东、优势型股东、建群型股东、从属型股东和伴生型股东五种类型，并分别对这五种类型股东的生态位特征进行了阐释。

（4）模型研究法。模拟生态学的相关模型（如 Levin 模型、Hurlbert 模型、态势模型、Schoener 模型、Mac Arthur 模型和 Pianka 模型等），结合上市公司不同类型股东占有和利用各类资源的情况，设计出可以测度股东种群间生态位宽度和股东种群间生态位重叠度的模型。在此基础上，进一步构建 Lotka - Volterra 模型，结合案例研究法揭示不同类型股东种群间的生态位关系。在公司股权成本传统估算方法的基础上，得到新的公司股权成本模型，进而得出新的公司估值模型，使其能够客观地体现不同生态位的股东给公司股权成本带来的影响。

（5）实证研究法。在文献整理和理论分析基础上，采用多样化实证研究法进行实证分析，进一步完善所论述的内容。在实证分析中，在采用 OLS 进行基准回归的基础上，采用了两阶段最小二乘法进行内生性检验和稳健性检验，以保证回归结果的质量；同时，辅以门槛效应和中介效应检验，对股东生态位与公司价值、盈余管理间的影响关系进行大样本实证研究；再采用事件研究法探讨万科股东生态位重构的市场反应。这样基于大样本多样化的实证研究方法，进一步保证了研究结论的可信度。

（6）案例研究法。本研究在第 10 章中，以万科公司股权变更为背景，采用案例研究法对其股东生态位重构所产生的经济后果予以具体分析，将股东生态位理论投射到实际案例中。同时在第 11 章中，以中航地产股份有限公司为例，检验了 Lotka - Volterra 模型下的股东关系状态，并结合资本市场现实情况进行研究。在第 12 章中，以真实公司作为研究案例，并对该公司的股东生态位宽度与股权资本成本进行实际的测量与估算，验证了生态位理论与股权资本成本模型在实际中的应用。

1.3.3　技术路线

本研究的技术路线如图 1－1 所示。

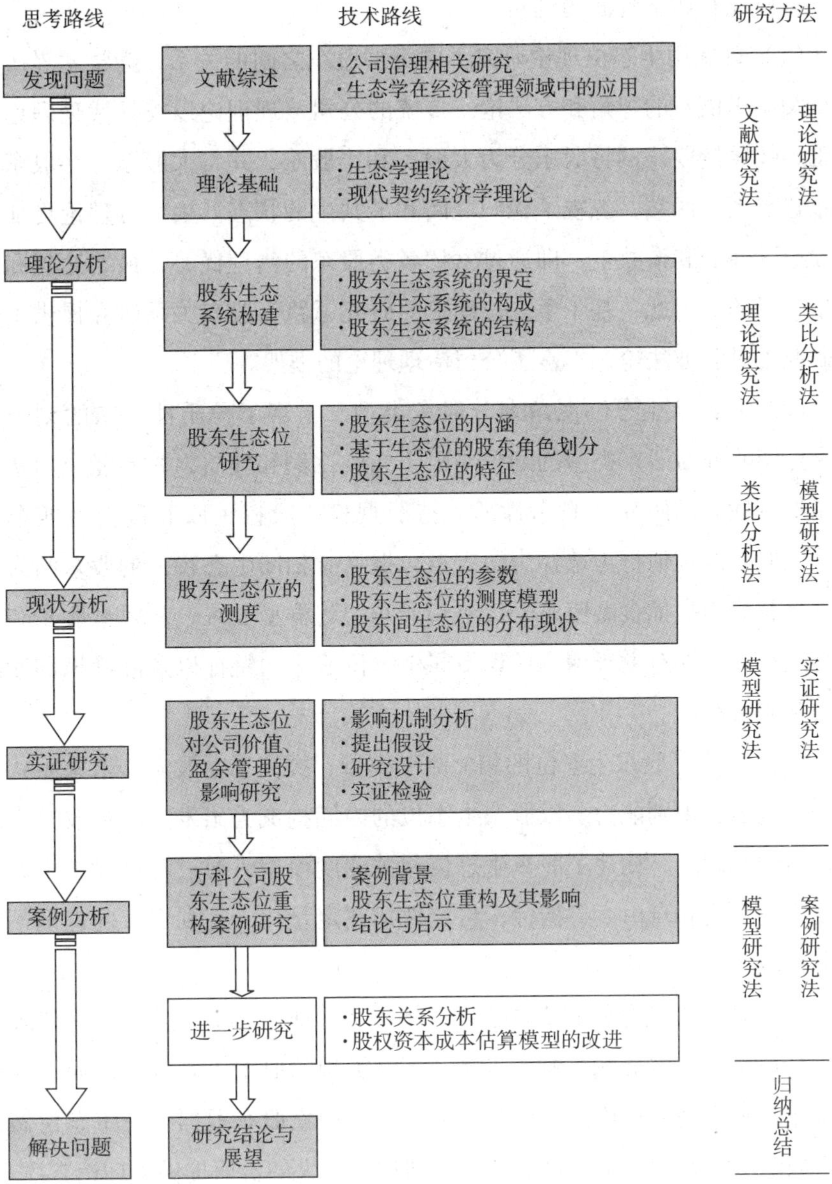

图 1－1　本研究技术路线

1.4 研究创新

本研究有如下方面的创新。

（1）首次用生态位理论研究不同类型股东之间的关系，为学术界研究股东关系提供新的视角和方法论。传统的公司治理理论以委托代理理论为基础，按照持股比例将股东分为大股东和小股东，并将大股东、小股东的关系置于天平两端，忽视了他们之间和谐共生的状态。生态位理论更加强调股东之间的和谐共生，即通过发挥各类股东的治理优势，最终达到和谐共生的目的。因此，基于生态位理论的研究思路为股东关系研究提供了新的研究工具和方法论，丰富了公司治理理论的框架。

（2）首次从生态位视角划分股东类型，丰富了异质性股东的刻画方式。传统研究对股东类型的划分局限于持股比例和性质，并不能全面认识股东的特性。本研究从股东性质、持股规模、股权关联和侵占性四个维度，以股东的利他行为选择为切入点，把具有相同生态特征的股东归为一类，将其分为类掠食型股东、优势型股东、建群型股东、从属型股东和伴生型股东，这样有助于深刻认识不同生态位股东的特征以及准确识别股东权力和利益结构。

（3）建构了股东生态位的相关测度模型，提高了对股东和谐共生状态的判断能力和识别能力。以股东生态位的内涵构成为出发点，在改进生态位模型的基础上，构建了股东生态位相关测度模型，通过计算股东生态位宽度、重叠度和自由度等指标，将定性描述定量化，有利于准确识别不同生态位股东的关系状态。

（4）通过理论分析和实证检验，提出并验证了“股东生态位—代理成本—公司价值”的影响机制，发现了不同类型的股东生态位可以通过降低代理成本来推动公司价值的提升，为进一步探索股东根据自身生态位做出更有效、更合理的决策，进而帮助公司创造更大的价值提供了理论支撑。

1.5 本章小结

日益频发的股东利益之争提示我们，不同类型股东之间的利益格局不再完全取决于股权比例，还必须考虑其在资本市场环境中所处的地位和对其他资源的利用程度。基于生态学理论的方法研究不同类型股东间的关系状态，能够更好地解释股东的异质性特征，提供关于股东关系的增量信息，扩展股东关系及其经济后果的研究视角及方法，帮助公司及时制定并修正治理政策，提高各种资源的利用率，继而实现提高公司价值的根本目标，为上市公司的利益相关者了解公司股权结构、评价公司经营绩效提供新的视角，为相关监管部门加强对上市公司股权变更等重大事项的监督和管理提供经验证据与对策建议。

第2章　文献综述

2.1　公司治理研究现状

2.1.1　股东关系与公司治理结构

2.1.1.1　股东关系概念界定

最初的公司治理并不强调股东关系，而是倾向于讨论公司管理层与股东的关系，以及基于上市公司吸纳和争夺资本的需要，进行了与投资者建立和维护良好互动关系一类的研究。随着对股东异质性的关注，对股东之间经济或社会关系的研究也逐渐成为新的研究热点。

（1）投资者关系视角。对股东关系的概念界定可以追溯到对投资者关系的相关研究，随着研究的深入，这一概念被逐渐从投资者关系中演化和分离出来。对投资者关系的关注可以追溯到20世纪40年代末50年代初，随着社会公众投资热情的不断上涨，中小投资者开始进入证券市场。这种现象最初在美国表现得尤为突出，虽然个体资本有限，但鉴于数量众多，总体上看资本雄厚，上市公司迫于对资本吸纳和争夺的压力，不得不重视和维护与中小投资者之间的关系。可见，投资者关系是典型的市场经济产物。

在投资者关系管理的初始阶段，大多数上市公司为了保持和维护公司良好的外在形象或声誉，虽然积极宣传公司的政策并重视与投资者的关系，继而降低投资者因信息不对称可能对上市公司造成的不利影响，但实质上股东关系并未引起上市公司的重视。1956年3月，美国管理协会（American Management Association，AMA）出具了第一份关于美国上市公司股东关系的研究报告，用于指引上市公司股东关系的具体管理流程。从此，对投资者关系的研究也随着美国投资者关系协会（NIRI）的形成而确定了在学术研究中的地位。随着研究的深入，投资者关系的内涵也发生了重大变化，逐渐由过去仅重视对形象或声誉的维护，或关系危机的处理转向并强调相互沟通交流，以建立相互信任的友好关系。

美国投资者关系协会将向现有投资者和潜在投资者准确描述公司目前的经营业绩与未来发展前景，以达到提高公司总体市场价值和降低资本成本的营销活动界定为投资者关系。加拿大投资者关系协会将上市公司综合运用金融、市场营销和沟通的方法，向现有投资者和潜在投资者提供公司经营状况与发展前景，并指引投资者做出正确投资决策的相关活动界定为投资者关系。日本证券业协会认为，企业、股东和投资者为了建立或加强彼此间信赖关系的交流行为才是投资者关系。国内学者也对投资者关系的概念提出了自己的观点，如马连福等指出投资者关系的理论基础还应包括公司治理，因为通过披露公司非财务信息、未来预期信息，降低了公司与投资者之间的信息不对称程度，提高了投资者决策的准确性，有利于维护公司与投资者之间的良好关系（马连福、赵颖，2006；马连福、陈德球、高丽，2007）[11,12]。随后，李心丹等也进行了充分论述并得出相同结论（李心丹等，2007）[13]。

总之，投资者关系的目的是建立上市公司与公司的股东、债权投资者或潜在投资者之间相互信赖的关系。可见，此时对公司与股东间关系的研究是基于股东同质性假设条件进行的。

（2）股东异质性视角。随着对投资者关系研究的深入，大量学者发现股东同质性假设存在诸多局限性，已不再从利益相关者角度将股东看成一个同质性整体，而是转向关注股东异质性，这样比较符合公司治理实践的要求。

陈闯和杨威（2008）[14]指出，将大股东或者机构投资者视为同质性持股主体，而忽略了股东的异质性，即忽略了不同类型大股东在能力与意愿方面的差异对其监控行为的影响（Dharwadkar，Coramova，and Khan，

2008）[15]。Holderness（2009）[16]则利用美国上市公司数据验证了股东异质性的存在。陈建宁（2011）[17]认为，不仅企业与利益相关者的关系要和谐，而且企业内部股东关系的和谐同样重要，并指出由于受法律背景、公司文化背景、股东结构差异的影响，股东关系变得错综复杂，所以并不能用简单的持股比例对其加以解释，而且股东关系是关乎企业生存发展的最基本关系。Maury 和 Pajuste（2005）[18]认为，大股东之间投票权的平等分配有利于提高公司业绩，这种正相关关系在受家族控制的企业中更为显著，主要源于家族倾向委派较多的董事、监事或高级管理人员，同时还受到股东身份或类型的约束。Cornett 等（2007）[19]通过对比发现，投资公司比银行和保险公司更愿意监控管理者。也有学者发现，对冲基金会有更强的监督意愿，会经常积极说服公司进行改革以提高公司绩效（Kahan and Rock，2007；Brav et al.，2008）[20,21]。Joseph（2011）[22]则指出具有不同激励与监控能力的股东对公司信息环境的影响也不同。Colpan 等（2011）[23]验证了外国证券投资股东、国内企业股东和国内金融机构股东对企业战略决策的影响存在显著差异。杨海燕等（2012）[24]不仅从机构投资者异质性角度研究发现，持股时间较长的机构投资者在管理层的自利行为和控股股东的“掏空”行为方面发挥着更大的监督作用，还发现不同类型机构投资者影响会计信息管理的途径和方法存在显著差异。Chen 等（2007）[25]考察了股东异质性对投资政策、股票交易以及公司价值的影响。汪青松（2012）[6]论述了股东“异质化”演进的坚实理论和现实基础，并指出源于股东之间的经济实力不对等、向公司转嫁成本的能力不相同和信息不对称，股东之间强弱分野的程度有不断加深的趋势。佟岩等（2010）[26]将股东关系定义为在股东身份、股权性质、关联属性、持股关系等因素的约束下，股东间的力量对比及其形成的利益安排结果，并指出股东关系的变化既可能是股东自身主动寻求投资战略变化的结果，也可能是经济环境引起的必然结果，其驱动原因存在多样性。张伟华等（2016）[27]利用股东异质性解释了非国有企业中创始股东和外部股东之间的选择性聚合关系。冯果（2016）[28]指出，建立在股东同质性基础上的股权结构已丧失逻辑上的支持，逐渐被基于股东异质性的多元化股权结构取代，认为公司的实践需求与股权结构的制度供给产生了脱节，而股东的异质性需求可与灵活的股权配置耦合在一起，实现软化僵硬的股权结构。

随着对投资者关系和股东异质性的深入研究，对股东关系的界定也逐渐变得清晰明确。蔡宁和魏明海（2011）[29]认为，股东关系是股东之间通过多种显性或隐性契约建立起来的特质联系，是内置于公司股东之间的关系网络。它有利于相关股东获取自身所需的稀缺资源，并从采用关联关系、公司发起人身份等多个角度描述和测度了我国上市公司的股东关系。蔡宁和魏明海（2011）[29]还发现，中小股东中存在一部分特殊的股东，他们与控股股东之间通过多种形式的契约建立起各种特定性质的联系，并将这一股东群体界定为“关联股东”。Cheng 等（2013）[30]发现，2002—2008 年在 25.85%—32.98% 的国有企业和家族企业中，非控股股东是控股股东的关联方或一致行动人。柴斌锋等（2016）[31]认为，中小股东可凭借与第一大股东之间的非产权关联、隐形企业等构成“关系内股东”。刘亭立等（2016）[32]进一步将股东关系划分成持股关系、亲缘关系和契约关系。

笔者依据以上两部分的文献梳理，将股东关系研究发展的历程进行简化，如图2－1 所示。

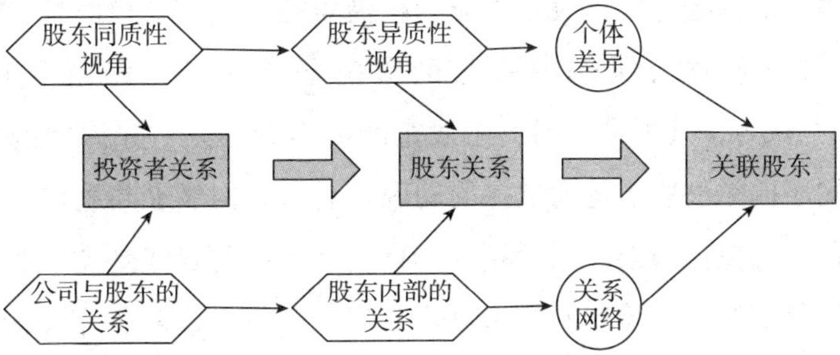

图 2－1　股东关系研究发展历程

2.1.1.2　大股东类别研究

（1）以股东个体特征分类的研究。Mcconnell 和 Servaes（1990）[33]指出，一些大股东可能是完全的消极投资者，然而另一些可能比较积极，并依据自己的管控能力对公司或管理层实施了重要的监控，所以一种好的分类方法有利于更好地揭示大股东在公司治理中的角色。因此，众多文献根据自身研究目的的需要，依据股东的个体特征（如股东性质、监控能力、投资偏好以及利益诉求等）对股东进行分类研究，从而划分出的种类繁多。

Jensen 和 Meckling（1976）[2]将股东分为两类：一类是拥有公司控制权的内部股东，包括董事会成员及持有公司股份的其他高层管理人员；另一类是不拥有公司控制权的外部股东。Brickley 和 Smith（1988）[34]研究了机构投资者的个体特征，并根据机构投资者与公司业务或业绩是否存在密切关系，将机构投资者划分为压力抗拒型和压力敏感型两种，并发现压力抗拒型机构投资者要比压力敏感型机构投资者更有利于对公司或者管理层实施有效的监督。中山大学管理学院课题组（2008）[35]依据不同性质的控股股东行使所有权的方式存在的差异性，将控股股东划分为私有产权股东、国有企业股东与国有资产管理机构股东三种。Cronqvist 和 Fahlenbrach（2009）[36]依据大股东具有不同的认知、技能、投资偏好以及治理公司风格等，将大股东划分为十一种类型，并得出潜力和影响力越高的股东对公司政策制定和公司业绩表现的影响越大的结论。Harris 等（2010）[37]则依据对管理层的监控力度将股东划分为积极监控和适度监控两种，并发现不同类型的股东对公司融资决策的影响显著不同。杨松令和刘亭立（2009）[38]认为，共生是不同类型股东间的本源关系，并深度剖析了我国上市公司不同类型股东行为选择的动因及后果，构建了共生理论视角下股东行为研究的整体框架。汪青松（2011）[39]从投资偏好差异角度对公司股东的类型及其对公司治理的影响进行了理论分析。杨海燕等（2012）[24]认为，不同类型的机构投资者在投资限制、投资偏好、资金来源等方面存在差异，根据是否与被投资公司存在商业关系，可以将机构投资者划分为非独立和独立两种。

（2）以显性或隐性契约关系分类的研究。魏明海等（2011）[8]认为，现有对股权结构的研究存在一定的局限性，并发现在股权“结构”中内在地包含了一些产权以外的重要因素，如股东之间的远近亲疏。虽然这种关系不一定签订书面协议，但可依靠其他法律关系或信任、友谊、血缘、地缘等隐性契约构建起产权以外的关系联结，并依据关系联结属性将不同的股东群体划分为关联股东、一致行动人、地区关联股东等三种。自此，股东的正式契约关系与非正式契约关系被纳入股权结构更深层次的研究范畴。

王新霞等（2012）[40]发现，不同类型股东在投资期限和投资目的上存在显著的差异，据此将投资期限较长且以获取长期投资收益为目的的股东界定为关系型股东，而将投资期限较短且以获取短期投资收益为目的的股东界定为交易型股东。刘亭立等（2014）[41]结合创业板上市公司大股东关系数据，将大股东关系划分为四类：持股关系、关联关系、一致行动人关系及其他大股东关系。他还发现适度的大股东关系会在大股东集团内部形成制衡和约束作用，从而有利于公司整体价值的提升。程敏英和魏明海（2013）[42]依据其他股东与控股股东间存在的显性关系和隐性关系，将关联股东划分为显性关联股东和隐性关联股东。其中，显性关联股东是指与公司控股股东存在关联关系或者一致行动人关系的股东；隐性关联股东是指与控股股东同为公司发起人，或者在公司上市前就已进入公司的股东。

2.1.1.3　股东间利益冲突研究

（1）利益冲突的存在性研究。从 20 世纪 90 年代开始，学者将研究焦点渐渐从关注股东与经理人的矛盾关系，即第一类委托代理关系，转向了大股东与中小股东的矛盾关系，即第二类委托代理关系。最初在 1997 年，Shleifer 和 Vishny 发表了一篇题为《公司治理调查》的文章，引发了人们对股东之间利益冲突问题的关注。Keasey 和 Short（1997）[43]认为，机构投资者在公司治理中的角色逐渐从单纯的金融投资者转变为股东。就长期而言，他凭借自身优势注重风险平衡，会通过监督管理来提高公司治理水平以改善公司业绩；但就短期而言，单个机构投资者的投资目标与其他股东的投资目标未必能达成一致。Grossman 和 Hart（1988）[44]强调当股权被持股大股东高度集中时，中小股东自身的利益便不能得到保证，于是为了维护自身利益他们便会和持股大股东产生矛盾与冲突。Morck 等（1988）[45]研究发现，大股东的持股比例与公司业绩呈倒“U”形关系。当大股东的持股比例较小时，随着大股东持股比例的上升，公司业绩会得到改善；但当其持股比例超过某个上限时，大股东会倾向利用手中的控制权实施“掏空”行为，进而侵害上市公司和中小股东的利益。Claessens 等（2000）[46]通过研究东亚地区国家上市公司数据发现，如何有效限制大股东对中小股东的利益侵占行为已成为最核心的代理问题。唐宗明等（2003）[47]使用理论推导的方法对大股东侵害小股东利益的原因和侵害程度的影响因素进行了研究，发现只有大股东持股达到一定比例，才会有激励监督作用。Dhillon 和 Rossetto（2009）[48]研究了不同股东在公司高风险投资项目决策过程中的角色问题，发现持股比例介于控股股东和中小股东之间的大股东有利于缓解两者之间的利益冲突。

（2）利益侵占方式研究。对于大股东侵占中小股东利益的方式，La Porta等（1999）[4]通过分析 27 个发达国家上市公司样本数据后，发现大股东主要通过企业经济交易实现资产转移，进而侵占中小股东利益，获得控制权私有收益。除此之外，还可能通过担保、关联交易、买卖资产、收购以及转移定价等途径获得。Cheung 等（2006）[49]以 1998—2000 年香港证券市场的关联交易数据为研究对象，发现利益侵占的行为还受法律效力影响。当法律效力受到限制时，控股股东更倾向于通过关联交易的形式对中小股东进行利益侵占。Kyriacou 等（2009）[50]认为，在股票减持过程中，大股东作为上市公司的信息知情人或控制人，倾向于延迟披露好消息或者提前披露坏消息，借此压低股票期权的行权价格，以达到提高股票期权收益的目的。刘峰和贺建刚（2004）[51]通过对上市公司高派现行为进行研究发现，大股东持股情况与利益输送方式之间存在一定的关联，即大股东持股比例越高，越倾向于通过关联交易实现利益输送，如赊销、大额派现等；在大股东持股比例越低、股权越分散的情况下，大股东越倾向于采取挪用或占用款项、担保和股权转让的方式进行利益输送；介于二者之间，则比较倾向于担保、非购销关联交易或挪占款项的利益输送方式。黄志忠（2006）[52]从股票定价视角发现，控股股东持股比例越大，侵占公司资源的动机越小；而在控股股东持股比例较低且大股东数量较少的情况下，倾向于通过合谋的方式侵占公司资源，进而达到侵占公司或中小股东利益的目的。黄娟娟和沈艺峰（2007）[53]基于股利迎合理论发现，我国上市公司的股利政策主要迎合了大股东的利益需求，而忽略了广大中小股东的股利偏好。朱红军等（2008）[54]通过对定向增发案例的研究发现，大股东通过支付较低的对价稀释了中小股东的权益，可能摊薄而不是增厚公司的业绩，从而成为大股东利益输送的工具。吴育辉和吴世农（2010）[55]发现股权分置改革后，大股东倾向于通过采取对上市公司进行信息操控和内幕交易等比较隐蔽的“掏空”方式来获取超额收益，控股股东通过这些途径对中小股东进行利益侵占的现象更为严重。

（3）股权控制链与利益侵占关系研究。关于金字塔结构的研究可追溯到1999年，最早LLSV组合（1999）[4]认为它是终极控股股东维持或者扩大上市公司实际控制权的方式，随后Johnson等（2000）[56]研究指出，控制权和现金流权的分离是由金字塔结构等控制模式引起的，实际为终极控制人通过金字塔控制链条，采用内部交易形式转移公司资源以实施“掏空”行为，为获取超额的控制权私利创造了条件。Morck和Bernard（2003）[57]则不仅验证了这一事实，还发现在金字塔控制结构的任何层级，终极控制人都可以利用控制权实现对中小股东的利益掠夺，并深入研究了金字塔控股结构的实现方式以及终极控制人的剥夺行为（Morck，Wolfenzon，and Yeung，2005）[58]。Stulz（2005）[59]和Fogel（2006）[60]认为，通过金字塔结构的杠杆融资，企业集团能够控制公司的大量资产，在公司决策等环节具有较大的影响力。Almeida和Wolfenzon（2006）[61]深入分析了金字塔股权结构下控股股东的两权分离问题，发现终极控制人能够按照自己的意愿进行公司决策，同时不会占有全部的收益或承担全部成本。理论模型研究还发现金字塔控制结构能够降低公司价值（高闯、郭斌、赵晶，2012）[62]，自此股权控制模式成为比较固定的分析范式。

受国际学术相关领域研究的影响，从股权控制链分析视角挖掘终极股东侵占中小股东利益问题，也逐渐成为我国公司治理领域研究的主流范式之一。刘芍佳等（2003）[63]在终极产权论视角下，发现追溯上市公司的终极产权能够更好地理解不同控股主体与所有权、控制权两权分离以及控股结构之间的关系。王烨（2009）[64]认为，控股股东可能通过较长的控制链隐蔽其侵占中小股东利益的行为，并利用2002—2003年我国A股上市公司样本数据进行实证检验后发现，随着控制链的延长，控股股东对中小股东的利益侵害程度增加。渡边真理子（2011）[65]以金字塔式的股权结构为切入点，研究了控股股东侵占上市公司的规模，发现侵占的根源在于金字塔结构所引起的现金流权与控制权的分离，这与Johnson等（2000）[56]的观点相一致，并指出消除引发“侵占”的“金字塔式所有权结构”是中国资本市场的当务之急。韩忠雪和崔建伟（2014）[66]利用2004—2010年民营制造业上市公司数据进行分析后发现，在控股股东攫取利益动机高的公司中，金字塔结构层级和复杂程度与公司现金持有水平呈显著正相关关系，从而揭示了金字塔所有权结构才是控股股东攫取利益特性与现金持有之间关系问题的根源。

随着研究的深入，仅仅借助股权控制链来追溯上市公司终极控股股东，既不能完全解决终极股东隐蔽性的问题，又难以精确度量出终极股东对上市公司的实际控制程度，因而与股权控制链相辅相成的“社会资本控制链”便诞生了（高闯、关鑫，2008）[67]。高闯等（2012）[62]以内蒙古草原兴发股份有限公司为例，揭示了终极股东如何依托金字塔结构中的股权控制链和关系网络中的社会资本控制链，最终实现对上市公司的全面控制或者终极控制。杨松令等（2014）[68]以社会资本为切入点，考察了大股东关系对公司关联交易的影响，发现大股东关系的存在会增强彼此的制衡动机，这虽然在某种程度上有助于缓解大股东试图通过关联交易进行利益输送的问题，但处于大股东关系网络的控股股东在攫取利益动机方面却呈现出两面性，这在一定程度上又削弱了其积极影响。

（4）利益共生或均衡状态研究。不同股东之间的利益冲突问题已成显然的事实，部分学者试图从交叉学科角度，引入生态学相关理论和方法来探索股东间的利益问题是否存在共生或者均衡状态，以此为股东利益冲突问题提供可能的解决途径。杨松令和刘亭立（2009）[38]最早引入共生理论研究大小股东关系问题，并构建了上市公司股东行为研究的整体框架，指出若干相互关联的研究主题，并提出了具体的研究设想。韩春伟和潘爱玲（2009）[71]借助生态位理论及相关方法，分别从内部治理、外部治理和环境等角度，分析提炼出生态位约束下家族企业治理的生态因子，并在深入分析影响机制的基础上，提出了优化家族企业治理模式的相关建议。王闽（2013）[69]则引入生态种群理论，将大小股东视为公司生态系统中规模不同的种群，并建立 Lotka－Volterra 模型，从理论上探讨了大股东与小股东之间的竞争关系，以中粮生化为例，验证了存在均衡解的条件以及平衡点的一般形式。由此可见，利益共生或者利益均衡状态是研究股东关系的最终目标，尽管目前的研究仍停留在理论分析和局部案例分析阶段，但是它仍为大样本的实证研究提供了坚实的研究基础。综上，基于股东关系的利益冲突研究的进展及脉络如图 2－2 所示。

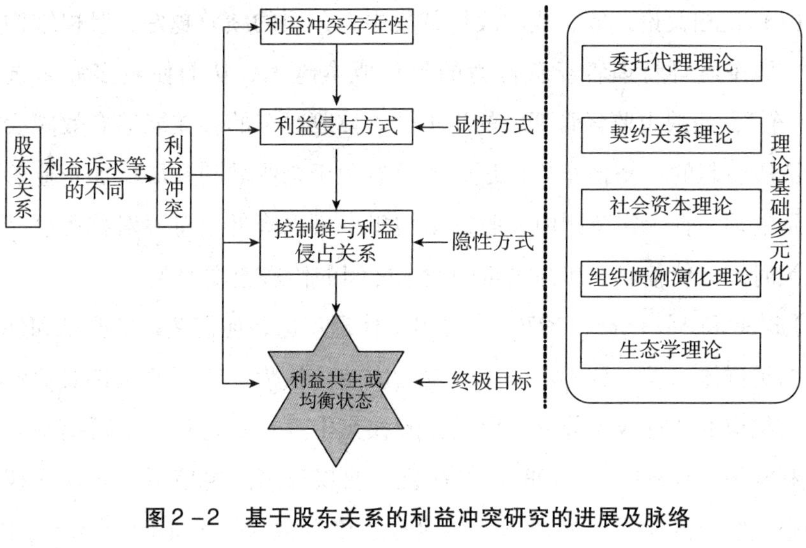

图 2－2　基于股东关系的利益冲突研究的进展及脉络

2.1.2　股权结构与公司价值

股权结构作为上市公司治理体系的产权基础，首先，决定了上市公司的控制权结构；其次，决定了内部治理机构的构成和运作；最后，通过内部治理机构对整个公司治理的效率产生作用。Berle 和 Means（1932）[1]最早提出上市公司股权结构与企业价值之间存在着不容忽视的关系，然而最早对两者关系进行研究的则是 Meckling 和 Jensen，他们于1976年在委托代理理论的基础上分析了股权结构、公司治理和企业价值三者的关系，研究了公司实际管理者与外部分散股东之间存在的利益冲突。在此基础上，更多的学者对股权结构与企业价值存在的关系进行了研究。在研究中一般采用股权集中度，以及由股权集中度体现的股权制衡度来表征股权结构。国内外专家和学者虽然围绕两者与企业价值的关系展开了较为丰富的学术研究，但是由于研究对象、衡量指标、实证方法等方面存在差异，研究结论并未达成一致观点。

2.1.2.1　股权集中度与企业价值的关系

目前，国内外有关专家和学者对股权集中度与企业价值的关系进行了大量研究。综合来看，对两者关系的认识主要分为以下四种。

（1）正相关论，即企业的股权越集中，公司的绩效越好；股权结构越分散，股东监督管理者经营行为的代理成本越大，从而使更多股东选择“搭便车”，而缺少监督管理者的积极性。控股股东的存在能够有效减少股权分散所引起的“搭便车”问题，并且有利于企业顺利开展增加企业价值的投资活动。在一定范围内，股权结构集中可以降低信息不对称程度、缩短决策时间，使信息在参与决策的股东之间的传递速度加快。

Jensen 和 Meckling（1976）[2]提出了代理理论，他们从内部股东和外部股东两类群体出发，分析对公司绩效的影响，认为当内部股东持股比例较高时，相应的代理成本较低。所以，股权集中度在一定程度上可提高公司的盈利水平。Morck 等（1988）[45]在公司两权分离的情境下，研究股权结构与企业绩效的关系，发现当公司股权过度分散时，股东倾向选择跟随。持股比例较高的大股东可有效监督管理层，约束管理层侵害大股东利益的行为和机会主义行为，从而有助于提高公司的经营绩效水平，完善公司内部治理结构，实现企业价值最大化的财务目标。国内学者张红军（2000）[72]以1998年上市公司为样本进行的研究结果显示，股权集中度与公司绩效存在显著的正相关关系。麻敏敏和周云莺（2015）[73] 的研究也支持该结论。

（2）负相关论，即当公司的股权过度集中时，大股东侵害中小股东利益的可能性大大增加，进而降低公司价值。Thomsen 等（2006）[74] 对欧美公司的股权集中度与公司价值的相关关系进行了研究，发现欧洲国家公司的股权更集中，表现为控股股东的持股比例越大，公司价值反而越小。孙菊生和李小俊（2006）[75] 以 2003 年沪、深两市上市公司为样本，研究得出股权集中度同公司绩效呈负相关的结论。张良等（2010）[76]、何文修和劳水琴（2010）[77] 的研究也得出了该结论。

（3）无关论，即股权集中度与企业价值不存在相关关系。陈晓和江东（2000）[78] 验证了该观点。施东晖（2012）[79] 则发现国有股和流通股的比例与上市公司的业绩没有显著关系。

（4）曲线相关，即股权集中度与企业价值存在曲线关系。孙永祥和黄祖辉（1999）[80] 发现股权集中度和公司业绩是倒“U”形的关系。他们认为与股权高度集中和高度分散相比，有一定集中度、有相对控股的股东及没有其他大股东存在的股权结构，总体而言，最有利于治理机制发挥作用，因而具有该股权结构的公司绩效也趋于最大。陈德萍和陈永圣（2011）[81] 实证检验了公司绩效与股权集中度之间是非单调的、呈“U”形关系。股权集中度高时，反映出利益协同效应；股权集中度低时，反映出壕沟防御效应。除了发现两者存在“U”形关系外，其他学者则得出倒“U”形的研究结论。杜莹和刘立国（2002）[82] 研究了我国 A 股主板上市公司 1999—2001 年的财务数据，实证检验结果发现，股权集中度与公司绩效呈显著的倒“U”形关系，即公司绩效虽随着股权集中度的增加而上升，但超过一定的集中度，公司绩效反而会随股权集中度的增加而降低。李增泉等（2004）[83] 通过研究我国主板 A 股上市公司的关联交易数据发现，控股股东占用公司资金程度虽与第一大股东持股比例（股权集中度）呈倒“U”形的非线性关系，但与非控股股东却呈线性负相关关系。丁寅寅（2017）[84] 发现股权集中度与企业价值呈显著的非线性相关关系，且通过检验数据得出两者关系呈倒“U”形。

2.1.2.2 股权制衡度与企业价值的关系

当公司存在两个或者多个大股东且大股东之间的持股比例相差较少时，他们在企业均具有一定的话语权。当这些大股东中任何一个在企业所做的决定均需要其他大股东表态时，这种相互制约模式就被称为“股权制衡”。在理论层面上，大股东确实可能凭借对企业的实质性控制权，对其他外部股东或者中小股东等造成侵害，但是中小股东并不是处于完全被动的地位，他们可以通过股权制衡的方式增加对企业大股东行为的监督，可以利用“用脚投票”的方式支持自己想要的结果。

关于股权制衡对企业价值的影响，目前学术界的争议还比较大。Bolton 和 Von Thadden（1998）[85]，Pagano 和 Roell（1988）[86]，Gomes 和 Novaes（1999）[87]，Bloch 和 Hege（2001）[88]等的研究结果表明，股权制衡既能导致有利于经济的结果，也能导致不利的后果，而对公司价值或经营业绩的影响则取决于“有利”和“不利”两方面的比较。在具体的实证研究中，目前的结论也分为正相关、负相关、不相关和曲线相关四种。

（1）正相关，即股权的相互制衡有助于改善公司的内部治理，对公司绩效的影响也是积极的。如果公司存在较大的股权制衡度，则可使公司内部股东之间形成良好的相互制约、相互监督局面，对其他的治理机构如董事会、监事会，以及管理层的日常经营活动也会产生较大的推动作用，从而改善公司的治理结构和公司业绩。

Pagano 和 Roell（1988）[86]研究指出，多个大股东的存在使股东之间得以相互制约和监督，从而遏制相对控股股东“掏空”公司的行为。同样，Pagano 和 Volpin（2005）[89]以不同国家上市公司为样本的实证研究表明，拥有股权制衡的所有权结构对控制股东的剥夺行为能起到较好的限制作用，从而使公司价值得到更好地提升。Sacristan - Navarro 等（2011）[90]研究发现，虽然家族所有权不是影响公司经营的重要因素，但家族控制权会降低公司绩效，因此其他大股东的存在有利于对管理层的监督，削弱控制权私利。佟岩和陈莎莎（2010）[91]从企业生命周期的角度出发，研究股权制衡度与企业价值的关系后发现，当处于成熟期时，股权制衡公司的企业价值显著高于“一股独大”的公司，说明股权制衡有助于提升成熟期公司的核心竞争力。陈德萍和陈永圣（2011）[81] 以 ROE 作为绩效的测量指标，研究中小企业板上市公司的股权集中度与股权制衡度对公司绩效的影响，实证检验结果表明，股权制衡有利于提升公司绩效。基于企业生命周期的视角，颜爱民和马箭（2013）[93] 等发现在成熟阶段，股权制衡显著促进了企业绩效的发展。李元霞（2013）[94] 以 2008—2011 年中国 A 股上市公司为研究样本，对我国上市公司的股权制衡度、内部控制有效性与企业绩效三者之间的关系进行了考察。研究表明，股权制衡有助于提高内部控制的有效性，并对企业绩效产生显著的正向影响。陈志军等（2014）[92] 从动态竞争的视角研究两者的关系，认为股权集中度、股权制衡度是衡量公司治理水平的重要指标，股权制衡对提升公司业绩起到重要作用。陈乾坤和卞曰瑭（2015）[95] 利用我国沪深 A 股的民营上市公司 2007—2013 年的数据，实证分析了我国民营上市公司的股权制衡度和两类代理成本、企业绩效之间的关系。研究表明，适当的股权制衡度不但可以降低两类代理成本，而且可以提高企业绩效。刘亚伟和张兆国（2016）[96] 研究发现，股权制衡有助于缓解董事长在任期中做出投资挤占决策，因此股权制衡对公司投资产生了正面影响。丁寅寅（2017）[84] 认为股权制衡对公司绩效有着显著的正向作用。赵国宇和禹薇（2018）[97] 的研究结果表明，股权制衡既提高了公司的投资效率，也抑制了大股东的“掏空”行为，因此促进了公司的经营业绩。谢海洋等（2018）[98] 研究非国有股东委派董事在股权制衡与公司绩效之间发挥的中介效应，结果表明，股权制衡有利于公司绩效的提升，非国有股东委派董事在股权制衡与公司绩效两者之间发挥了中介效应。

（2）负相关，即股权制衡对企业价值具有负向影响。赵景文和于增彪（2005）[99] 对股权制衡与“一股独大”公司的绩效进行对比研究，结果表明，股权制衡公司的绩效要显著差于“一股独大”公司的绩效，从而得出用股权制衡代替“一股独大”以提高公司绩效并不一定奏效的结论。Gomes 和 Novaes（2016）[100] 研究发现，股权制衡导致的讨价还价行为不一定总是有效，也可能影响公司经营效率，甚至使公司业务瘫痪。徐莉萍等(2006)[101]通过考察中国上市公司发现，过高的股权制衡度负向影响企业绩效。张光荣和曾勇（2008）[102]支持这一观点，并指出该负向影响在国有控股及业绩好的公司中更明显。毛世平（2009）[103]认为，在分离型金字塔控制结构下，多个终极控制人的现金流所有权和控制权的制衡效应会降低公司价值。朱德胜和周晓珮（2016）[104]认为，股权制衡度对公司绩效的促进作用必须在一定的范围内，超过了该范围，反而造成公司绩效的低下。

（3）不相关。朱武祥和宋勇（2001）[105]对家电行业上市公司的研究指出，竞争激烈的行业股权结构与企业价值不相关。杨淑娥和王映美(2008)[106]研究发现，股权制衡对于大股东“掏空”行为的抑制效果并不显著，而顾问和许纪校（2014）[107]则认为在垄断行业中二者无关。麻敏敏和周云莺（2015）[73]的研究也支持股权制衡度与企业价值不显著相关的结论。

（4）曲线相关。一些学者认为，股权制衡度与企业价值呈现曲线相关，只有当股权制衡度在某个区间时，其与企业价值才正相关。黄渝祥等(2003)[108]提出该区间为［2.13，3.09］，而阮素梅等（2014）[112]则认为当股权制衡度在2.458时企业价值最优。刘银国等（2010）[109]对上市公司制造业的法人类公司进行实证分析，认为股权集中度与公司绩效是非线性的倒“U”形关系。黄建欢等（2015）[110]采用新的方法重新测算了股权制衡度，并得出“新股权制衡度”与公司绩效为非线性的“U”形关系，且该关系受股东持股模式和外部环境影响。马连福等（2015）[111]通过研究混合所有制改革对竞争类企业绩效的影响，结果发现当非国有股东持股比例处于30%～40%时，非国有性质的股权提升企业绩效的作用最为显著。隋静等（2016）[113]使用分位数回归方法研究发现，不能盲目地提升股权制衡水平，因为股权制衡对上市公司价值的影响存在明显的非线性异质效应。杨文君等（2016）[114]通过对家族企业的研究发现，股权制衡度与企业价值之间的关系并非严格意义上的倒“U”形关系，而是非平滑对称的曲线。陶文丽（2016）[115]认为，股权制衡度与公司绩效呈倒“U”形关系，如果要改善公司绩效，抑制大股东自利行为，就必须建立内部监督机制与股东多元化结构。焦健等（2017）[116]研究表明，随着股权制衡水平的提升，大股东“掏空”行为呈现先下降后上升的“U”形变化规律，即存在一个最优的股权制衡度水平能够最大限度地抑制大股东“掏空”行为。

综上所述，国内外专家和学者对以股权集中度和股权制衡度表征的股权结构与企业价值的关系进行了大量的探讨和研究。研究结论分为正相关、负相关、不相关和曲线相关四种，且从现有文献梳理情况来看，股权结构与企业价值正相关、负相关和曲线相关，即股权结构与企业价值相关结论的数量要远远大于不相关结论的数量。

2.1.3 公司治理结构与盈余管理

公司治理结构主要由内部治理结构（股东会、董事会、监事会以及管理层的权力安排与制衡，均以产权为主线）和外部治理结构（政府、产品市场等，均以竞争为主线）组成。对于外部公司治理结构，如经理人市场、产品及要素市场等与盈余管理的关系还缺乏实证研究（邵毅平，2012）[117]；对于内部公司治理结构与盈余管理关系的研究大多基于委托代理理论，主要集中在股权结构、董事会特征方面。

2.1.3.1 股权结构与盈余管理

股权结构与盈余管理一直受到理论界和实务界的广泛关注，La Porta等（1998）[3]首先将盈余管理研究的重点从董事会与管理层的委托代理关系转向大股东与中小股东的代理关系。产生这一代理问题的根源在于，企业虽是通过一系列契约完成的，但契约具有不完备的特性，这意味着剩余控制权的存在是必然的，而且它又提供了大股东实施“掏空”等不法或者不良利益侵占行为的空间。所以，要弥合现有企业制度的缺陷或者代理问题，首先要解决的就是如何配置公司的剩余控制权问题，而控股股东凭借绝对控股权具有占据剩余控制权的天然优势。

关于股权结构影响盈余管理的研究多集中在股权性质、股权集中度、股权制衡度等对盈余的信息含量和管理产生的影响等方面。

在股权性质方面，杜兴强和温日光（2007）[118]、顾明润等（2012）[119]以及李增福等（2013）[120]认为，国有控股公司的盈余管理水平比非国有控股公司的要好，而王化成和佟岩（2006）[121]发现，国有控股股东更具有恶化盈余管理的趋势。王斌和宋春霞（2015）[122]考察了两种盈余操纵方式，认为与非国有控股公司相比，国有控股公司受到较强的外部监管，从而有利于抑制应计盈余管理，但由于其内部所有者缺位问题的存在，造成对管理者的监督存在漏洞，这给实施真实的盈余操纵提供了条件。

在股权集中度方面，La Porta 等（1998）[3]发现股权集中度与财务报告管理呈负相关关系，大股东在一定程度上会借助盈余管理实施控制和掠夺小股东的利益。南晓莉和刘井建（2014）[123]同意这一观点，并通过实证研究得出股权集中度越高，公司内部的监督机制越薄弱，其盈余管理越差的结论。刘立国和杜莹（2003）[124]、杜兴强和温日光（2007）[118]认为公司股权集中度越高，盈余管理的程度越小，会计信息质量越好。姜英兵和王清莹（2011）[125]则实证发现，股权集中度与盈余管理呈“U”形关系。

在股权制衡度方面，王化成和佟岩（2006）[121]发现，除控股股东以外的其他股东的制衡能力与盈余管理显著正相关，这与黄雷等（2012）[126]和陈宋生、赖娇（2013）[127]的研究得出的结论相一致，但余怒涛等（2008）[128]提出其他股东的制衡能力与盈余管理显著负相关，而且周娟（2013）[129]认为股权制衡不能有效改善盈余管理。林芳和许慧（2012）[130]则研究了两种盈余的操纵方式，发现股权制衡与应计盈余管理呈显著负相关，而与真实交易盈余管理呈显著正相关。

2.1.3.2 董事会特征与盈余管理

董事会的重要职能之一就是对财务报告的生成过程进行监督，并通过一系列正式或非正式制度安排实现委托人的利益诉求和公司的可持续发展。董事会的特征主要包括董事会的规模、董事会的独立性、董事会与总经理两职的设置等，最初 Klein（2002）[131]，Carcello 和 Neal（2000）[132]证实了这些特征与会计信息操纵有关。

（1）董事会规模与盈余管理的关系。国内外学者的研究虽然一直比较关注董事会规模对盈余管理的影响，但研究结论不一致，存在正相关论、负相关论和不确定论。首先，对于正相关论，Klein（2002）[131]认为董事会规模作为董事会组织机制的表征量对盈余管理产生重要影响。Yermack（1996）[133]发现小规模的董事会对管理层的监督更有效，认为董事会规模与盈余管理呈正相关关系。Ghosh 等（2010）[134]通过调查也发现，董事会规模与会计操纵存在正相关关系。随后，Dimitropoulos（2011）[135]，Chekili（2012）[136]，Kumari 和 Puttanayak（2014）[137]，Zgarni 等（2014）[138]支持了这一结论。其次，对于负相关论，Anderson 等（2004）[139]实证检验得出，董事会的规模越大，对财务报表的监督力度越大，有利于提升监督效力，抑制盈余操纵。Karamanou 和 Vafeas（2005）[140]则认为，大规模的董事会加快对盈余预测信息的发布，有利于展示高质量的财务报告。随后，李延喜等（2007）[141]进一步研究发现，董事会规模与调高的操控性应计利润之间存在显著的负相关关系，这说明董事会规模越大，越能降低盈余管理的程度。最后，对于不确定论，Graven（2009）[142]，Visvanathan（2008）[143]和江维琳等（2011）[144]发现董事会规模与盈余管理之间不存在显著的相关关系，而杨清香等（2008）[145]认为董事会规模与盈余管理之间的关系并非简单的线性关系，实证检验发现，董事会规模与盈余管理之间的关系存在不确定性。

（2）董事会独立性与盈余管理的关系。独立非执行董事的工作动机是股东的最大利益（Fama and Jensen，1983；Cohen and Zarowin，2010）[146,147]。Beasley（1996）[148]认为，独立董事比例的增加可以显著减少财务报表的欺诈行为，有利于盈余质量的提高。Inaam 等（2014）[149]研究发现，独立董事的比例越高，对盈余管理的约束和监督越有效，信息披露的透明度越高，真实盈余管理的程度越小。肖淑芳等（2013）[150]发现，独立董事的比例和董事会规模与真实活动盈余管理呈显著正相关。黄海杰等（2016）[151]认为，高声誉的会计专业的独立董事，有利于提高企业的盈余质量。胡元木等（2016）[152]认为，技术独立的董事能有效抑制真实活动盈余管理，提高盈余信息质量。

（3）董事长与总经理两职兼任与盈余管理的关系。在对中国上市公司的理论研究中，董事长与总经理兼任时，总经理能够影响董事会的决策，降低了董事会的独立性，因而往往被认为是阻碍公司绩效提高的重要因素。杨清香等（2008）[145]通过实证检验得出，董事长和总经理两职分离与盈余管理不存在显著负相关关系。随后，余怒涛等（2009）[153]也发现董事长和总经理两职合一不利于上市公司的盈余管理，而肖淑芳等（2013）[150]却发现董事长和总经理两职合一与真实活动盈余管理之间存在显著负相关关系。

2.2 生态学理论在经济管理领域中的应用现状

生态学作为一门研究生物与其环境之间相互作用关系的科学，从 20 世纪 60 年代人类面临人口、资源、环境等一系列问题开始，就已经成为一门应用性强，由多学科交叉、综合性的指导人类行为准则的基础学科。世界自然保护联盟（International Union for Conservation of Nature，IUCN）在 1993 年用生态学的方法定义和评价环境保护之外的人类社会安全，认为这类安全取决于人与自然环境、不同的人群、人与其他物种的数量、人与病原微生物四种关系中任何一种的微妙平衡。Pulliam 和 Yu（2005）[154]基于生态系统错综复杂的情景，提出研究不同类型生态系统的结构功能关系、自组织特性和适应能力等需要建立数学模型，从而使生态学成为一门具有预测功能的学科。

作为整个人类社会系统的一部分，社会经济现象的变化与有机体的生物过程一样呈现出连续性和极大的多样性，在无序与有序的交互作用中处在混沌与秩序之间。从本质上说，经济系统是研究人类社会这一特殊生物系统生存与发展的问题（李斌，1990）[155]。最早运用生态学分析范式研究经济问题的是亚当·斯密（Adam Smith），他吸收了植物学家林奈的思想，在《国富论》中提出市场经济是由“看不见的手”引导，一步一步趋向和谐与均衡的，这是自然秩序的本质，与上帝操纵的大自然是天造地设的对偶。斯宾塞（Herbert Spencer）注重社会与生物体的对比，认为随着发展和生长两者的复杂程度都在增加，功能都在分化，各个组成部分之间相互依存，并尝试用生存斗争、自然选择等观点解释人类社会的许多现象，进而提出了社会进化论。现代演化经济学是吸收借鉴生物学方法及其成果研究现代经济问题的杰出代表，而且生态经济学是自然科学与社会科学直接结合的最典型产物（梁正，2003）[156]。

2.2.1 企业生态学研究

企业生态学借鉴生态系统、生态平衡、协同进化等的原理与机制，将企业与消费者视为系统中互为对偶的两大种群，认为他们依赖市场环境得以生存，并受到政治、法律和政策等外部环境的间接影响。国内外关于企业生态系统的研究主要集中在对概念的界定、研究框架的构建和具体应用方面。

第一，关于企业生态系统概念及框架的研究。James（1993）[157]首次提出了企业生态系统的概念，认为它是由相互作用的企业组织与个人形成的经济群体，同时包括企业生产经营所需的各种资源。随后，Gajen 和 Sanjiv（1998）[158]结合公司价值链的相关理论，重塑了对企业生态的认识。国内学者陆玲（1996）[159]最早使用企业生态学理论研究企业竞争管理、产业竞争管理等问题。毕燎原（1999）[160]将生态群落和生态位的生态学思想引入产业经济发展，研究了行业竞争与发展的规律。唐小我等（1999）[161]基于知识经济与网络经济对企业间竞争的影响，进一步完善了企业生态系统的概念。楼园和赵红（2002）[162]通过类比分析，明确了企业生态系统的构成要素，研究了企业生态系统的网络结构和相应的功能。Marco 和 Roy（2004）[163]指出，企业生态主体是由缝隙型企业、主宰型企业和骨干型企业组成的，并明晰了衡量企业生态系统健康的评价指标。顾力刚和方康（2007）[164]构建了微软企业生态系统，依据实际情形将生态系统的元素归为缝隙生存者、价值主宰者和商品经营者进行分析。宋林和顾力刚（2011）[165]认为，企业生态系统运行的三大基石是价值共享、平台标准和缝隙空间。曹利军和黄泳（2012）[166]分析发现，企业生态系统的企业要素和环境要素是“一对多”的非线性关系。

第二，企业生态系统的应用研究。许芳和李建华（2005）[167]通过建立企业生态位和企业多样化等模型，揭示了企业生态位的竞争排斥规律和进化原理。刘希宋等（2008）[168]引入生态位理论，提出了企业将资源内化的新途径，如生态位联盟等。Monaghan（2009）[169]认为，企业实施概念性的生态位管理可增强创新能力。Laland 和 Boogert（2010）[170]在阐述生态位应该如何构建的过程中，将协同进化的概念融入生态位理论。Verbong 和 Christiaens（2010）[171]提出战略生态是一个具有可持续性的概念，并构建了战略生态管理的框架。Romijn 和 Raven（2010）[172]运用这个框架对东南亚的新兴经济体进行了比较研究。Ivanka 等（2016）[173]将商业生态系统运用到城市管理中，认为城市是一个生态系统。黄江明等（2016）[174]从生态位的视角揭示了企业产品差异化和企业市场竞争度等深层次原因。伊辉勇和刘伟（2007）[175]通过类比分析，证明产品竞争问题可以运用种群生态理论进行解释，并构建 Lotka – Volterra 模型以判断企业的核心竞争力。徐爱东和龙勇（2008）[176]构建 Lotka – Volterra 模型模拟了产品扩散过程中的竞争关系，发现产品的竞争优势主要取决于用户的取向。卞曰瑭等（2011）[177]借鉴共生理论，通过建立 Lotka – Volterra 模型研究了合作竞争模式下不同产业间存在均衡解的条件。孙丽文和李跃（2017）[178]应用 Lotka – Volterra 模型理论分析了区域创新的演化机制，并评价了京津冀区域创新的生态位适宜度。宋晓洪等（2017）[179]基于创业生态系统理论基础，认为资源的专业化和差异性是创业主体间共生关系的基础，并构建了共生关系模型，促进了创业主体间的共生存和共演化。白彦壮等（2017）[180]利用创业生态系统理论分析了社会性企业的成长过程，并构建了自组织演化模型，研究了社会性企业与创业生态系统之间的关系。

2.2.2 金融生态学研究

目前，对金融生态的研究主要集中在金融生态系统的概念、框架和应用方面。在金融生态系统概念及框架的研究方面，白钦先等（2001）[181]首先意识到金融生态问题，认为金融生态就是某个特定的金融组织通过自己的环境可容量和净化能力约束社会经济活动。随后周小川（2005）[182]认为金融生态就是金融运行的外部环境，在金融发展过程的相关研究中可以引入生态学的分析方法。之后，徐诺金（2005）[183]概括了我国金融生态所具有的特征，明确指出我国金融生态方面存在的问题，并认为金融生态环境是起作用和影响金融生态的关键。张正等（2017）[184]从云创新理论视角构建了互联网金融生态系统，并运用案例研究了阿里金融云生态系统。

在金融生态系统应用的研究方面，李扬和张涛（2009）[185]运用 DEA 方法比较和评价了我国 50 座城市的金融生态，从此转向对金融生态系统的定量研究。中国人民银行洛阳市中心支行课题组（2006）[186]在大量定性指标和定量指标的基础上，构建了一个金融生态评价系统。刘磊（2009）[187]利用突变理论和突变级数法分析了贵州省的农村金融生态，发现其发展变化呈“马太效应”。李延凯和韩廷春（2011）[188]实证研究了金融生态演进对资本配置效率和经济增长的影响，发现外部金融生态环境制约着金融发展对经济增长的促进作用。谢德仁和陈运森（2009）[189]研究发现，国有控股上市公司最终控制人的“父爱效应”，削弱了金融生态环境对融资性负债发挥治理效应的促进作用。万良勇和魏明海（2009）[190]采用案例研究的方法发现，我国失衡的金融生态环境是影响大股东利益输送的制度因素。魏志华等（2014）[191]以我国 A 股上市公司为样本，实证检验了金融生态环境与企业融资的约束关系，发现良好的金融生态环境缓解了企业融资的约束。陈丹临和王怀明（2016）[192]、罗韵轩（2016）[193]认为金融生态环境好的地区，公司治理结构相对完善，在一定程度上抑制了债务成本，提高了治理效应。

2.2.3 公司治理生态研究

公司治理生态（Ecology of Corporate Governance）的概念最初是由中国政法大学李曙光（2002）[194]提出的。在此基础上，杜兴强（2004）[195]认为公司治理生态就是公司治理结构外加相关社会中介组织形成的非线性动态系统，揭示了公司管理层财务欺诈行为的深层动因是公司治理生态的危机和失衡。何丹（2007）[196]赞同杜兴强对公司治理生态的理解，并进一步剖析了上市公司财务欺诈行为的成因。王普查（2004）[197]认为财务欺诈事件的频繁发生是公司治理生态出了问题，并从市场参与者的角度探讨了公司治理生态的健康状况与财务欺诈产生的相关性。张峻极（2005）[198]认为，公司治理生态危机是一种生态现象，所暴露的是“食物链条”的问题，而在第一级链条上的严重委托代理问题是其首要原因。王沁等（2012）[199]认为公司治理生态是从生态学角度解释了公司治理中各项权力之间的制衡关系，并分析了我国上市公司内部治理生态的具体构成和存在问题。

随着公司治理生态概念的清晰化，学者进一步将生态学理论引入对公司治理的研究中。聂正安（2006）[200]认为，企业生态中同样存在生态位约束，对中小企业公司的治理作为一种“取食方式”，无疑要受到中小企业所处营养级的限制，并从公司治理系统的选择等方面阐述了中小企业公司的治理问题。杨松令和刘亭立（2009）[38]引入共生理论，构建了上市公司股东共生关系的研究框架。王闽（2013）[69]则进一步借鉴生态种群理论，将大、小股东视为公司生态系统中不同的种群，通过建立 Lotka－Volterra 模型研究了两者的竞争关系，并以案例分析的方式验证其存在均衡解的条件。李维安等（2017）[70]提出了绿色治理准则理论，从人与自然的包容性发展角度研究了公司治理。

2.3 研究现状评述

根据对现有文献的梳理和分析可以发现，股权结构不仅对公司治理具有重要影响，而且在公司发展过程中经历了多种变化。从公司治理实践来看，多个大股东的股权结构在我国已经成为一种普遍存在的治理现象，亟须从理论和实证上对股东的关系及行为在公司治理中的作用机制展开深入研究，这为本研究留下了可突破的空间，主要体现在如下四个方面。

第一，对股权结构的经济后果研究是公司财务研究领域的核心主题之一。现有大量文献分别从持股比例、股权性质、控股权与现金流权分离等方面入手，细致剖析了股权结构对公司价值的影响，但研究结论并没有出现一致性的倾向，原因可能在于股权结构的内生性问题和股权类型划分方法上的分歧（魏明海、程敏英、郑国坚，2011）[8]。最近几年，有学者开始从股东关系视角研究股权结构问题，得出不同关系类型股东产生的公司治理效应也是不同的，并且该效应受到不同关系类型股东在董事会的监督力度影响的结论。这为本研究进一步深入研究股东关系和股权结构，并试图促使不同股东群体找到自身的最佳生态位，归纳优化股东关系提供了研究基础。

第二，对多个大股东之间的关系及其行为的研究还不够深入。现有关于股权制衡对公司绩效影响文献的实证结果尚未达成共识，原因可能在于多个大股东的股权结构并不是简单地表现为股权制衡，而是他们之间合作、监督、联盟、竞争等多方面关系的表现形式，也可能通过这些关系委派董事、监事或高级管理人员参与公司的决策和管理，继而获得超额权力配置（冯文娜、杨蕙馨，2011）[204]。另外，大部分学者在大股东类别的划分上意见不一致，他们主要根据自身关注点以及研究的需要进行分类，这为本研究对股东群体的划分提供了丰富的借鉴点。因此，从更深层次挖掘多个股东关系及其行为对公司绩效的影响，是本研究开展的原动力。

第三，有关股东之间利益冲突问题的文献虽然比较丰富，但委托代理理论仍是其主要的理论支撑。委托代理理论是以经济人为假设前提（陆建新，1996；岳中志，2004）[201,202]，这种“标准化”的处理有利于简化问题并为研究提供方便，以提高理论判断的一致性，有利于理论的推广普及（冯根福，2004）[203]。经济人假设对于理论研究来说，虽然有便利之处，但是也淡化了实际生活中委托人类型和代理人类型的差异，忽略了它们所表现出的非理性。所以在结合实际情况进行分析时，显现出它的不足和局限性（谢康，1995；胡祖光，1996；何大安、苏志煌，2009）[205~207]，如在公司治理实践中，虽然实施了各种按委托代理理论思想设计的措施，但是并没有明显提高公司的业绩（闫冰，2006）[208]。

第四，基于生态学视角研究股东关系及其经济后果的研究框架还需要进一步归纳和重构，对影响机制的分析比较缺乏。有些学者遵循生态学理论在人文社科与经济应用领域的学术传统，借鉴企业生态学的应用成果，将生态理念纳入公司治理的研究领域。结合这部分文献发现，目前的公司治理生态研究还仅侧重于由财务欺诈引起的会计信息可靠性方面，而且大多是在理论层次分析问题的原因，还停留在案例分析阶段，而没有与实证研究充分结合，以进一步挖掘解决问题的途径与方法。

2.4　生态学理论与股东行为研究的契合性分析

传统的股东行为研究往往着眼于股东关系的制度缺陷，随着股权分置改革的渐进完成和内部控制规范的运行，以股东之间的本源关系为切入点研究股东行为的驱动因素与经济后果便成为必然。生态学理论与股东关系的双向耦合性为这一交叉学科的研究提供了充足的证据。

（1）契合性证据一：系统性。生态学理论最重要的基点是面向系统的研究视角，而系统是由相互作用和相互依赖的若干部分结合形成的具有特定功能的有机整体。生态系统通常与一定的空间范围相联系，以生物为主体，生物多样性与生命支持系统的物理状况有关。各要素稳定的网络式联系，保证了系统的整体性。一方面，从上市公司的构成来看，股东是其主要的资本构成方。按持股份额划分，股东可以分为大股东和中小股东；大股东按不同的标准又可分为控股股东与非控股股东、国有股东和民营股东、财务股东和战略股东。相对于债权性资本，股东是一个有机整体，具有可兼容的内在性质，股东之间的相互作用与关系状况直接影响上市公司的经营业绩与价值。另一方面，股票市场是金融体系的重要组成部分，是金融生态的子系统。现有金融生态的研究也为基于生态理论的股东行为研究提供了很好的基础。

（2）契合性证据二：竞争性。按照进化论，竞争是自然进化的机制，自然界的基本特征之一就是竞争，不仅不同物种之间存在竞争（如狼与羊），而且同一物种内部也少不了竞争（如狼群之间的争斗）。按照科斯的企业契约理论，在剩余索取权的分配上，普通股股东没有权力上的差异，只是分享比例上的区别而已。所以，相对于企业其他的利益相关者来说，获取更多单位份额的剩余收益是所有普通股股东的共同目标，保持上市公司稳定持续的经营业渍也是他们的共同期望。但不同性质的股东，对价格和收益激励做出的反应会导致不同的机会主义行为，从而实现各自利益最大化，这样必然与其他所有者发生冲突，而且冲突的根源在于初始财富的差异、出资规模的差异、风险承担的差异以及对公司影响力的差异。例如，控股股东与中小股东在剩余收益实现过程中，由于股票份额性质的差异导致控股股东与中小股东的能动作用完全不同。控股股东可以通过派出董事在公司经营决策中占有主动的话语权，而中小股东通常只能选择接受决策的后果或者退出公司，因此控股股东获得控制权后私人收益的空间也就产生了。从管理与监督的视角来看，由于持有较多股份，控股股东与公司利益可能趋同，但当控股股东的控制权与现金流权相分离时，也存在通过侵害中小股东的利益来扩大自身效用的动机。所以，股东之间的矛盾与竞争也是一种常态。

（3）契合性证据三：动态性。任何一个自然生态系统都是开放的，包括输入和输出两条基本通道，并且输入的变化总会引起输出的变化。这意味着自然生态系统具有一定的自我调节能力，生态系统始终处于动态、稳定、发展的过程中。上市公司股东的动态性也是显而易见的，是由资产的流动性和市场本质决定的，活跃的二级市场使股份的转移和流动变得自由便利，相对于控股股东所持股份较高的“专用性”特征，中小股东的股权流动更为灵活和方便，而流动的方向主要取决于股东对市场走势的预期和对公司价值的判断。正是通过动态的调节，股东生态系统才能保持相对的整体稳定性。

总之，不同类型股东之间既统一又对立的利益关系，既协同又竞争的发展策略非常好地拟合了生态系统特征，生物个体、种群、群落的行为特征分析方法为股东行为研究提供了新颖、独到的视角，可以弥补传统研究范式的不足。然而，具有主观意识的人的行为毕竟不能完全等同于生物的行为特征，所以生态学理论应作为逻辑起点，并以此为基础，构筑包括行为金融、信息经济、制度经济学等经济金融理论的架构，借此实现对上市公司新制度背景下股东行为模式、股东行为选择动因及经济后果的系统研究。

综上所述，股东行为一直是公司治理范畴的研究热点问题。然而，传统研究中理论基础的局限性和新的制度变革为这一领域的研究提出了新的挑战。本研究认为，随着制度性约束的规范化，不仅股东关系的本源更加契合生态系统构成的特点，而且生态理论在经济、社会科学方面的成功应用，都为在股东行为研究中引入生态学理论提供了很好的借鉴。所以，生态学理论作为股东行为研究的逻辑起点是可行的。

以生态学为逻辑起点的股东行为研究，是基于股东关系正本清源基础的研究模式，将进一步拓宽上市公司股东行为的研究视野。生态理论和方法将为现有的股东利益冲突研究提供新的理论框架，可以对不同类型股东的行为选择动因和经济后果进行深入探析，最终促进上市公司可持续的良性发展。

2.5 本章小结

随着对股东异质性的关注，对股东之间经济或社会关系的研究也逐渐成为新的研究热点。生态学理论已被广泛应用在经济管理研究的很多方面。不同类型股东之间既统一又对立的利益关系，既协同又竞争的发展策略非常好地拟合了生态系统特征。生态学理论与股东关系的双向耦合性，决定了以生态学理论作为股东关系研究的逻辑起点的可行性。以生态学为逻辑起点的股东关系研究，为公司治理研究提供了新的研究视角，拓宽了上市公司股东关系的研究视野。

参考文献

［1］BERLE A A，MEANS G C. The modern corporation and private property［M］. New York：Macmillan，1932.

[2] JENSEN M, MECKLING W. Theory of the firm: managerial behavior, agency costs, and ownership structure [J]. Journal of Financial Economics, 1976 (3): 305 - 360.

[3] LA PORTA R, LOPEZ - DE - SILANES F, SHLEIFER A, et al. Law and Finance [J]. Journal of Political Economy, 1998, 106 (6): 1113 - 1155.

[4] LA PORTA R, LOPEZ - DE - SILANES F, SHLEITER A, et al. Corporate ownership around the world [J]. Journal of Finance, 1999, 54 (2): 471 - 517.

[5] 李维安，张立党，张苏. 公司治理、投资者异质信念与股票投资风险：基于中国上市公司的实证研究 [J]. 南开管理评论，2012 (6): 135 - 146.

[6] 汪青松. 股东关系维度代理问题及其治理机制研究 [J]. 政法论丛，2012 (4): 101 - 107.

[7] 汪平，邹颖，兰京. 异质股东的资本成本差异研究：兼论混合所有制改革的财务基础 [J]. 中国工业经济，2015 (9): 129 - 144.

[8] 魏明海，程敏英，郑国坚. 从股权结构到股东关系 [J]. 会计研究，2011 (1): 60 - 67.

[9] 吴德胜，李维安. 非正式契约与正式契约交互关系研究：基于随机匹配博弈的分析 [J]. 管理科学学报，2010, 13 (12): 76 - 85.

[10] 程敏英，林秉旋，魏明海. 大股东异质性、内部人交易与信息披露策略 [C] //第四届海峡两岸会计学术研讨会：会计准则、内部控制与公司治理论文集. 2012.

[11] 马连福，赵颖. 基于公司治理的投资者关系文献评述与研究展望 [J]. 南开管理评论，2006, 9 (1): 21 - 27.

[12] 马连福，陈德球，高丽，等. 投资者关系管理、现金流权与公司价值：基于中国家族上市公司的实证研究 [J]. 山西财经大学学报，2007, 29 (12): 72 - 79.

[13] 李心丹，肖斌卿，张兵，等．投资者关系管理能提升上市公司价值吗：基于中国A股上市公司投资者关系管理调查的实证研究［J］．管理世界，2007（9）：117－128.

[14] 陈闯，杨威．股权投资者异质性对董事会职能演进的影响：以平高电气为例［J］．管理世界，2008（12）：149－159.

[15] DHARWADKAR R M，GORANOVA B P，KHAN R. Institutional ownership and monitoring effectiveness：it's not just how much but what else you own［J］．Organization Science，2008，19（3）：419－440.

[16] HOLDERNESS C. The myth of diffuse ownership in the united states［J］．The Review of Financial Studies，2009，22（4）：1377－1408.

[17] 陈建宁．股东关系的调适与和谐企业的构建：泉州市民营企业上市公司内部关系和谐构建的调查与思考［J］．经济师，2006（11）：280－281.

[18] MAURY B，PAJUSTE A. Multiple large shareholders and firm value［J］．Journal of Banking & Finance，2005，29（7）：1813－1834.

[19] CORNETT M，MARCUS A，SAUNDERS A，et al. The impact of institutional ownership on corporate operating performance［J］．Journal of Banking & Finance，2007，31（6）：1771－1794.

[20] KAHAN M，ROCK E. Hedge funds in corporate governance and corporate control［J］．University of Pennsylvania Law Review，2007，155（5）：1021－1093.

[21] BRAV A，JIANG W，PARTNOY F，et al. Hedge fund activism，corporate governance，and firm performance［J］．Journal of Finance，2008，63（4）：1729－1776.

[22] JOSEPH E T. Large shareholder heterogeneity：the effect on firms' accounting quality and information asymmetry［D］．Florida Atlantic University，2011.

[23] COLPAN A M，YOSHIKAWA T，HIKINO T，et al. Shareholder

heterogeneity and conflicting goals: strategic investments in the japanese electronics industry [J]. Journal of Management Studies, 2011, 48 (3): 591 - 618.

[24] 杨海燕，韦德洪，孙健．机构投资者持股能提高上市公司会计信息质量吗：兼论不同类型机构投资者的差异 [J]. 会计研究，2012 (9): 16 - 23.

[25] CHEN XIA, HARFORD JARRAD, LI KAI. Monitoring: which institutions matter? [J]. Journal of Financial Economics, 2007, 86 (2): 279 - 305.

[26] 佟岩，王丹虹，孙绪才．股东关系、内部资本市场与利益配置：中大股份委托贷款分析 [J]. 会计之友，2010 (5): 67 - 72.

[27] 张伟华，王斌，宋春霞．股东资源、实际控制与公司控制权争夺：基于雷士照明的案例研究 [J]. 中国软科学，2016 (10): 109 - 122.

[28] 冯果．股东异质化视角下的双层股权结构 [J]. 政法论坛，2016 (4): 126 - 137.

[29] 蔡宁，魏明海．股东关系、合谋与大股东利益输送：基于解禁股份交易的研究 [J]. 经济研究，2011, 33 (9): 63 - 74.

[30] CHENG MINYING, LIN BINGXUAN, WEI MINGHAI. How does the relationship between multiple large shareholders affect corporate valuations? evidence from china [J]. Journal of Economics and Business, 2013, 70 (6): 43 - 70.

[31] 柴斌锋，叶彬，朱朝晖．股东关系、现金持有水平与价值 [J]. 经济经纬，2016 (6): 113 - 118.

[32] 刘亭立，杨理嘉，王志华．大股东"关系治理"对真实盈余管理影响的实证分析 [J]. 统计与决策，2016 (14): 167 - 170.

[33] MCCONNELL J J, SERVAES H. Additional evidence on equity ownership and corporate value [J]. Journal of Financial Economics, 1990, 27 (2): 595 - 612.

[34] BRICKLEY J R, SMITH C. Ownership structure and the monitoring

of managers [J]. Journal of Financial Economics, 1988 (20): 267 - 291.

[35] 中山大学管理学院课题组. 控股股东性质与公司治理结构安排 [J]. 管理世界, 2008 (6): 118 - 126.

[36] CRONQVIST H, FAHLENBRACH R. Large shareholders and corporate policies [J]. The Review of Financial Studies, 2009, 22 (10): 3941 - 3976.

[37] HARRIS O, MADURA J, GLEGG C. Do managers make takeover finance decisions that circumvent more effective outside blockholders? [J]. The Quarterly Review of Economics and Finance, 2010, 50 (2): 180 - 190.

[38] 杨松令, 刘亭立. 基于共生理论的上市公司股东行为研究: 一个研究框架及设想 [J]. 会计研究, 2009 (1): 81 - 87.

[39] 汪青松. 基于投资偏好差异的股份公司股东类别化分析 [J]. 政法论丛, 2011 (4): 104 - 109.

[40] 王新霞, 温军, 赵旭峰. 异质股东、研发投资与企业绩效 [J]. 财贸研究, 2012 (5): 139 - 147.

[41] 刘亭立, 杨松令, 晏文婷, 等. 关系型大股东对创业板上市公司价值影响的实证分析 [J]. 中央财经大学学报, 2014 (10): 106 - 112.

[42] 程敏英, 魏明海. 关联股东的权力超额配置 [J]. 中国工业经济, 2013 (10): 108 - 120.

[43] KEASEY K, SHORT H. Equity retention and initial public offerings: the influence of signaling and entrenchment effects [J]. Applied Financial Economics, 1997, 7 (1): 75 - 85.

[44] GROSSMAN S, HART D. One steal or not to steal: firm attributes [J]. Legal Environment and Valuation, 1988, 60 (3): 1461 - 1493.

[45] MORCK R, SHLEIFER A, VISHNY R W. Management ownership and market valuation: an empirical analysis [J]. Journal of Financial Economics, 1988 (20): 293 - 315.

[46] CLAESSENS S, DJANKOV S, LANG L H P. The separation of ownership and control in east asian corporation [J]. Journal of Financial Econo-

mies, 2000, 58 (1): 81 - 112.

[47] 唐宗明, 奚俊芳, 蒋位. 大股东侵害小股东利益的原因及影响因素分析 [J]. 上海交通大学学报, 2003 (4): 596 - 599.

[48] DHILLON A, ROSSETTO S. Corporate control and multiple large shareholders [R]. Working Paper, 2009.

[49] CHEUNG S, JING L, RAU P, et al. How does the grabbing hand grab? tunneling assets from chinese listed companies to the state [D]. Hong Kong: City University of Hong Kong, 2006.

[50] KYRIACOU K, LUINTEL K B, MASE B. Private information in executive stock option trades: evidence of insider trading in the UK [J]. Economical, 2009, 77 (308): 751 - 774.

[51] 刘峰, 贺建刚. 股权结构与大股东利益实现方式的选择: 中国资本市场利益输送的初步研究 [J]. 中国会计评论, 2004 (1): 141 - 158.

[52] 黄志忠. 股权比例、大股东"掏空"策略与全流通 [J]. 南开管理评论, 2006 (1): 58 - 65.

[53] 黄娟娟, 沈艺峰. 上市公司的股利政策究竟迎合了谁的需要: 来自中国上市公司的经验数据 [J]. 会计研究, 2007 (8): 36 - 43.

[54] 朱红军, 何贤杰, 陈信元. 定向增发"盛宴"背后的利益输送: 现象、理论根源与制度成因: 基于驰宏锌锗的案例研究 [J]. 管理世界, 2008 (6): 136 - 147.

[55] 吴育辉, 吴世农. 股票减持过程中的大股东掏空行为研究 [J]. 中国工业经济, 2010 (5): 121 - 130.

[56] JOHNSON S, LA PORTA R, LOPEZ D F, et al. Tunneling [J]. American Economic Review, 2000, 90 (2): 22 - 27.

[57] MORCK R, BERNARD Y. Agency problems in large family business groups [J]. Entrepreneurship: Theory and Practice, 2003, 27 (4): 367 - 382.

[58] MORCK R, WOLFENZON D, YEUNG B. Corporate governance,

economic entrenchment and growth [J]. Journal of Economic Literature, 2005, 43 (3): 655 - 720.

[59] STULZ R M. The limits of financial globalization [J]. Journal of Finance, 2005, 60 (4): 1595 - 1638.

[60] FOGEL K. Oligarchic family control, social economic outcomes, and the quality of government [J]. Journal of International Business Studies, 2006, 37 (5): 603 - 622.

[61] ALMEIDA H V, WOLFENZON D. A theory of pyramidal ownership and family business groups [J]. The Journal of Finance, 2006 (6): 2637 - 2680.

[62] 高闯, 郭斌, 赵晶. 上市公司终极股东双重控制链的生成及其演化机制: 基于组织惯例演化视角的分析框架 [J]. 管理世界, 2012 (11): 156 - 169.

[63] 刘芍佳, 孙霈, 刘乃全. 终极产权论、股权结构及公司绩效 [J]. 经济研究, 2003 (4): 51 - 62.

[64] 王烨. 股权控制链、治理环境与资金侵占实证研究 [J]. 现代管理科学, 2009 (12): 39 - 43.

[65] 渡边真理子. 国有控股上市公司的控制权、金字塔式结构和侵占行为: 来自中国股权分置改革的证据 [J]. 金融研究, 2011 (6): 150 - 167.

[66] 韩忠雪, 崔建伟. 金字塔结构、利益攫取与现金持有: 基于中国民营上市公司的实证分析 [J], 管理评论, 2014, 26 (11): 190 - 200.

[67] 高闯, 关鑫. 社会资本、网络连带与上市公司终极股东控制权: 基于社会资本理论的分析框架 [J]. 中国工业经济, 2008 (9): 88 - 97.

[68] 杨松令, 王昱茜, 刘亭立. 大股东关系对关联交易的影响: 基于社会资本视角 [J]. 现代财经, 2014 (11): 60 - 70.

[69] 王闽. 基于 Lotka - Volterra 模型的股东种群共生性分析 [J]. 财经纵横, 2013 (9): 170 - 172.

[70] 李维安, 徐建, 姜广省. 绿色治理准则: 实现人与自然的包容性

发展［J］. 南开管理评论，2017（5）：23－28.

［71］韩春伟，潘爱玲．生态位视角下我国家族企业治理探讨［J］. 理论学刊，2009（3）：42－45.

［72］张红军．中国上市公司股权结构与公司绩效的理论及实证分析［J］. 经济科学，2000（4）：34－44.

［73］麻敏敏，周云莺．股权集中度、股权制衡度对公司绩效影响的分析［J］. 中国集体经济，2015（16）：71－73.

［74］THOMSEN S，PEDERSEN T，KVIST H K. Blockholder ownership：effects on firm value in market and control based governance systems［J］. Journal of Corporate finance，2006，12（2）：246－269.

［75］孙菊生，李小俊．上市公司股权结构与经营绩效关系的实证分析［J］. 当代财经，2006（1）：80－84.

［76］张良，王平，毛道维．股权集中度、股权制衡度对企业绩效的影响［J］. 统计与决策，2010（7）：151－153.

［77］何文修，劳水琴．股权集中度与公司绩效关系的实证研究［J］. 经济论坛，2010（9）：206－208.

［78］陈晓，江东．股权多元化、公司业绩与行业竞争性［J］. 经济研究，2000（8）：28－35＋80.

［79］施东晖．股权结构、公司治理与绩效表现［J］. 世界经济，2000（12）：37－44.

［80］孙永祥，黄祖辉．上市公司的股权结构与绩效［J］. 经济研究，1999（12）：23－30＋39.

［81］陈德萍，陈永圣．股权集中度、股权制衡度与公司绩效关系研究：2007—2009 年中小企业板块的实证检验［J］. 会计研究，2011（1）：38－43.

［82］杜莹，刘立国．股权结构与公司治理效率：中国上市公司的实证分析［J］. 管理世界，2002（11）：124－133.

［83］李增泉，孙铮，王志伟．"掏空"与所有权安排：来自我国上

市公司大股东资金占用的经验证据［J］. 会计研究，2004（12）：3－13＋97.

［84］丁寅寅. 股权集中度、股权制衡度对公司绩效的影响研究：基于中小板上市公司的实证检验［J］. 经营与管理，2017（12）：26－29.

［85］BOLTON P，VON THADDEN E L. Blocks，liquidity，and corporate control［J］. The Journal of Finance，1998，53（1）：1－25.

［86］PAGANO M，ROELL A. The choce of stock ownership structure：agency costs，monitoring and the decision to go publicl［J］. Journal of Financial Economics，1988，113（6）：187－225.

［87］GOMES A，NOVAES W. Multiple large shareholders in corporate governance［R］. Working Paper，Wharton School，1999.

［88］BLOCH F，HEGE U. Muliple shareholders and control contests［R］. Working Paper，CEPR，2001.

［89］PAGANO M，VOLPIN P. Workers，Managers and corporate control［J］. Journal of Finance，2005，60：841－868.

［90］SACRISTAN－NAVARRO M，GOMEZ－ANSON S，CABEZA－GARCIA L. Family ownership and control，the presence of other large shareholders，and firm performance：further evidence［J］. Family Business Review，2011，24（1）：71－93.

［91］佟岩，陈莎莎. 生命周期视角下的股权制衡与企业价值［J］. 南开管理评论，2010，13（1）：108－115.

［92］陈志军，徐鹏，白贵玉. 动态竞争视角下上市公司股权制衡与绩效的关系研究［J］. 外国经济与管理，2014，36（11）：3－11.

［93］颜爱民，马箭. 股权集中度、股权制衡对企业绩效影响的实证研究：基于企业生命周期的视角［J］. 系统管理学报，2013，22（3）：385－393.

［94］李元霞. 股权制衡度、内部控制有效性与企业绩效：来自中国上市公司的经验证据［J］. 中国注册会计师，2013（10）：57－62.

[95] 陈乾坤，卞曰瑭．股权制衡、代理成本与企业绩效：基于我国 A 股民营上市公司的实证分析 [J]．科学决策，2015 (5)：74 - 92.

[96] 刘亚伟，张兆国．股权制衡、董事长任期与投资挤占研究 [J]．南开管理评论，2016，19 (1)：54 - 69.

[97] 赵国宇，禹薇．大股东股权制衡的公司治理效应：来自民营上市公司的证据 [J]．外国经济与管理，2018，40 (11)：60 - 72.

[98] 谢海洋，曹少鹏，秦颖超．股权制衡、非国有股东委派董事与公司绩效 [J]．财经理论与实践，2018，39 (3)：76 - 82.

[99] 赵景文，于增彪．股权制衡与公司经营业绩 [J]．会计研究，2005 (12)：59 - 64 + 96.

[100] GOMES A，NOVAES W. Sharing of control versus monitoring as corporate governance mechanisms [R]. Working Paper，Washington University，and PUC - Rio. 2016

[101] 徐莉萍，辛宇，陈工孟．股权集中度和股权制衡及其对公司经营绩效的影响 [J]．经济研究，2006 (1)：90 - 100.

[102] 张光荣，曾勇．股权制衡可以改善公司治理吗：基于公平与效率视角的实证检验 [J]．系统工程，2008 (8)：71 - 79.

[103] 毛世平．金字塔控制结构与股权制衡效应：基于中国上市公司的实证研究 [J]．管理世界，2009 (1)：140 - 152.

[104] 朱德胜，周晓珮．股权制衡、高管持股与企业创新效率 [J]．南开管理评论，2016，19 (3)：136 - 144.

[105] 朱武祥，宋勇．股权结构与企业价值：对家电行业上市公司实证分析 [J]．经济研究，2001 (12)：66 - 72 + 92.

[106] 杨淑娥，王映美．大股东控制权私有收益影响因素研究：基于股权特征和董事会特征的实证研究 [J]．经济与管理研究，2008 (3)：30 - 35.

[107] 顾问，许纪校．股权制衡度与公司绩效的关系研究：来自垄断性与竞争性行业的经验证据 [J]．会计之友，2014 (6)：59 - 63.

［108］黄渝祥，孙艳，邵颖红，等．股权制衡与公司治理研究［J］．同济大学学报（自然科学版），2003（9）：1102－1105＋1116.

［109］刘银国，高莹，白文周．股权结构与公司绩效相关性研究［J］．管理世界，2010（9）：177－179.

［110］黄建欢，杨宁，尹筑嘉．股权制衡对上市公司绩效的非线性影响：基于股权制衡度的新测算［J］．财经理论与实践，2015，36（2）：33－39.

［111］马连福，王丽丽，张琦．投资者关系管理对股权融资约束的影响及路径研究：来自创新型中小企业的经验证据［J］．财贸研究，2015，26（1）：125－133.

［112］阮素梅，丁忠明，刘银国，等．股权制衡与公司价值创造能力倒“U”形假说检验：基于面板数据模型的实证［J］．中国管理科学，2014，22（2）：119－128.

［113］隋静，蒋翠侠，许启发．股权制衡与公司价值非线性异质关系研究：来自中国 A 股上市公司的证据［J］．南开管理评论，2016，19（1）：70－83.

［114］杨文君，何捷，陆正飞．家族企业股权制衡度与企业价值的门槛效应分析［J］．会计研究，2016（11）：38－45＋95.

［115］陶文丽．股权集中度、股权制衡度与公司绩效［J］．重庆科技学院学报（社会科学版），2016（12）：37－40.

［116］焦健，刘银国，刘想．股权制衡、董事会异质性与大股东掏空［J］．经济学动态，2017（8）：62－73.

［117］邵毅平．上市公司利润操纵、盈余管理的界分与监管［M］．北京：中国社会科学出版社，2012.

［118］杜兴强，温日光．公司治理与会计信息质量：一项经验研究［J］．财经研究，2007，33（1）：122－133.

［119］顾明润，杨继伟，余怒涛．产权性质、公司治理与真实盈余管理［J］．中国会计评论，2012（9）：255－274.

[120] 李增福，林盛天，连玉君．国有控股、机构投资者与真实活动的盈余管理 [J]．管理工程学报，2013 (3)：35 -44.

[121] 王化成，佟岩．控股股东与盈余质量：基于盈余反应系数的考察 [J]．会计研究．2006 (2)：66 -74 +97.

[122] 王斌，宋春霞．大股东股权质押、股权性质与盈余管理方式 [J]．华东经济管理，2015 (8)：118 -128.

[123] 南晓莉，刘井建．股权集中度、现金股利与上市公司盈余质量的实证研究 [J]．大连理工大学学报（社会科学版），2014 (4)：33 -38.

[124] 刘立国，杜莹．公司治理与会计信息质量关系的实证研究 [J]．会计研究，2003 (2)：28 -36.

[125] 姜英兵，王清莹．上市公司股权结构与真实活动盈余管理 [J]．财经问题研究，2011 (5)：73 -80.

[126] 黄雷，齐振威，叶勇．上市公司股权结构与盈余管理研究 [J]．经济体制改革，2012 (5)：143 -146.

[127] 陈宋生，赖娇．ERP 系统、股权结构与盈余质量关系 [J]．会计研究，2013 (5)：56 -66 +96.

[128] 余怒涛，沈中华，刘孟晖．股权结构与盈余质量：来自沪深股市的证据 [J]．山西财经大学学报，2008，30 (8)：107 -144.

[129] 周娟．股权结构与上市公司真实盈余管理研究 [M]．北京：中国社会科学出版社，2013.

[130] 林芳，许慧．基于真实交易盈余管理的股权制衡治理效应 [J]．山西财经大学学报，2012 (1)：83 -93.

[131] KLEIN A. Audit committee, board of director characteristics, and earnings management [J]. Journal of Accounting and Economics, 2002, 33 (3): 375 -400.

[132] CARCELLO J V, NEAL T L. Audit committee composition and auditor reporting [J]. Accounting Review, 2000, 75 (4): 453 -467.

[133] YERMACK D. Higher market valuation of companies with a small

board of directors [J]. Journal of Financial Economics, 1996, 40 (2): 185 - 211.

[134] GHOSH A, MARRA A, MOON D. Corporate boards, audit committees, and earnings management: pre - and post - sox evidence [J]. Journal of Business Finance and Accounting, 2010, 37 (9): 1145 - 1176.

[135] DIMITROPOULOS P. Corporate governance and earnings management in the european football industry [J]. European Sport Management Quarterly, 2011, 11 (5): 495 - 523.

[136] CHEKILI S. Impact of some governance mechanisms on earnings management: an empirical validation within the tunisian market [J]. Journal of Business Studies Quarterly, 2012, 3 (3): 95 - 104.

[137] KUMARI P, PUTTANAYAK J K. The role of board characteristics as a control mechanism of earnings management: a study of selected indian services sector companies [J]. The IUP Journal of Corporate Governance, 2014, 8 (1): 302 - 350.

[138] ZGARNI I, HALIOUI K, ZEHRI F. Do the characteristics of board of directors constrain real earnings management in emerging markets? Evidence from the tunisian context [J]. The IUP Journal of Accounting Research and Audit Practices, 2014, 13 (1): 46 - 61.

[139] ANDERSON R C, MANSI S A, REED D M. Board characteristics, accounting report integrity, and the cost of debt [J]. Journal of Accounting and Economics, 2004, 37 (3): 315 - 342.

[140] KARAMANOU I, VAFEAS N. The association between corporate boards, audit committees, and management earnings forecasts: an empirical analysis [J]. Journal of Accounting Research, 2005, 43 (3): 453 - 486.

[141] 李延喜，包世泽，高锐，等. 薪酬激励、董事会监管与上市公司盈余管理 [J]. 南开管理评论，2007 (6): 55 - 61.

[142] GRAVEN A. The effect of board and audit committee characteristics

on real earnings management：do boards and audit committees play a role in its constraint ［J］. Working paper，Culverhouse School of Accountancy，Tuscaloosa，2009，19（1）：67 –84.

［143］VISVANATHAN G. Corporate governance and real earnings management ［J］. Academy of Accounting and Financial Journal，2008，12（1）：9 –22.

［144］江维琳，李琪琦，向锐．董事会特征与公司盈余管理水平：基于中国民营上市公司面板数据的研究［J］. 软科学，2011（5）：142 –144.

［145］杨清香，张翼，张亮．董事会特征与盈余管理的实证研究：来自中国上市公司的经验证据［J］. 中国软科学，2008（11）：133 –140.

［146］FAMA E，JENSEN M. Separation of ownership and control ［J］. Journal of Law and Economics，1983，26（2）：301 –325.

［147］COHEN D A，ZAROWIN P. Accrual – based and real earnings management activities around seasoned equity offerings ［J］. Journal of Accounting and Economics，2010，50（1）：2 –19.

［148］BEASLEY M S. An empirical analysis of the relation between the board of director composition and financial statement fraud ［J］. Accounting Review，1996，71（4）：443 –465.

［149］INAAM Z，KHMOUSSI H，FATMA Z. Do the characteristics of board of directors constrain real earnings management in emerging markets? Evidence from the Tunisian Context ［J］. IUP Journal of Accounting Research and Audit Practices，2014，13（1）：46 –61.

［150］肖淑芳，刘颖，刘洋．股票期权实施中经理人盈余管理行为研究：行权业绩考核指标设置角度［J］. 会计研究，2013（12）：40 –46 +96.

［151］黄海杰，吕长江，丁慧．独立董事声誉与盈余质量：会计专业独董的视角［J］. 管理世界，2016（3）：128 –143 +188.

［152］胡元木，刘佩，纪端．技术独立董事能有效抑制真实盈余管理吗：基于可操控 R&D 费用视角［J］. 会计研究，2016（3）：29 –35 +95.

［153］余怒涛，沈中华，刘孟晖．董事会特征和盈余质量：来自沪深

股市的证据［J］. 华东经济管理, 2009（7）: 76 – 81 + 84.

［154］PULLIAM R, YU H. Challenges and strategies for the development of ecology in 21st century［M］. Challenges Facing Ecologists: Questions and Approaches. Higher Education Press, Beijing（in Chinese）, 2005: 9 – 15.

［155］李斌. 论社会总资源优化配置：经济、社会、生态协调发展探讨［J］. 经济研究, 1990（9）: 3 – 8 + 49.

［156］梁正. 演化经济学研究范式的重新思考：来自现代生物学的隐喻［J］. 南开经济研究, 2003（5）: 15 – 18.

［157］JAMES F. Moore predators and prey: a new ecology of competition［J］. Harvard Business Review, 1993, 71（3）: 75 – 79.

［158］GAJEN K, SANJIV G. Reinventing value: the new business ecosystem［J］. Strategy and Leadership, 1998, 26（5）: 28 – 33.

［159］陆玲. 略论企业生态学原理［J］. 世界科学, 1996（3）: 44 – 46.

［160］毕燎原. 行业生态论［J］. 商业文化, 1999（6）: 11 – 13.

［161］唐小我, 井润田, 李仕明. 知识经济时代企业竞争的新特点［J］. 电子科技大学学报（社会科学版）, 1999（1）: 53 – 56.

［162］楼园, 赵红. 企业生态系统模型及非生物环境因素分析［J］. 数量经济技术经济研究, 2002（3）: 62 – 64.

［163］MARCO I, ROY L. The keystone advantage: what the new dynamics of business ecosystems mean for strategy, innovation, and sustainability［M］. Boston: Harvard Business School Press, 2004: 245 – 270.

［164］顾力刚, 方康. 企业生态系统对企业可持续成长的影响分析［J］. 统计与决策, 2007（16）: 171 – 173.

［165］宋林, 顾力刚. 企业生态系统的形成动因分析［J］. 改革与战略, 2011（1）: 140 – 142.

［166］曹利军, 黄泳. 企业生态系统进化模型与进化机理研究［J］. 企业经济, 2012（3）: 56 – 59.

［167］许芳，李建华．企业生态位原理及模型研究［J］．中国软科学，2005（5）：130－139.

［168］刘希宋，金鹏，喻登科．基于生态位的管理职能与竞争战略新探［J］．生态经济，2008（1）：52－55.

［169］MONAGHAN A. Conceptual niche management of grassroots innovation for sustainability：the case of body disposal practices in the UK［J］．Technological Forecasting and Social Change，2009，76（8）：1026－1043.

［170］LALAND K N，BOOGERT N J. Niche construction，co－evolution and biodiversity［J］．Ecological Economies，2010，69（4）：731－736.

［171］VERBONG G，CHRISTIAENS W，RAVEN R. Strategic niche management in an unstable regime：biomass gasification in india［J］．Environmental Science and Policy，2010，13（4）：272－281.

［172］ROMIJN H，RAVEN R. Biomass energy experiments in rural india：insights from learning－based development approaches and lessons for strategic niche management［J］．Environmental Science and Policy，2010，13（4）：326－338.

［173］IVANKA V，ANDY N，CARMELO C，et al. Governing the city：unleashing value from the business ecosystem［J］．California Management Review，2016，59（1）：109－140.

［174］黄江明，丁玲，崔争艳．企业生态位构筑商业生态竞争优势：宇通和北汽案例比较［J］．管理评论，2016（5）：220－231.

［175］伊辉勇，刘伟．基于产品种群竞争模型的企业核心竞争力识别［J］．管理科学，2007（3）：16－22.

［176］徐爱东，龙勇．产品竞争与技术合作效应研究［J］．中国软科学，2008（1）：116－124.

［177］卞曰瑭，何建敏，庄亚明．基于 Lotka－Volterra 模型的生产性服务业发展机理研究［J］．软科学，2011（1）：32－36.

［178］孙丽文，李跃．京津冀区域创新生态系统生态位适宜度评价

[J]. 科技进步与对策, 2017 (4): 47-53.

[179] 宋晓洪, 丁莹莹, 焦晋鹏. 创业生态系统共生关系研究 [J]. 技术经济与管理研究, 2017 (1): 27-31.

[180] 白彦壮, 张莹, 薛杨. 社会性企业成长过程及其自组织演化机理: 创业生态系统视角的研究 [J]. 科技进步与对策, 2017 (4): 84-89.

[181] 白钦先, 姚勇, 崔满红. 金融可持续发展研究导论 [M]. 北京: 中国金融出版社, 2001.

[182] 周小川. 法治金融生态 [J]. 中国经济周刊, 2005 (3): 4-5.

[183] 徐诺金. 论我国金融生态环境问题 [J]. 金融研究, 2005 (11): 31-38.

[184] 张正, 王孚瑶, 张玉明. 云创新与互联网金融生态系统构建: 以阿里金融云为例 [J]. 经济与管理研究, 2017 (3): 53-60.

[185] 李扬, 张涛. 中国地区金融生态环境评价 (2008—2009) [M]. 北京: 中国金融出版社, 2009.

[186] 中国人民银行洛阳市中心支行课题组. 区域金融生态环境评价指标体系研究 [J]. 金融研究, 2006 (1): 167-177.

[187] 刘磊. 突变级数法在农村金融生态评价中的应用 [J]. 金融教学与研究, 2009 (6): 25-28.

[188] 李延凯, 韩廷春. 金融生态演进作用于实体经济增长的机制分析: 透过资本配置效率的视角 [J]. 中国工业经济, 2011 (2): 26-35.

[189] 谢德仁, 陈运森. 金融生态环境、产权性质与负债的治理效应 [J]. 经济研究, 2009 (5): 118-129.

[190] 万良勇, 魏明海. 金融生态、利益输送与信贷资源配置效率: 基于河北担保圈的案例研究 [J]. 管理世界, 2009 (5): 6-16.

[191] 魏志华, 曾爱民, 李博. 金融生态环境与企业融资约束: 基于中国上市公司的实证研究 [J]. 会计研究, 2014 (5): 73-75.

[192] 陈丹临, 王怀明. 金融生态环境、公司治理与债务成本 [J]. 江苏社会科学, 2016 (3): 103-108.

[193] 罗韵轩. 金融生态环境、异质性债务治理效应与债务重组：基于中国上市公司的实证研究 [J]. 会计研究, 2016 (3): 43-49+95.

[194] 李曙光. 公司治理生态 [J]. 财经, 2002 (6): 39.

[195] 杜兴强. 公司治理生态与会计信息的可靠性问题研究 [J]. 会计研究, 2004 (7): 44-49.

[196] 何丹. 公司治理生态与财务欺诈 [J]. 生态经济, 2007 (3): 47-49.

[197] 王普查. 论公司治理生态的建设与财务欺诈的防范 [J]. 开发研究, 2004 (5): 76+89-90.

[198] 张峻极. 中国问题公司：市场行为与公司治理生态危机 [J]. 经济导刊, 2005 (12): 68-73.

[199] 王沁, 刘涛, 许晓军. 我国上市公司内部治理生态的构成及优化研究 [J]. 冶金经济与管理, 2012 (2): 43-45.

[200] 聂正安. 生态位约束下的中小企业公司治理 [J]. 经济管理, 2006 (5): 27-31.

[201] 陆建新. 从委托代理理论的视角看国有企业改革 [J]. 经济学家, 1996 (2): 63-67+126-127.

[202] 岳中志. 基于委托代理理论的股票期权激励机制研究 [J]. 经济科学, 2004 (5): 32-38.

[203] 冯根福. 双重委托代理理论：上市公司治理的另一种分析框架：兼论进一步完善中国上市公司治理的新思路 [J]. 经济研究, 2004 (12): 16-25.

[204] 冯文娜, 杨蕙馨. 合作性竞争行为与合作性竞争绩效的关系：联盟结构的中介效应分析 [J]. 中国工业经济, 2011 (12): 78-88.

[205] 谢康. 经济对策论在委托人—代理人理论中的应用 [J]. 经济学动态, 1995 (11): 57-59.

[206] 胡祖光. 也析公有制经济中的委托—代理关系：对张维迎模型的重大改进 [J]. 数量经济技术经济研究, 1996 (10): 51-54.

[207] 何大安，苏志煌．代理人类型差异及其委托代理的实证分析［J］．中国工业经济，2009（6）：108－118.

[208] 闫冰．代理理论与公司治理综述［J］．当代经济科学，2006（6）：80－85＋125.

第二篇
股东生态系统构建

>>>>

本篇是对股东生态系统的构建，主要包含三章内容：第 3 章结合自然生态系统的概念，界定了股东生态系统的内涵；第 4 章从股东生态主体、股东生态环境、股东生态调节机制三个方面详细阐述了股东生态系统的构成要素，在借鉴自然生态系统理论、适者生存理论和亲缘选择理论基础上，从股东性质、股东持股规模、股权关联情况和侵占行为四个维度出发，将股东划分为类掠食型股东、优势型股东、建群型股东、从属型股东和伴生型股东五种类型；第 5 章讨论了股东生态系统的结构，归纳了股东生态系统所具有的结构特征，并运用营养等级和社会等级的观点，将不同类型的股东划分为不同的等级，进一步对股东生态系统的立体式网状结构进行阐释。

第 3 章　股东生态系统的界定

3.1　自然生态系统

“生态系统”一词最早是由英国植物学家 Tansley 于 1935 年提出的。之后，苏联植物学家 Sucachev 提出了“生物地理群落”（Biogeocoenosis）的概念，将特定时间内占据一定空间的同一物种个体的集合称为“一个种群”；将相互之间存在直接或间接关系的种群总体称为“一个生物群落”。此外，温度、土壤、各种有机物质或无机物质对生物群落的生长、分布和多样性也具有显著影响。因此，生态学中的自然生态系统是指在一定时间和空间范围内，生物与生物之间、生物与其有机或无机环境之间，通过物质的循环和能量的流动，逐渐形成相互作用、相互依存的系统。

自然生态系统的一般模型如图 3－1 所示。

在自然生态系统中，植物所固定的能量是通过生物之间取食和被食的关系进行传递的，这种传递顺序所构成的链条被称为“食物链”（Food Chains），食物链之间彼此交错形成的复杂网状结构就是“食物网”（Food Web）。

图 3－2 反映了温带草原生态系统内各种生物种群之间的相互关系和营养位置，主要包含以下几条食物链：草—兔子—猫头鹰、草—老鼠—蛇—猫头鹰、草—食草昆虫—蜘蛛—吃虫的鸟—猫头鹰、草—食草昆虫—蜘蛛—青蛙—蛇—猫头鹰等。对于猫头鹰而言，该种群占据的食物链较多，且营养位置较高，该食物链上某一生物种群的消失不会对其产生特别大的影响。因此，在食物链越多、食物网越复杂的生态系统中，尽管某一生物

种群的消失会在一定程度上影响该生态系统的稳定性，但并不会导致整个生态系统失调。

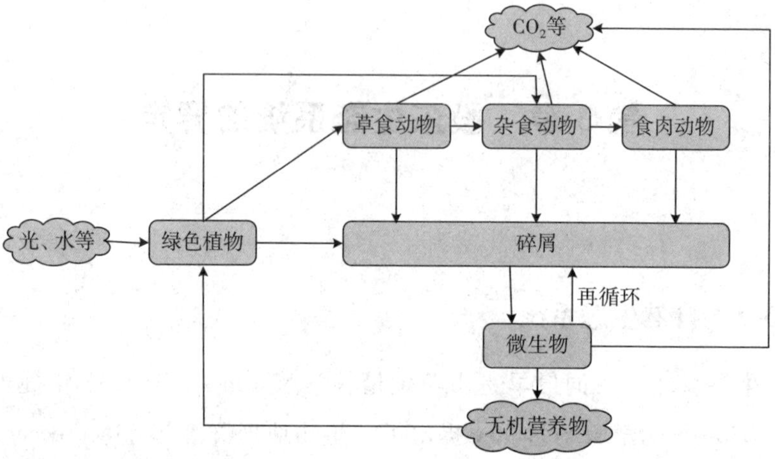

图3－1 自然生态系统的一般模型

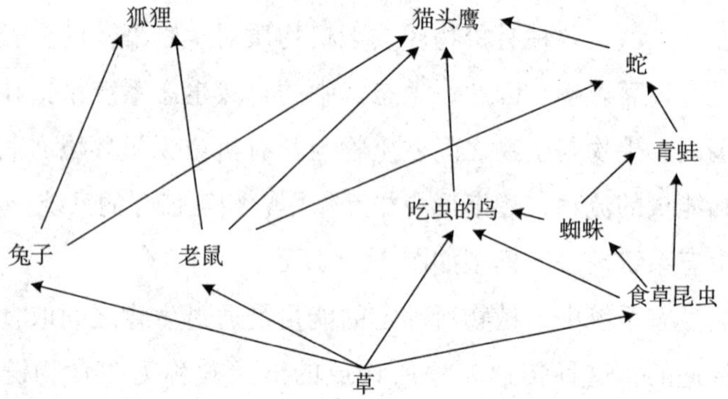

图3－2 温带草原生态系统的食物链与食物网

在自然界中，种群是物种存在的基本单位，生物学分类的门、纲、目、科、属等单位均是学者依据物种的特征及其在进化过程中的亲缘关系划分的。

对于动物群体而言，在适者生存的理论下，动物个体的行为准则是自身好处最大化，即最大限度地实现其“自私”的本性。但事实上，动物的行为并不都是自私的。Massey（1977）[1]通过研究一个封闭的罗猴群发现，罗猴个体在战斗中所表现出的利他程度与彼此间的亲缘关系密切相关。在生态学中，这种利他行为主要是指通过牺牲自身的存活和繁殖机会来增加其他个体的生存机会和繁殖成功率的行为。为了解释这种行为，Hamilton (1964)[2] 提出了“亲缘选择”的理论（Kin Selection Theory），该理论假设生物的行为与其广义适合度（Inclusive Fitness）相关，并因亲缘关系的远近而发生改变。广义适合度包括通过自身繁殖或帮助直系亲属得到的直接适合度（Direct Fitness），以及通过帮助非直系亲属得到的间接适合度（Indirect Fitness）。自然选择理论认为，自然选择是对广义适合度最大的个体选择，不管其行为对自身存活和成功繁殖是否有利，但该理论忽略了个体之间亲缘关系越近，所含相同基因越多的客观事实。在这种情形下，利他主义者会忽略利他行为对自身的不利影响，因为这样能够提高将其基因遗传给后代的可能性。若亲缘关系越远，个体体内含有共同基因的概率就会越小，非亲缘个体之间的利他行为就很难达成。因此，在适者生存与亲缘选择的共同影响下，各个生物种群的生态位也会随之发生变化，并反向影响各种群的行为。在相对长期的循环中，整个自然生态系统便逐渐趋于稳定。

3.2　股东生态系统

管理学领域的学者将自然生态系统的内涵运用到了企业所处的经济环境中，对各种经济现象的解释、观念行为的指导以及战略的调整起到了积极作用。James（1993）[3] 首次提出了企业生态系统（Enterprise Ecosystem）的概念，认为它是由相互作用的企业组织与个人形成的经济群体，同时包括企业生产经营所需的各种资源。

徐诺金（2005）[4] 在周小川的启发下提出了金融生态系统，并将其定义为金融组织为了生存和发展，与其所处环境共同构成的相互作用的动态平衡系统。

基于生态学理论，上市公司也可以被看作一个虚拟的生态系统。在这个生态系统中，不同类型的股东是具有不同生态特征的个体或群体，在生态环境中以股份的形式出现；股东投入资金的盈利是其赖以生存的资源；公司是系统内部的生产者，以生产资源获取盈利；公司的代理人作为另一个群体，与股东之间形成特殊的互动关系。同时，这个生态系统还会受到社会、政治、经济、法律、文化等外部环境要素的影响。

根据自然生态系统的概念，在企业生态系统和金融生态系统的基础上，本研究强调在公司内部股东之间及股东与所处环境之间的互动关系，认为股东生态系统是指在复杂的动态经济环境中，具有不同投资偏好、不同投资目的、不同利益诉求以及不同管控能力的各类股东，与其他类型股东及周围环境因素共同构成的系统。

具体来看，股东生态系统包括以下四个方面的含义。

第一，股东生态系统是借鉴自然生态系统的概念提出的。通过类比分析发现，股东生态系统中的股东与自然生态系统中的生物种群具有极其相似的特征，股东关系的发展规律与生物种群的生态规律相似。因此，可以将股东视为生命有机体，将不同类型的股东视为不同的股东种群，各个股东种群及其所处环境通过相互作用形成的系统就是股东生态系统。

第二，股东生态系统是以差异化的生态思维对股东关系进行诠释。传统的公司治理理论将所有的股东简单地看作一个同质化的整体，只强调利益相关者的整体利益最大化。但在现实情况中，不同类型的股东由于具有不同的投资偏好、不同的投资目的、不同的利益诉求以及不同的管控能力，而且对其自身生存和健康发展的期望也是不同的，因此以差异化的生态思维关注股东种群之间的关系是非常必要的。

第三，股东生态系统的目标是实现共同进化。在股东生态系统中，不同类型的股东在合作与竞争过程中共同进化，这样有利于促进整个股东生态系统的进化。股东生态系统中的共同进化有赖于各个股东种群之间的协同作用，使相互依存的股东种群自我调节、相互影响、协同进化，逐步形成新的有序结构。

第四，股东生态系统是一个复杂的动态系统。自然生态系统通过自我调节始终处于动态稳定的过程中，然而上市公司股东的动态性则是由资产的流动性和市场的本质所决定的。不同类型的股东具有不同的持股目的，如企业法人股东以支配和控制企业为目的，大股东以获得红利为目的，而社会个人股东则通常以获取短期利益为目的。基于不同的持股目的，不同类型的股东对股票市场走势的预期以及对公司价值的判断就决定了股权流动的方向。只有通过这样的动态调节，股东生态系统才能保持相对的整体稳定性。

因此，股东生态系统的精髓在于生态思维，强调不同类型的股东之间及股东与所处环境之间的密切关系。作为复杂的生命有机体，各类股东之间及其与所处环境之间是一种相互依赖、相互影响的关系，通过合作竞争共同进化，最终实现动态平衡。

3.3　本章小结

本章借鉴自然生态系统的概念及其衍生出的企业生态系统和金融生态系统，对股东生态系统做出了界定，即在复杂的动态经济环境中，具有不同投资偏好、不同投资目的、不同利益诉求以及不同管控能力的各类型股东，与其他股东及周围环境因素共同构成的系统。在股东生态系统中，股东之间及其与环境之间是一种相互依赖和相互影响的关系，他们通过合作竞争共同进化，最终实现动态平衡。

对股东生态系统的清晰界定，有利于本研究进一步明确股东生态系统的构成及结构，测度股东生态位，考察股东之间的关系及其经济后果。

第4章　股东生态系统的构成要素分析

类比自然生态系统，一个完整的股东生态系统主要包括具有生命特征的股东生态主体（类比生物成分）、股东生态环境（类比生物环境）以及股东生态调节机制（系统运行的内在机制）三大部分。

4.1　股东生态主体

有效的公司治理结构离不开公司所有者——股东，股东委托董事会授权管理层运营企业，产生的利益流回股东，所以股东是监督公司治理有效运行的源头。因此，股东生态主体是股东生态系统的首要构成对象。

结合第2章文献综述可知，股东具有异质性，不同环境、不同类型下的股东生态主体会呈现出不同的行为特征。那么以哪种特征为依据，如何对其进行分类，就是本研究面临的首要问题。

传统的公司治理研究对于如何划分股东群体主要形成了两种意见：一种是以股东性质作为划分依据，另一种是以股东持股规模作为划分依据。

按照股东性质可将股东细分为国有股东、民营法人股东、机构投资者股东、外资股东和自然人股东等，其中国有股东又可细分为国家股东和国有法人股东，自然人股东又可细分为家族股东和个人股东。具体包括：①国家股东，是指直接持有公司股份的国有机构，如国务院、国资委、财政部等。②国有法人股东，是指直接持有公司股份的国有企业，如国有经营公司、国有集团公司或总公司等。③民营法人股东，是指除了国有机构和国有企业之外直接持有公司股份的民营企业，如有限责任公司、股份有限公司等。④机构投资者股东，是指用自有资金或者从分散的公众手中筹集的资金，专门进行有价证券投资活动而持有公司股份的法人机构，如证券投资基金、社保基金、QFII（合格的境外机构投资者）、保险公司、信托公司、证券公司、企业年金、财务公司等。⑤外资股东，是指依法在中国境内或境外设立的持有中国公司股份的境外机构投资者、外国公司或企业和其他经济组织或个人，如外资基金、外资资产管理公司、外国政府或外国公民等。⑥家族股东，是指以家族的形式持有公司股份的股东。⑦个人股东，是指除了家族形式之外的，以个人实力持有公司股份的自然人。⑧其他股东，是指除①～⑦以外的股东。

依据股东持股规模，可以将股东细分为控股股东、大股东、中股东和小股东。①控股股东，是指公司的第一大股东，或者按照股权比例、公司章程或经营协议，或其他法律安排，能够实际控制公司董事会组成、左右公司重大决策的股东。②大股东，是指除了控股股东之外，持股比例排名在前 10 位的股东。③中股东，是指除了控股股东和大股东之外，持股排名在整体股东中位于 1/4 分位点以上的股东。④小股东，是指除了控股股东、大股东和中股东之外的股东。

在充分考虑两种传统股东分类方式的基础上，本研究将其交叉结合，形成如表 4－1 所示的 28 种股东类型组合。

表 4－1　传统股东分类方式组合信息

		控股股东	大股东	中股东	小股东
国有股东	国家股东	国家控股股东	国家大股东	国家中股东	国家小股东
	国有法人股东	国有法人控股股东	国有法人大股东	国有法人中股东	国有法人小股东
民营法人股东		民营法人控股股东	民营法人大股东	民营法人中股东	民营法人小股东
机构投资者股东		机构控股股东	机构大股东	机构中股东	机构小股东
外资股东		外资控股股东	外资大股东	外资中股东	外资小股东
自然人股东	家族股东	家族控股股东	家族大股东	家族中股东	家族小股东
	个人股东	个人控股股东	个人大股东	个人中股东	个人小股东

除了公司治理传统研究中的股东性质和股东持股规模两个维度之外，通过对已有文献的梳理，本研究还发现对股东群体的研究主要集中在股东与管理层、大股东与中小股东以及大股东之间的代理问题上，但代理关系

的简单假设却忽略了社会关系和经济关系的复杂性（Holderness，2009）[5]。

在股东之间的社会关系中，最明显的就是亲缘关系。例如，七喜控股股份有限公司（股票代码：002027）的第一大股东易贤忠与第二大股东关玉婵存在夫妻关系，与第三大股东易贤华存在兄弟关系；第二大股东关玉婵又与第四大股东关玉贤存在姐妹关系等。

此外，股东之间还可能存在复杂的经济关系。例如，武汉武商集团股份有限公司（股票代码：000501）的第二大股东浙江银泰百货有限公司与第三大股东湖北银泰投资管理有限公司为一致行动人；第四大股东武汉国有资产经营公司和第六大股东武汉经济发展投资（集团）有限公司持有第一大股东武汉商联（集团）股份有限公司的股份，存在持股关系。丽珠医药集团股份有限公司（股票代码：000513）的第三大股东广州市保科力贸易公司通过签订《股权转让暨托管协议》和《股权质押协议》将其持有的该公司原境内法人股权直接转让、托管及质押给第二大股东健康元，两者之间属于托管关系。股东之间的经济关系导致其所持有的股权也存在关联，会影响股东的行为选择，我们称为“类亲缘关系”。

因此，本研究将亲缘关系和类亲缘关系作为划分股东类型的第三个维度，即股权关联情况。综合股东性质、股东持股规模和股权关联情况三个维度，在表 4－1 中 28 种股东类型的基础上，本研究进一步将股东细分为 56 种类型，具体如图 4－1 所示。

在此基础上，本研究结合自然生态学理论对这 56 种股东类型做了进一步分析，将具有相同特征的股东划分到同一类，以期实现对股东异质性的精准刻画。

具体而言，在自然界中，如果一个物种在群落中具有独一无二的作用，而且这种作用对该群落又是至关重要的，那么这一物种凭借其独特优势往往具有较强的攻击性，即能够主动攻击猎物以获取食物，从而表现出一定的掠食性行为，这样的物种通常被称为“掠食种”。对于股东群体而言，一方面控股股东是按照股权比例、公司章程或经营协议，或其他法律安排，能够实际控制公司董事会、左右公司重大决策的股东，

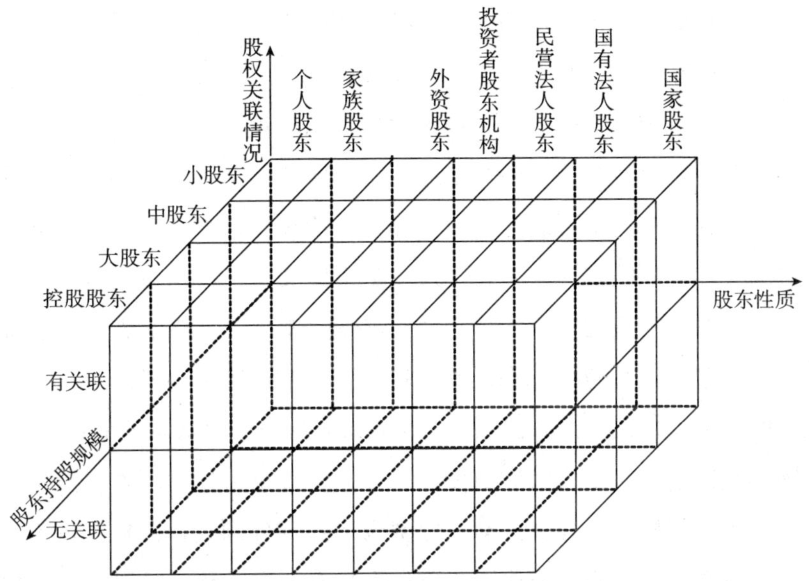

图 4－1　多维度的股东类型划分

由于他们处于股权控制链的最顶层，客观上拥有独一无二的地位，所以往往具有独特优势。另一方面，天然的独特优势虽赋予控股股东通过侵占行为获取控制权私有收益的机会，但是否实施侵占行为是不确定的。据此，本研究提出划分股东类型的第四个维度，即是否具有能够实施侵占行为的独特优势。这样，本研究就能够从股东群体中识别出类掠食型股东，即虽具有能够实施侵占行为的独特优势，但是否主动采取侵占行为尚不确定的一类股东。主要包括公司第一大股东，或者按照股权比例、公司章程或经营协议，或其他法律安排，能够控制公司董事会组成、左右公司重大决策的股东。

现实中，随着会计准则的日趋完善和监管力度的不断加强，如果类掠食型股东想要凭借独特优势，通过侵占行为最大限度地获取私有收益，那么其所要承担的风险和成本也会越来越大（Holderness，2009）[5]，而且直接适合度已达到瓶颈。类掠食型股东若要进一步提高广义的适合度，根据亲缘选择理论，就需要和与其存在亲缘关系，或类亲缘关系的其他股东分享部分剩余控制权。另外，与类掠食型股东存在亲缘关系或类亲缘关系的股东，在股东数量、持股比例以及委派“董监高”等方面也具有一定的优势，既能对股东群体中其他股东产生较大影响，又能凭借与类掠食型股东的亲缘关系，或类亲缘关系牵制类掠食型股东的侵占行为。此外，虽与类掠食型股东不存在亲缘关系或类亲缘关系，但通过其他途径和手段获取足够股权支持的股东，也可以起到与类掠食型股东相制衡的作用。因此，本研究将与类掠食型股东存在亲缘关系或类亲缘关系，或通过其他途径和手段获取足够股权支持的股东，称为“优势型股东”。优势型股东具有抑制类掠食型股东侵占行为的潜质，可为其他大股东或者中小股东争取部分话语权，既保护其他股东的合法利益，也具有自然界中优势种群的特征。

除了类掠食型股东、优势型股东之外，大股东中还有一类，虽然不能像优势型股东那样直接分享到类掠食型股东的部分剩余控制权，也不考虑亲缘关系或类亲缘关系，但他们在数量上具有一定优势，是股东主要群体的构建者，在一定程度上决定着股东群体的结构，本研究将其称为“建群型股东”。

对余下的中小股东，本研究依据股东间的关联情况，将其划分为两类。一类是从属型股东，主要包括相互之间存在亲缘关系或者类亲缘关系的中小股东。他们依赖优势型股东和建群型股东提供的良好环境，如果优势型股东和建群型股东都能够充分抑制类掠食型股东的侵占行为，那么从属型股东的合法收益就会得到一定程度的保护；若优势型股东和建群型股东都不能与类掠食型股东相抗衡，则从属型股东虽能结成联盟，但相对而言还是处于劣势地位。因为其持股规模很小，基本上没有委派“董监高”的权力，所以只能在不利于自身发展的情况下选择“用脚投票”，被动地成为其他股东的侵占对象。另一类是伴生型股东，主要包括相互之间不存在亲缘关系或者类亲缘关系的分散型股东，无论出于长期投资还是短期投机目的，此类股东在能力、持股规模还有公司影响力等方面，都与前三类股东相差悬殊，只能在股东生态系统的缝隙中求得生存。

综上，本研究在传统股东分类的基础上，借鉴自然界中依据亲缘关系的远近和动物行为相关性划分门类的方法，将股东群体划分为类掠食型股东、优势型股东、建群型股东、从属型股东和伴生型股东五种。五种类型的股东划分过程如图 4－2 所示。

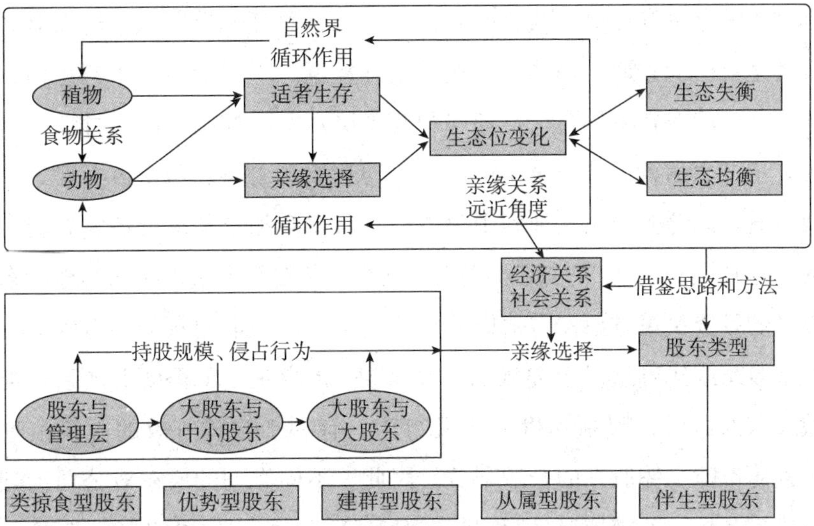

图 4－2　股东类型划分

4.2　股东生态环境

在生态学中，生态环境虽影响着生物的生存与分布，但生物也会逐渐适应所处的环境。环境是一个相对的概念，是针对特定生态主体而言的。对于股东生态主体来说，其生存和发展总是依赖周围的环境，股东的生态环境构成了股东生态主体的活动空间，影响着股东生态主体的生存条件与行为方式。由于不同的环境要素会赋予不同类型股东不同的选择空间或者约束条件，使其行为特征呈现差异性，因此需明确股东生态环境的边界。

股东生态环境是指影响股东生态主体生存、发展的各种要素，主要由公司治理的内部和外部环境组成。其中，公司治理的内部环境可以从董事层、经理层、监事层以及信息披露层等层面细分，公司治理的外部环境可以从市场环境和声誉机制等方面考察。

对于公司治理的内部环境，我们知道即便某类型股东在股权方面实现了控制，但若不能介入董事会和经理层，则该类型股东也不一定能实现对公司的控制。因此，许多股东特别是大股东，都会利用自身的权力竭力向董事会委派董事和监事，或直接担任董事长、总经理等职位，进而有利于直接表达自己的意愿，加强对公司的实际控制。不同的股东生态主体，即不同类型的股东在董事会、经理层和监事层对实际控制权的安排情况是不同的，所产生的行为选择也是不同的。通过委派董事、监事或者经理，类掠食型股东能够光明正大地利用董事会、监事会和管理层渠道实施转移公司资产等“掏空”行为，或通过影响公司信息披露质量，影响其他股东或投资者的投资决策进而侵占他们的合法利益，以获取超额的私有收益；而优势型股东或建群型股东委派的“董监高”，能在一定程度上加强对类掠食型股东的监督，限制其机会主义行为，有利于构建有效的制衡治理机制，进而保障全体股东的合法利益。因此，不同类型的股东对公司治理内部环境控制权的安排情况是影响其在股东生态系统中位置的重要维度。

公司治理的外部环境主要包括市场环境和声誉机制，其中市场环境主要涉及股票市场和经理市场。首先，在有效的股票市场，股价可以精确反映公司的经营情况，有利于股东对公司的经营状况做出准确的判断，降低股东监督公司的信息成本，这是股票市场的反应机制在起作用。如果股票市场的流动性足够大，公司的控制权就会从效率低的股东转向效率高的股东，从而引起不同类型的股东持股规模的变化。控制权的转移甚至会彻底改变已有的势力格局，造成股东生态位状况发生变化。其次，经理市场主要影响公司的董事会、监事会、经理层以及高级管理人员的组成。由于经理市场的发展尚不健全，公司聘任经理需要面对更大的逆向选择和道德风险问题，因此会使公司的部分股东通过促使公司聘任自己委派或提名的“董监高”来加强对公司经营决策的影响，进而获取更多的控制权私人收益。

声誉则是社会公众对主体实施的行为及结果的综合评价，能够通过影响契约方的未来利益来为契约的有效执行提供保障，也就是基于声誉的契约执行机制，即声誉机制。声誉机制主要通过规范型策略和治理层策略缓解部分股东，特别是类掠食型股东的机会主义行为。

总之，良好的股东生态环境可以应对不同的股东生态主体行为并对其产生有效的约束作用，能够有效防止股东生态主体的机会主义行为，有助于维护整个股东生态系统的良性循环。

4.3　股东生态调节机制

股东生态调节机制是指帮助股东生态系统在运行过程中逐步实现平衡和稳定的机制，有助于防止或者纠正股东在竞争中的盲目行为和恶性倾向，使股东生态主体与环境趋于协调，增强股东生态主体的适应性和系统整体的稳定性。股东生态调节机制主要由系统内部调节机制和系统外部调节机制组成。

自然生态系统是通过种群数量调节和自然选择机制使生物与环境趋于平衡和稳定的，股东生态系统同样存在类似的机制，如股权数量调节、股东关系调节和市场选择机制。股权数量和股东关系主要根据股东生态主体自身利益诉求的变化而变化，在不同时期不同类型股东的行为选择是不一样的，主要通过增持或减持来改变现有的股权持有状态，或者结成一致行动人关系、持股关系以调节与其他股东的关系，维护和实现自身的自利性利益。但这仅仅是股东主观意志上的利益最大化，而真正的利益最大化是市场选择的结果，因为市场竞争类似于生物进化，并非所有具有理性最大化目标的股东都能实现这个目标，而是取决于类似生物学中自然选择的力量。从根本意义上说，市场选择仍然是建立在自然基础上的。但是在资本市场中，市场选择的力量远远超过自然选择的力量，因为自然选择机制较为被动，而市场选择是在微观经济、宏观经济等众多因素作用下的综合影响力，是经济持续发展的基础。由于股权数量和股东关系的调节主要是不同类型股东之间的调节手段，因此我们称为“股东生态系统的内部调节机制”。

与自然生态系统调节机制相比，股东生态系统调节机制的独特之处在于，可以通过外部调节机制协助整个系统尽快达到平衡和稳定，如监管调控与法律调节。中国证监会通过发布和修正一系列的监管政策，对股东生态系统的正常运行起到积极的监管调控和法律调节作用，如《上市公司信息披露管理办法》规定，中国证监会依法对上市公司的股东、董事、监事和高级管理人员的相关信息和行为进行监督，并明确了相关的监管措施，对违反规定的行为有权依据法律处罚行为主体。

4.4　本章小结

股东生态系统由三部分构成，即股东生态主体、股东生态环境和股东生态调节机制。股东生态主体是指为了自身的生存和发展，不断适应或者改造周围环境的不同类型股东群体。本章从股东性质、股东持股规模、股权关联情况和侵占行为四个维度出发，将股东生态主体划分为类掠食型股东、优势型股东、建群型股东、从属型股东和伴生型股东五种类型。股东生态环境是指影响股东生态主体生存与发展的各种要素，主要由公司治理的内部环境和外部环境组成。公司治理的内部环境可从董事层、经理层、监事层以及信息披露等层面加以细分，公司治理的外部环境可从市场环境和声誉机制等方面考察。股东生态调节机制是使股东生态系统在运行过程中逐渐实现平衡和稳定的机制，有助于防止或者纠正股东在竞争中的盲目行为和恶性倾向，使股东生态主体与环境趋于协调，增强股东生态主体的适应性和系统整体的稳定性，主要由系统内部调节机制和系统外部调节机制组成。

综上所述，本研究构建出如图 4－3 所示的股东生态系统模型。

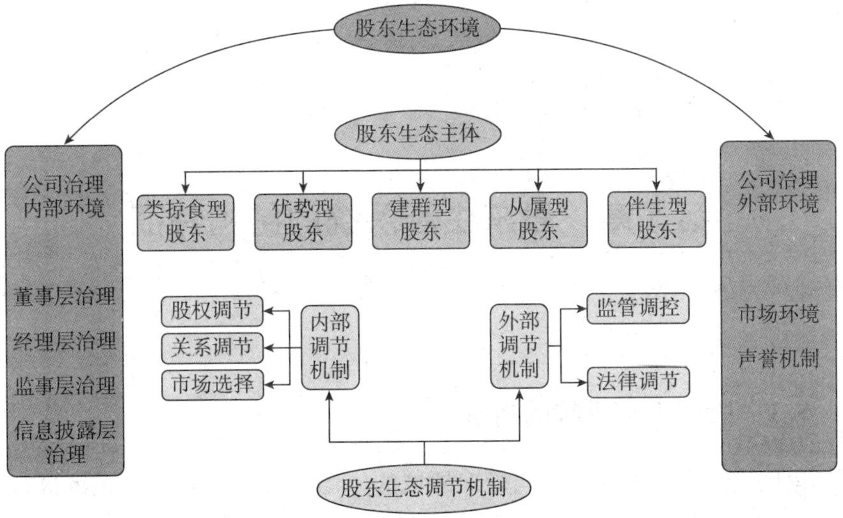

图 4-3　股东生态系统模型

第5章　股东生态系统的结构特征

5.1　股东生态系统的特征

运用生态学理论在经济与管理领域的应用成果对股东生态系统进行分析和考察，能够发现股东生态系统既是一个具有系统性、竞争性、动态性和平衡性等生态学特征的系统，也是一个由股东主体因素和公司内外部环境因素相互作用形成的复合体。

具体而言，股东生态系统具有如下四个特征。

（1）系统性特征。股东生态系统不是由各种独立因素构成的，而是一个各种因素相互关联、相互依存的有机整体。首先，股东生态主体与客体相互关联。股东生态主体与资本市场随着大量交易的发生而紧密地联系在一起，共同维持着股东生态系统的正常运行。其次，股东生态主体与股东生态环境具有关联性，而且股东生态系统的平衡状况直接受这种关联性的影响。最后，股东生态主体与股东生态监管机制存在关联性。股东生态监管机制对股东生态主体持续发挥监督作用，尽可能地确保整个系统的有序运行。总之，股东生态系统所呈现的系统性特征取决于该系统中各种要素之间的紧密联系。

（2）竞争性特征。在自然生态系统中，生存竞争是其最基本的特征，并广泛地存在于各种生物种群之间，甚至是生物种群内部。竞争的根源来自生物物种的自私本性，既是自然选择实现优胜劣汰的一种手段，也是自然进化的内在机制。在股东生态系统中，竞争性也是其基本特征之一。

股份公司成立时不仅形成了最初的股东构成，也赋予了股东关系的初始状态。之后，随着对控制权的争夺以及对股权结构的调整，不断有老股东退出，也不断有新股东加入。此外，不同类型的股东具有不同的投资偏好、投资目的、利益诉求以及管控能力，对于价格和收益激励的反应也是不同的，这些都会导致不同的机会主义行为。为了实现各自利益的最大化，不同类型的股东之间势必发生竞争，初始财富的差异、出资规模的差异、承担风险的差异以及对公司影响力的差异都可能成为其冲突的根源。例如，类掠食型股东凭借其股权控制权的天然优势，可以通过委派“董监高”来提高自己在公司经营决策中的话语权，促使有利于其获取私有收益的方案被顺利通过，进而获取比其他类型股东更高的私有收益；而优势型股东不论是否向公司委派“董监高”，均能利用自身与类掠食型股东的亲缘关系或类亲缘关系及时获取相关内部信息，甚至干预公司的信息披露政策，从而获得比建群型股东、从属型股东和伴生型股东更高的累计超额收益，这种收益的不均衡性会导致不同类型股东之间争夺剩余利润的冲突。传统上，股票市场既是充满风险的市场，也是有利可图的市场。在股东生态环境的变化下，竞争的压力会迫使股东不停地调整策略，创造性地适应变化。

（3）动态性特征。股东生态系统作为动态的系统，是一个通过竞争不断演化、创新的系统。在这个动态系统中，内部调节机制的变化促使股东生态主体也必须做出变革，这种变革从根本上说是由资产的流动性和市场的本质决定的。在股东生态环境的影响下，股东生态主体的生存条件、运行机制和活动范围都表现出一定程度的差异，对股东生态环境的约束所做出的反应也是不同的。与此同时，股东生态主体通过自身的调整对环境也会产生积极的反作用，促使其不断地变化和发展。股东生态系统内部各种因素相互作用、相互适应的过程决定了其动态性特征。

（4）平衡性特征。与自然生态系统类似，股东生态系统也是一个逐渐趋于平衡的系统，而且构建股东生态系统的根本目的就是追求股东生态的平衡。股份公司成立时不仅形成了最初的股东构成，也赋予了股东关系的初始状态。随着股权结构的调整，老股东退出、新股东加入，股权的每次变动都会使股东生态系统中各种因素之间出现不协调、不稳定情况，不同类型股东之间的势力格局也会随之发生变化，甚至发生股东关系危机，股东生态系统原有的平衡可能被打破。借助股东生态系统内部和外部的调节机制，随着股东生态系统对新因素的适应，股东生态主体、股东生态环境也逐渐发生相应的变化，使不同类型股东的势力格局重新稳定，股东生态系统又逐渐达到一定的平衡。股东生态系统从平衡到不平衡，再到平衡的过程，决定了股东生态系统的平衡性。

5.2 股东生态系统的网状结构

对于股东生态系统来说，系统内部各种要素的相互联系和相互作用既是其存在的基础，也是其稳定性的保障。其中，股东关系网络是股东生态系统中各生态主体之间最根本的表现形式，它更多地强调股东生态主体之间在微观层面上的关系机制，既是股东生态系统赖以运行的基础，也是股东生态系统股权流动的核心。

在股东生态系统中，股东生态主体之间及与系统整体的互动，有助于形成多元的、复杂的反馈环路。这些反馈环路主要通过不同类型股东之间的股权流动、契约作用以及信息传递交错联结，形成了股东生态系统具有整体性的网状结构。在这种网状结构中，最本质的联系就是由各种关系网络和信息网络形成的控制链。

股东生态主体之间通过正式的或者非正式的契约建立关系，如亲缘关系、类亲缘关系等，使股东之间在契约作用的影响下逐渐形成关系网络。股东生态主体中传统的控制链（如上市公司—非控股股东—控股股东）在关系互动过程中不断产生新的链状结构（如上市公司—伴生型股东—从属型股东—建群型股东—优势型股东—类掠食型股东等），使股东生态主体在股东关系的耦合作用下形成错综复杂的网状结构。这种网状结构是由具有适应性的节点构成的，而这节点就是股东生态主体中的各个股东，各个节点之间相互联系、共同发展。同时，股东生态主体之间通过借助亲缘或类亲缘关系资源的投入所形成的依赖关系，既能够将自己单方面的信息资源传递到整个关系网络内，也可以通过关系网络获取其他股东分享的稀缺信息资源，从而降低了彼此的信息获取成本，有利于集中决策，发挥利益趋同效应，实现双赢甚至多赢。可以说，基于关系网络形成的链条为不同类型股东之间信息的传递提供了渠道，这在某种程度上提高了信息传递的及时性和准确性，降低了不同股东生态主体之间的信息不对称，有利于降低逆向选择和道德风险问题的发生概率，进而促进整个股东生态系统的稳定。

除了股东生态主体之间所具有的内部网络关系外，股东生态主体与股东生态环境也存在相互关联、相互制约的关系。股东生态主体的生存和发展总是依赖一定的环境，股东生态环境构成股东生态主体的活动空间。正如不同的自然环境会存在不同的生物形态及生物特性一样，不同的股东生态环境也会创造出不同的股东生态主体结构及其行为特征。但是，股东生态主体为了维护自身的利益，在调整自身状态适应环境的同时，也会采取相应的措施直接或者间接地影响环境，以使其更加符合自身发展的需要。例如，通过担任公司高管或者委派“董监高”来获取内部信息，直接或者间接地影响公司的财务决策，使之向着有利于实现自身利益的方向发展。一旦个体在环境的制约和影响下通过自身行为的调节获得生存发展空间的改善，它就会在股东生态主体之间的网状结构影响下，通过关系网络加速这种信息的传递，使之得到扩散，从而使股东生态环境的不利影响逐渐内化或消失。这样有助于实现股东生态主体与其所处环境的和谐发展，从而促进股东生态系统的持续性发展。

根据以上分析，本研究以图 5 – 1 简明直观地表达出股东生态系统的网状结构。

5.3　股东在生态系统中的位置

股东生态主体构成的最基本要素是由人构成的组织，如自然人股东、法人股东等。对于股东生态系统的网状结构而言，社群等级要比营养等级更有利于揭示股东生态主体在系统中的位置。

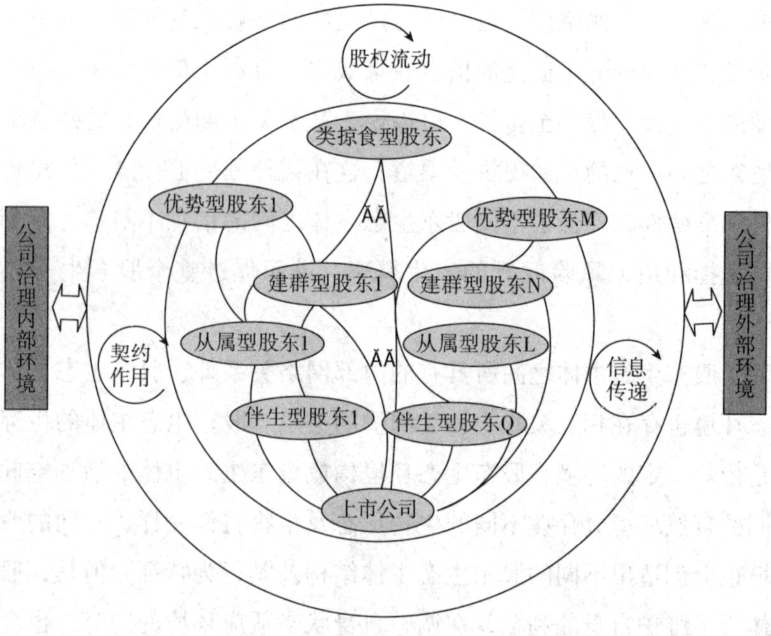

图 5-1　股东生态系统网状结构

不同类型的股东在股东生态系统中的位置不是一成不变的。公司成立时的股东状态各异，随着时间的推移，不同类型的股东通过拥有的股权资源、关系资源以及其他控制权资源等，展示其相应的竞争力。势力强的股东逐渐向生态系统的顶层发展，势力弱的则表现出下移趋势，最后逐渐稳定，但这并不意味着股东在生态系统中的位置不再发生变化。例如，处于顶层的类掠食型股东如果不能充分发挥监督公司治理的作用，当股票市场的流动性足够大时，优势型股东或者建群型股东就可能通过增持股份或者与其他股东结成联盟，直接或间接地获取更多的董事会话语权和管理层经营权，增加资源占有量或提高资源的利用程度，使公司的控制权从效率低的类掠食型股东转向效率高的优势型股东或者建群型股东，从而导致类掠食型股东的更替。

结合动物行为研究，我们有理由相信，具有稳定位置关系的股东群体能够取得的收益要比不稳定的股东群体多得多，其主要原因在于位置关系不稳定的股东群体之间容易产生冲突，可能在相互争夺的过程中因两败俱伤而影响公司治理决策，导致公司未能及时把握发展机遇，最终影响公司业绩。因此，研究不同类型的股东在股东生态系统中所占据的位置情况，有利于各类股东对自身做出科学定位，促进股东生态系统的均衡发展。

生态学研究范式在经济与管理中的广泛运用，为解决经济学、管理学问题带来了新的研究视角。股东生态系统作为经济与管理领域中的子系统，运用生态学作为分析工具也是合理可行的。股东生态系统是对股东群体及相关因素的系统整合，将各类型股东作为股东生态系统的主体进行研究，可以将生态系统内相关的规律和理论运用到对公司治理领域的理论研究和实践指导中。跳出传统公司治理理论的约束，将生态系统理论与股东研究相结合，从生态学视角考察不同类型股东的本质和相处规律，将生态意识整合到股东关系管理的过程中，以探寻股东生态和谐发展的运行机制，并将有助于提出改善股东关系的具体方法和路径。

5.4　本章小结

本章以股东生态系统的界定和构成为基础，进一步明确了股东生态系统具有系统性、竞争性、动态性和平衡性的特征。股东生态主体通过契约建立关系网络，股权控制链在互动过程中不断产生新的链状结构，并最终形成错综复杂的网状结构。作为股东生态系统网状结构的节点，各类型股东始终处于动态稳定的位置上。

参考文献

[1]MASSEY A. Agonistic aids and kinship in a group of pigtail macaques[J]. Behavioral Ecology and Sociobiology, 1977, 2(1):31 –40.

[2]HAMILTON P W. The genetical evolution of social behaviour[J]. Journal of Theoretical Biology, 1964, 7(1):1 –16.

[3]JAMES F. Moore predators and prey: a new ecology of competition[J]. Harvard Business Review, 1993, 71(3): 75 –79.

[4]徐诺金．论我国金融生态环境问题[J].金融研究，2005(11)：31－38.

[5] HOLDERNESS C. The myth of diffuse ownership in the united states [J]. The Review of Financial Studies, 2009, 22(4): 1377－1408.

第三篇

股东生态位研究

>>>>

本篇是对股东生态位的研究，主要包含两章内容：第6章通过分析股东生态位与自然生态位的相似性和差异性，界定了股东生态位的内涵。在此基础上，从生态位视角出发，对股东角色进行了划分，并详细阐释了不同类型股东的生态位特征。第7章通过引入生态学中生态位参数及测度模型，构建出股东生态位宽度、重叠度和自由度指标，并采用我国A股上市公司的样本数据，展示了股东生态位宽度、重叠度和自由度的分布现状，为后续的实证研究奠定了基础。

第6章　股东生态位的内涵及特征

6.1　股东生态位的内涵

不同股东生态主体之间及与股东生态环境之间不仅存在相互推动与制约的强互动关系，而且在相同的表面特征下存在不同的根本特征，股东生态位就是研究不同类型股东之间及与环境的相互作用。股东生态位可以很好地解决在错综复杂的动态环境下，不同类型股东主体之间的生态关系问题，为股东控制权的恶性竞争提供可行的解决路径，为改善股东关系提供依据。同时，各类股东主体不仅要适应周边的市场环境，还应该主动创造和调整自身的生态位资源状况，以尽快找到适合的最佳生态系统位置。在这之前，首先要解决的问题是明确股东生态位的边界。

借鉴生态学的研究，生态位主要包含三个关键部分，即位置、关系和相对性。其中，位置是指物种在系统中的时间位置或者空间位置；关系是指本生物生态位与其他生物生态位的生态关系，及其与环境的相互关系；相对性是指某一种群生态位的大小均是相对另一种群生态位来说的。

从自然生态位延伸到股东生态位，可以从相似性和差异性两个方面具体分析。从生态学角度对生物体与股东进行类比分析，可以发现股东与生物体有着惊人的相似性，主要表现在以下三个方面。

（1）无论是自然人股东还是由若干自然人构成的法人股东，都与生物体一样具有有限的生命，都可以对内部信息以及外部政策信息的变化做出不同的反射行为，这主要表现为趋利避害，就如同生物体所具有的应激行为。

（2）在一定空间范围内，具有某种共同特征的股东集合构成股东种群，如同同种生物的全部个体构成的种群，并且各种股东的联合体或共生体构成股东群落，如同占有一定空间的多种生物种群的集合体构成的生态群落。

（3）股东之间的生存发展如同自然界生物物种之间的生存发展，均属于生态关系的范畴，既具有优胜劣汰、适者生存的竞争关系，又具有协同的共生关系。

另外，股东生态位与生物生态位相比所面对的研究对象不同，股东最终是由人组成的，人具有智慧，且富有极强的主观能动性，这是其他动植物所没有的。因而，两者之间存在着本质的差异，主要表现在以下四个方面。

（1）生态位的选择性。生物生态位往往是自然选择的结果，所以生物的选择性空间是比较小的。股东生态位则更多地受到人的因素影响，因为股东可以根据自身利益诉求或拥有的资源禀赋自主选择是否进入某一股东生态系统。例如，股东看好某公司的长期发展，可选择大量持有该公司股份以获取相应利益；反之，则可减少持有该企业股份或者退出该企业。在市场竞争导向下，股权的高流动性决定了股东生态位的选择性空间是比较大的。

（2）生态位的区域范围。生物生态位的区域范围基本与生物活动的范围相一致，一般比较固定，具有稳定性。但是，股东往往在自利性动机的推动下，力求最大限度地获取生态位的资源以获得更佳的生态位置，如通过与其他股东建立正式或非正式的契约关系，获取更可靠的内部消息等。而且，随着交通和信息网络技术的日益发展，股东不断冲破地域限制，发现并占据新的可利用资源以拓展生态位的范围，因而股东生态位的区域范围较广，且具有不固定性。

（3）生态位对环境的反作用。不同生物的存在与发展虽对环境产生反作用，但这种反作用是极其微弱的，且更多的是被动适应。股东对其环境的反作用要强烈得多，因为股东不仅能适应日益复杂的环境，还具有极强的能动性，能对周围环境施加影响，使环境向着有利于自身生存发展的方向转化。

（4）生态位的稳定性。自然界的生态位是生物体被动适应自然的结果，即便发生变化，也需要经过长期缓慢渐进的过程，而且生物的敌人或伙伴也是比较固定的。因而，生物生态位是比较稳定的，时效性也较强。股东生态位则具有可选择性大、区域范围广以及主观能动性强等特点，导致股东生态位时常变动，决定了股东生态位的弱稳定性。例如，自然人股东或者法人股东通过二级市场收购股份，可在短时间内跻身公司前十大股东行列，打破原有的股东势力格局，改变股东群体原有的生态位置，甚至使老股东难以辨别出新股东是竞争对手还是合作伙伴。再如，股东之间利益冲突引发的内斗，可能造成股权流动加速、不同类型股东的竞争力差异扩大，或以冲突双方结成联盟而告终。股东生态位可经过短暂调整达到基本稳定，而且经济、政治、法律等宏观环境的变化有时也会缩短股东生态位稳定的时效。

综合上述分析，生物生态位与股东生态位的相似性与特殊性的分析结果如图6－1所示。从图6－1可以看出，虽然利用生态学中的生态位理论研究股东关系是可行的，但鉴于股东的生态位有其特殊性，所以不能完全照搬，而是需要依据其特殊性进一步明确股东生态位的边界。

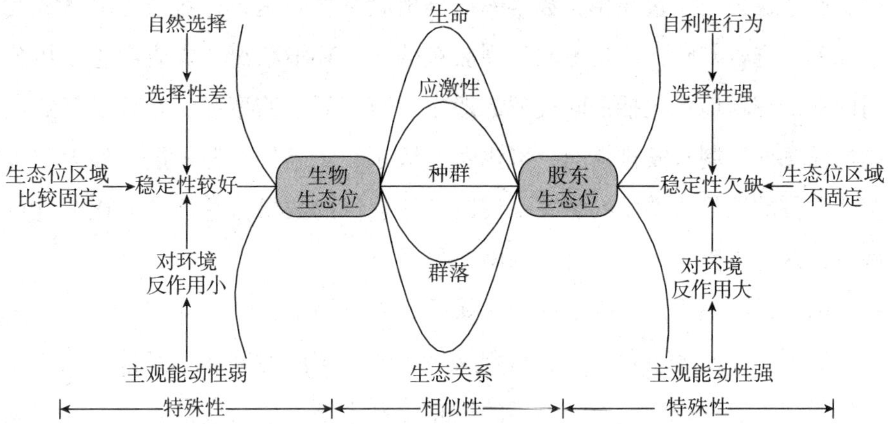

图6－1 生物生态位与股东生态位的异同分析

根据生物学家 Elton（1927）[1]和 Hutchinson（1978）[2]的观点，本研究认为股东生态位是一种股东种群的行为方式，由于股东种群的单个股东与该种群其他股东之间的共性大于个性，所以可以像生态学研究那样从股东种群的角度，推断出种群内部股东个体的生态位。根据第 4 章对股东生态系统构成的分析可知，我们已经把具有相似识别特征的股东归为一类，即股东生态主体主要由类掠食型股东、优势型股东、建群型股东、从属型股东和伴生型股东组成，这五种类型的股东就是股东生态位研究的基本对象。

结合对自然生态位和股东生态位的分析，我们可以看出两者的概念既存在相似之处，也存在明显差异。主要相似之处在于，两者都可以反映出某物种在特定生态系统中的位置，以及该物种与其他物种的生态关系和相对位置；主要差异之处在于，两者在研究主体、研究内容等方面存在一定的不同。结合第 5 章对股东生态系统构成的分析，我们可以很容易地识别出，股东生态位的研究主体其实就是股东生态主体，即类掠食型股东、优势型股东、建群型股东、从属型股东和伴生型股东。股东生态位研究的具体内容，也可以从股东生态系统的组成中提炼出来，主要包括四个方面：一是不同类型股东的股权资源禀赋状况，可以用股东的持股数量、持股比例或持股排名等指标进行衡量；二是不同类型股东之间的关系联结状况，主要通过各公司年报和相关数据库挖掘出股东之间是否存在亲缘关系或类亲缘关系进行判断；三是不同类型股东的生存环境状况，本研究主要指公司内部治理环境，包括不同类型的股东对董事层、监事层、经理层等的控制情况，即控制权安排情况，可用各类股东在董事层、监事层、经理层等担任职位的数量或委派的相关人员所担任职位的数量占总规模的比例进行衡量；四是不同类型股东之间的生态关系。

因此，股东生态位内涵的构成如图 6－2 所示。

综上，本研究将股东生态位定义为，在一定的时间和空间范围内，在特定股东生态系统中，不同类型的股东受到系统内股权资源禀赋、股权关联状况、控制权安排情况等多维度要素的综合影响，在与其他类型股东相

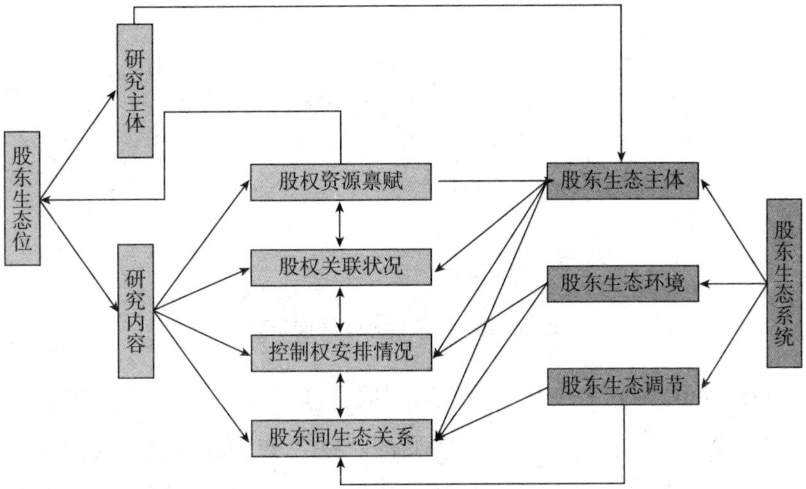

图 6－2　股东生态位内涵构成

互制约、相互影响的过程中，所占据的位置和扮演的角色。

股东生态位既可以反映不同类型股东在特定时期、特定环境中的生存位置，也可以反映不同类型股东在该环境中的股权资源、股权关联等股东生态因子所形成的梯度位置，还可以反映不同类型股东在股东生态系统的股权流动、信息传递等运行过程中所扮演的角色。每类股东都占据着自己的生态位，也就是说，在股东生态空间各类型股东都在利用自己最适宜的资源。由此可以看出，从生态位角度分析上市公司的股东群体，可以得到更加接近问题本源的分析结果，对于充分认识问题的根源，寻找最佳的解决办法具有良好的辅助作用。

根据 Hutchinson（1978）[2] 的观点，股东生态位的维度同样可以用环境、时间、资源三种类型的生态因子体现，如图 6－3 所示。

（1）环境（e）。环境是指在本研究所定义的虚拟股东生态环境中的环境和空间，包括公司所涉及的行业、股东的地理位置特性、股东的性质和类型等。其中，行业和地理位置特性与本研究的内容无太大关联，因此本研究主要基于股东的性质和类型进行分析。

（2）时间（t）。在股东生态环境中，各个生态因子依据内部运行规

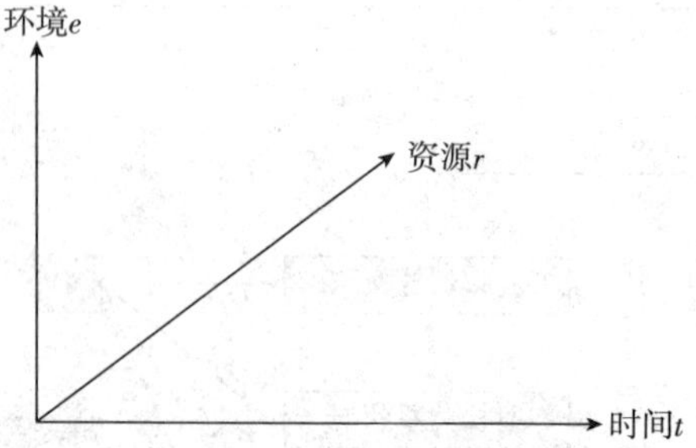

图6－3　股东生态位维度示意

则，随着时间不断产生变化，因此时间因子（t）也是一个重要变量。

（3）资源（r）。股东群体所需要的收益（如分红、股票溢价收益等）及公司运营所需要的成本（如工资、福利、场地、原材料等）都可以被看作股东生态位的资源维度。股东群体存在的目的是追求公司的盈利、分红以及股票溢价收益，不同类型股东获取收益的能力是不一样的。比如，控股的大股东能够通过自身的控制地位获取额外的收益，挤压中小股东的利益空间，扩充自身的资源生态位空间（见图6－4）；而系统中的代理人，可以通过隐性的自利行为获益，增加代理成本，进而损害股东利益。这些行为本质上都是出自生物群体对资源获取的本能，也可以说，资源是推动股东生态系统运转最重要的因素。因此，本研究也将重点针对不同股东对于资源的占用和索取而展开。

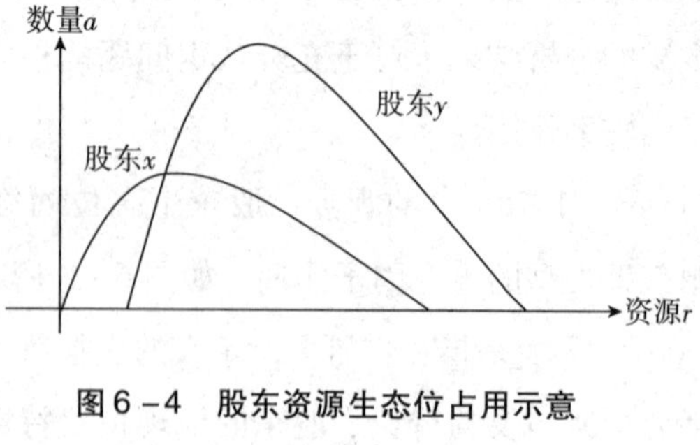

图6－4　股东资源生态位占用示意

6.2　基于生态位的股东角色划分

不同类型股东在股东生态系统中占据着不同的生态位，故对股东关系的深入研究需要识别各类型股东的特征，以对其在股东生态系统中所扮演的角色做出正确定位。本研究简化了股东生态位的特征，如图 6－5 所示。

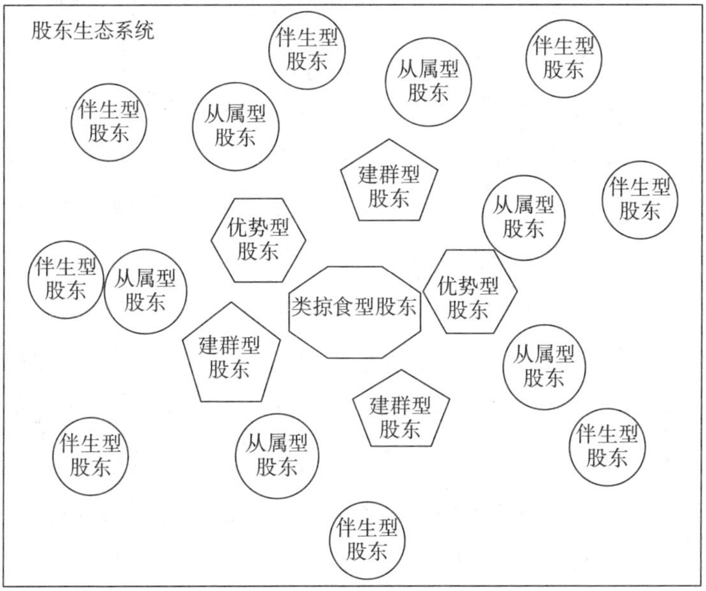

图 6－5　股东生态位特征

对于股东角色，本研究借鉴 Iansiti 和 Levien（2004）[3] 处理商业生态系统中企业角色的做法，将其分为主宰者（Master）、关键者（Keystones）、支持者（Supporter）和缝隙者（Crevice）四种角色。

（1）类掠食型股东——主宰者。类掠食型股东凭借天然的生态位优势，在股东生态系统中占据着中心位置，有可能剥夺或侵占股东生态系统中建群型股东，特别是从属型股东和伴生型股东的合法利益，可从系统中攫取较多的控制权私利，扮演着主宰者的角色。类掠食型股东虽然能通过直接或间接的方式控制公司经营管理，使部分投资方案得以及时通过，有助于公司及时抓住市场机会，创造出更多的市场价值，但此时公司的经营管理往往仅考虑了类掠食型股东的利益诉求，并沦为其追逐自身私有收益最大化的工具。由于类掠食型股东过多的侵占行为、过多地攫取利益，可能使整个股东生态系统无法健康地运转；同时，这也会限制类掠食型股东自身在系统中的生存和发展。总之，类掠食型股东如何发挥主宰者作用，直接关系到整个股东生态系统的健康和稳定。

（2）优势型股东——关键者。优势型股东与类掠食型股东的生态距离最近，他凭借类掠食型股东的利他行为获取较多的信息资源及其他控制权资源，处于较高的生态位置，对整个股东生态系统的稳定发展有着特殊作用，因此在系统中扮演着关键者的角色。合格的优势型股东一般会通过两种方式发挥其关键作用。其一，制衡类掠食型股东，监督其扮演积极的主宰者角色，促使股东共有收益最大化。倘若优势型股东不能找到有效制衡类掠食型股东的方法和途径，或者与类掠食型股东一起攫取最大化的私有收益，则很容易造成系统内其他股东的撤退，甚至不能吸引系统外的潜在股东，使企业达不到吸收社会闲散资金的目的，从而失去了上市的意义。其二，在维护自身利益的同时，照顾股东生态系统中其他类型股东的合法利益，与他们分享部分资源如信息资源等，降低信息不对称程度，帮助其拓展生态位置，形成竞争优势，甚至识别类掠食型股东的侵占行为，共同遏制类掠食型股东的操纵行为，以避免极端或恶性的竞争行为，共同促进整个股东生态系统生态效率的改进，使系统稳定性增强。

（3）建群型股东——支持者。建群型股东主要通过横向整合和纵向整合的方式，在股东生态系统中扮演着支持者的角色。建群型股东通过整合内部成员拥有的资源或者对公司的影响力来形成竞争力，提高自身话语权，增强对公司经营、财务等方面决策和政策的实质性影响，提升自身生态位优势。在获取自己应得的共享收益的同时，可通过整合来自优势型股东的资源，听取从属型股东的心声，以拓展其生态位和获取其他股东的拥护。

（4）从属型股东和伴生型股东——缝隙者。从属型股东和伴生型股东虽持股规模很小，但数量庞大，其生态位在股东生态系统中处于边缘位置，被动适应各种环境，且只能通过占据系统中的缝隙求得生存，对股东生态系统的影响较小。作为缝隙者，从属型股东和伴生型股东甚至不能维护自身的合法利益，而是依赖于优势型股东和建群型股东创造良好的股东生态环境，降低被类掠食型股东套牢或侵占的程度，但更多的是依靠投资者的法律保护。

股东生态位与股东角色的对应关系如图 6－6 所示，其中相邻椭圆的面积代表生态位的大小。

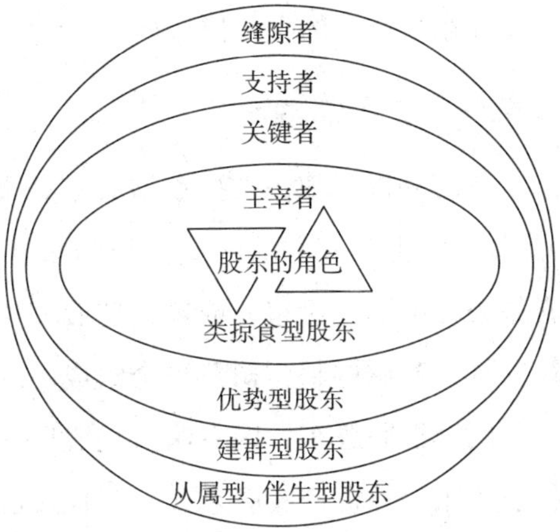

图 6－6　股东生态位与股东角色的对应关系

不同类型股东的生态位不同，在系统中所扮演的角色也不同，这就需要股东在根据自身情况选择占据合适生态位的同时，还要扮演相应的角色。不同生态位和不同角色的股东所掌握的信息不同，对公司财务、经营等决策的影响力也不同。如果有一个良好的共享机制，就很容易降低信息的不对称性，从而促进整个股东生态系统的有序运行和协同进化。

6.3　股东生态位的特征分析

如前所述，股东生态主体是由异质性的股东群体构成的，从股东性质、股东持股规模和股权关联情况三个维度可以分为 56 种；再依据生态学的亲缘选择理论，结合是否能够实施侵占行为的维度，按照自然界的分类思路和分类方法，将具有一致性表现特征的股东归为一类，最终划分为类掠食型股东、优势型股东、建群型股东、从属型股东和伴生型股东五大类，这为本节对不同类型股东生态位的特征进行研究奠定了基础。对于股东个体来说，自然人和法人是两种基本的存在形式，将不同股东个体划分到不同股东群体中，主要缘于其与该股东群体整体的特点、行为能力以及风险偏好等方面具有一致性的表现特征。因而，本部分首先对每类型股东群体内部的股东个体特点进行分析，其次从股东生态位所包含的主要内容出发，理论探析该类型股东所具有的生态位特征。

6.3.1 类掠食型股东生态位特征

根据对股东生态主体的分析可知，类掠食型股东处于食物链顶端，具有实施侵占行为的能力，可能采取主动的侵占行为来获取控制权私有收益。这类型股东通常是公司第一大股东，或者按照股权比例、公司章程或经营协议或其他法律安排，能够控制公司董事会组成、左右公司重大决策的其他大股东，可能是国家控股股东、国有法人控股股东、民营法人控股股东、机构投资者控股股东、外资控股股东、家族控股股东和个人控股股东等。

国家控股股东资金雄厚，且投资分散，主要涉及资金需求量大，且与国家重大战略性利益和国家重大安全问题有关的行业，或者最好由国家控股经营的某些特定领域，如军工等。由于涉及重要行业或领域，为了国家的战略性利益及安全，国家控股股东的持股时间长，以保持其垄断地位。正是这种垄断特性，使国家控股企业在财务和政治上很容易得到较多的政府支持，包括政府补贴和税收优惠等，而其持股的主要目的在于控制国民经济命脉，实现与国家政策相关的社会效益。此类型股东虽然实力雄厚，但其主要目标并非盈利唯一，还要考虑社会利益。因此，一般情况下此类型股东并不属于类掠食型股东。

国有法人控股股东一般将投资放到涉及国家和社会重要性强的行业或领域，具有一定的垄断性质，因而持股的企业在财务和政治上都会得到较多的政府支持。从财务方面看，在社会或者税收方面，国有控股企业凭借垄断地位不仅可以获得较多的政府补贴和税收优惠，还可以从国有金融机构获得更多的贷款优惠，且融资约束较小等。从政治方面看，政府人员在帮助国有控股企业方面具有较强的动机。国有控股企业可以为他们带来更多的资源，可以提升他们的资本实力或者增加升迁的机会。从经营目的看，国有控股企业处于国家宏观调控下，肩负着实施国家经济政策和调节社会经济的职能，它不仅要追求国有资产的保值增值，还要协助国家实现调节社会经济等各方面发展的目标，如社会稳定、充分就业等，具有营利性和非营利性的双重经营目标。

民营控股法人股东主要是指实际控制公司董事会组成、左右公司重大决策的股份有限公司或有限责任公司等民营企业的法人。一般而言，他会通过两种方式巩固控股股东地位：一是倾向通过与其他法人股东的交叉持股，构建战略联盟以阻止其他公司的恶意股权收购，或规避风险，或扩大资产和经营规模来获取垄断利润；二是与其类亲缘关系的自然人股东结成联盟，实现对公司的实际控制。民营控股法人股东的持股时间一般较长，这样能积极参与公司决策，注重企业长期发展，持股的目的除了共同收益之外还有控制权私利。

机构投资者控股股东是指持有上市公司的大量股份，且构成控股地位的机构投资者股东。机构投资者代表小投资者的利益，他主要将资金从小投资者手中集中起来并进行统一管理，通过高成交量和低手续费的途径实现获利目的。一般情况下，机构投资者不是上市公司的发起人股东，而且出于降低投资风险的考虑，主要奉行分散化投资组合策略，即便可以通过收购二级市场股票的方式来增持，也很难达到一家上市公司控股股东的地位。因而，机构投资者控股股东的情形很少存在。

外资控股股东是国家为了有助于企业的市场化转型，鼓励部分企业引进的，被我国视为更具长期投资策略动机的投资者。不仅期望他能带来充足的投资资金和先进的投资技能，以促进我国资本市场的稳定健康发展，更重要的是，希望通过引入外资股东来激励其参与国内公司的治理和改善公司业绩。鉴于引进外资股东的现实背景，以及对外资股东投机和操纵市场的风险控制，中国证监会除了严格审查外资股东的资格外，对其持股比例也有严格的限制。因而，外资控股股东的情形也不多见。

家族控股股东与民营控股法人股东不同，他不是法人，而是由一个或者数个具有紧密联系的、直接持有公司大量股份的家族成员构成，并以家庭的形式拥有公司的所有权。这种公司治理模式普遍倾向于家族化治理方式，并且控股模式的不同会影响具体的家族化公司治理方式，一般存在所有权家族化、控制权家族化和管理权家族化三种方式。家族控股股东为了巩固自身的家长地位，一般会直接担任公司总经理或董事长，或两职兼任，实际掌握公司的控制权、经营权或管理权，在整个公司股东生态系统中扮演核心人物的领导角色，具有绝对的优势地位。其持股时间很长，控股目的主要在于维持家族企业的持续健康发展。

个人控股股东是指以自然人形式对公司形成控股的股东。虽然这部分股东的投资较集中，但由于受资本实力限制往往抵御风险的能力较弱。可能因企业业绩不好而降低持股比例，甚至放弃控制权或选择退出，但不放弃控制权的情况比较多见。可见，个人控股股东为了巩固控制权地位与前几大股东及高管的关系会很微妙。

以上主要从持股性质和持股规模两个角度分析了各个股东的特点。首先，我们可以看出，类掠食型股东往往具有国有性和家族性的特点，具有突出的股权资源禀赋优势，拥有股权控制权。

其次，结合股权关联情况来看，类掠食型股东为了巩固自身的控制权，与其他股东保持着亲缘关系和类亲缘关系，使各自拥有的股权存在一定的关联性，使类掠食型股东行使股权的时候因受到情感的影响，更易表现出非理性的利他行为，这种情况在家族企业中更为明显。

最后，在控制权安排方面，我们认为类掠食型股东虽然拥有了公司股权的控制权，但若没有控制住企业实体资产运作的日常经营，就无法实现实际控制，也就无法真正拥有实际控制权。国有控股股东由于存在所有权缺位问题，替代其行使股权的是国有股东代表（国家的行政官员），所以国有股东的控制性动机演化成了国有股东代表追求其政治利益或者经济利益动机。主要因为国有股东代表往往利用国有控股在股权结构中的优势地位，通过控制董事会、兼任或者委派自己的代表担任高管职务，即在董事会、监事会或者经理层进行人事安排，比较容易地直接获取财务和非财务信息，干涉公司相关程序的制定和公司可利用资源，以及股利的分配等，从而实施其掠食性行为，以达到获取超额控制权私有收益的目的；家族控股股东或者个人控股股东一般会直接担任公司总经理或董事长，或两职兼任，掌握着公司的控制权、经营权或管理权，在整个公司股东系统中扮演着核心人物的领导角色，具有绝对的优势地位。与此同时，为了巩固在企业中的家长地位，他们往往直接将董事会、经理层等职位限制在家族成员或者亲信当中，使其处于能够控制公司日常经营管理、股利分配、项目投融资等事务决策权的特殊地位，进而使掠食性行为更趋于隐蔽性。但是，这种掠食性行为具有两面性，类掠食型股东在不断攫取控制权私有收益时会逐渐被其他股东发现，或者造成企业业绩下滑，同时其掠食性行为也会受到抑制。

总之，结合股东生态位的研究内容，我们发现类掠食型股东在股权资源禀赋、股权关联情况和控制权安排中均具有突出优势。在不利的环境因素影响下，类掠食型股东会采取减少掠食性行为的策略，侧重于获取控制权的共有收益；反之，则会掠夺其他类型股东，攫取控制权私利，可见其利用各种资源的程度较高。因此，类掠食型股东的生态位宽度较大，适应环境的能力较强，而且不管是国有性质、家族性质，还是其他性质的类掠食型股东均位于控制权链条的顶端。这就犹如在森林中位于食物链顶端、占据最高营养等级的老虎，其持股目的、行为方式等都会影响股东生态系统中其他股东的生存空间，在特定股东生态系统中占据着掠食种群的位置。他们所扮演的角色差异如同处在不同地域范围的老虎、狮子和狼，这里可以将不同的地域范围具体理解成不同行业、不同领域，可见其对整个股东生态系统的稳定性起着重要作用。

6.3.2 优势型股东生态位特征

优势型股东是一种虽拥有很高的控制权，但不具备攻击性或侵占性，或者说虽拥有这种攻击性的能力，但不实施这种行为的股东。具体来说，优势型股东既可能是国家大股东、国有法人大股东，也可能是民营法人大股东、机构投资者大股东、外资大股东、家族大股东和个人大股东等。

国家大股东资金雄厚，且投资较为分散，主要涉及资金需求量大，且与国家战略性利益和国家安全问题有关的行业，对其核心业务一般保持绝对控股地位，对非核心业务保持相对控股地位。同时，由于涉及比较重要的行业或领域，所以持股时间较长。其长期持股的主要目的在于，保持主导产业和支柱产业的国有特性，一般经济效益与社会效益并重。此外，存在国家大股东的企业能够凭借其股东的政治背景，比较容易得到国家的资金支持、政府的补贴和优惠的税收政策等。

国有法人大股东一般也涉及国家和社会重要性较强的行业或领域。与国有控股企业相比，国有法人大股东持股的企业享受到的政治和财务方面的优惠政策会少一些，虽然也具有经济效益和社会效益的双重经营目标，但会稍倾向于经济效益。

虽然相对于民营法人控股股东，民营法人大股东的持股比例会低一些，但相对于其他中小股东而言，其持有的股份数量仍然较大。由于主要为了追求资产的保值增值，因而通常以积极的股东行为监控公司经营管理情况，如公司内部治理情况或公司决策，以及公司盈余分配等问题，以获取尽可能多的股利和溢价收益等经济利益。

鉴于机构投资者一般信奉理性投资，所以机构投资者大股东随着持股规模的增大，与一般法人股东相比更关心管理层是否稳定，是否有足够的管理和经营能力，公司盈余是否稳定，激励机制是否有效，公司治理是否稳定，是公司经营决策中的积极参与者（王斌、宋春霞，2015）[4]。与一般的民营法人股东相比，机构投资者大股东的具体资源优势体现在三个方面。其一，资金雄厚。机构投资者利用多种途径吸收大量资金，投资规模较大，持有的股份较多，在信托责任和收益要求的压力下更有动力监督公司治理状况。其二，信息优势。机构投资者具有更强的信息分析能力和信息挖掘能力，有实力雇佣金融分析师来帮助他们搜集和处理信息，并拥有较多的信息获取渠道，从而提高了所获信息的及时性和可靠性，并降低了信息的不对称程度对投资决策的负面影响。其三，专业化投资。机构投资者的管理人员拥有更多的专业技术、知识和经验，借助资金优势和信息优势，能够制订出切实可行的、周密的投资计划和投资组合，提高了资金利用率，降低了投资风险，实现了资产稳健增值。

我国引进的外资大股东主要来自欧美等比较发达的国家，资金实力雄厚，具有先进的公司管理经验和公司治理理念，关心上市公司的治理情况，能起到减少代理成本的监督作用，可通过改善企业信息不对称程度和财务信息披露质量，加强上市公司外部审计约束等途径，对类掠食型股东侵占其他股东的行为实施有效监督。

家族大股东是指除家族控股股东之外，同属一个家族的大股东。其持股的情形主要有两种：一种是作为家族成员股东，仅持有该家族企业的大量股份，主要获取股利或者分红，不参与公司治理或者日常经营的决策，实际是家族控股股东保持其控股地位的股权安排；另一种是作为家族成员股东，不仅持有该家族企业的大量股份，还积极参与公司治理或者日常经营决策，既可能为了家族控股股东提供足够股权支持，也可能为了家族企业的长久发展，用家族关系牵制家族控股股东的掠夺性行为，如掠夺性分红等。

个人大股东指是持股排名比较靠前的自然人股东，既可能是公司的发起人，也可能是看好企业长期发展前景的人。一般持股时间比较长，也不会在短时期抛售公司股票。因而，当持股达到一定比例时，由于自身利益的诉求，通常会在股东大会上采取“用手投票”，对公司相关决策施加影响，以制止类掠食型股东的掠夺性行为。

从上述几种股东的特点来看，他们的持股比例都较大，都存在制衡类掠食型股东的可能。但一般情况下，与类掠食型股东相比，单个大股东的持股比例没有优势，投资能力也相对有限，实力比较单薄，对类掠食型股东实施监督的成本也较大，所以根本起不到真正制衡类掠食型股东的作用，其优势无法显现。

从股权资源禀赋和股权关联情况来看，优势型股东可在两种情形下显现出优势。其一，与类掠食型股东存在亲缘关系或类亲缘关系的大股东。这部分优势型股东可以优先从类掠食型股东那里获取公司经营管理方面的内部消息，节约了获取信息的成本，降低了信息不对称程度，这种现象在家族企业中更为明显。与此同时，这部分优势型股东之间往往也存在亲缘或类亲缘关系，在相互监督和牵制下，使优势型股东群体的利益更容易达成一致性。其二，能够获取足够股权支持的大股东。这部分优势型股东通过其他途径和手段获取足够的股权支持，可与类掠食型股东相抗衡，加强了对类掠食型股东的监督，提高了对公司经营决策的影响。可见，优势型股东群体的股东数量较多，可通过相互协作实现优势型股东群体内部成员间的协同进化，所形成的群体影响要远比个体影响力之和大得多，不仅有助于抑制类掠食型股东牟取控制权私利的掠夺行为，而且优势型股东数量越多，对类掠食型股东牟取私利的牵制力越强，使类掠食型股东采取掠夺行为所付出的成本越大。由此我们可以推断出，优势型股东的股权关联性强，股权资源禀赋大，可从其他大股东中脱颖而出与类掠食型股东相抗衡。

从控制权安排方面看，优势型股东基于类掠食型股东的信任或者有足够股权的支持，可获取较多在董事会、监事会和经理层的人事安排权，享有超额的控制权或者话语权（Holderness，2009）[5]。若类掠食型股东不能充分发挥其有效的监督作用，则优势型股东结成的联盟因具有足够的股权控制权和公司经营影响力，可能致使类掠食型股东发生变更，造成控制权转移，或者直接将实际控制权掌握在手里。

总之，优势型股东的股权关联性强，拥有的股权资源禀赋较大，具有较大的董事会、监事会和管理层人事安排的权力，对公司治理内部环境的影响力也较大。可见，优势型股东利用各种资源的程度较高，因此其生态位宽度也较大。相对于类掠食型股东而言，优势型股东虽在股权资源禀赋方面可能多一些，但在董事会、管理层等成员的安排上，优势型股东直接担任或者委派人员担任的基本上是除董事长和总经理等高级管理人员以外的非关键职务。因为通常情况下，类掠食型股东往往直接担任或者委派亲信担任董事长和总经理等关键职务，所以优势型股东在对公司经营管理的影响力上要稍逊类掠食型股东一筹，在股东生态系统中处于仅次于类掠食型股东的地位。

优势型股东的生态位宽度较大，在制衡类掠食型股东、保护其他类型股东合法利益和营造公司良好生态环境等方面发挥着积极作用，在股东生态系统中处于很重要的位置。但是，由于类掠食型股东和优势型股东之间存在不同程度的亲缘或类亲缘关系，他们在多种资源的选择上很可能具有比较相似的偏好。因此，类掠食型股东和优势型股东的生态位重叠度会偏大，而且重叠度越大，相互之间越容易发生竞争，甚至是恶性竞争。

6.3.3　建群型股东生态位特征

建群型股东主要是指除了优势型股东之外的国有大股东、民营法人大股东、机构投资者大股东、外资大股东和个人大股东。一般情况下，股东生态系统中建群型股东的数量既可能较少，也可能较多。就功能作用而言，建群型股东在一定程度上决定着股东群体结构和股东生态的内部环境。与优势型股东相比，建群型股东之间与部分类掠食型股东之间虽然可能存在亲缘关系或类亲缘关系，但不太可能直接分享类掠食型股东因利他行为的选择下放的剩余控制权；受途径或者手段的限制，也不太容易获取足够的股权支持。可见，他在股东生态系统中的重要性通常仅次于优势型股东。本部分结合股东生态位的研究内容，采取与优势型股东生态位特征相对比的分析方法，分析和提炼建群型股东所呈现的生态位特征。

首先，从股东性质来看，建群型股东中机构投资者股东和个人股东数量较多。从股权资源角度来看，机构投资者为了分散投资风险往往采取投资组合的策略进行投资，虽然个人股东的资金实力有限，但建群型股东通常具有股东数量优势，所以在汇总后的持股比例可能较大。其次，从股权关联情况来看，建群型股东之间或者与部分优势型股东之间可能存在少量的亲缘或者类亲缘关系，所构成的股权关联性程度较小，致使建群型股东即使拥有的股权比例较大，也很难形成较大的群体合力来监督或者抑制类掠食型股东的侵占行为。最后，从股东生态环境来看，与优势型股东相比，建群型股东不太可能直接获取类掠食型股东因利他行为选择而下放的剩余控制权，在董事会、监事会和管理层人事安排上也没有超额的委派权力。另外，在建群型股东占比较大的机构投资者股东中鲜少委派高管，基本上没有人事安排权力。本研究虽然没有找到机构投资者股东不能直接参与公司经营决策的官方政策性文件，但结合历年高管的兼职信息发现，众多高管中很少有人具备机构投资者相关背景；个人股东虽可以通过委派或者直接担任董事、监事或者高级管理人员，获取公司管理信息和参与公司经营决策，但因其不容易获取足够的股权支持，所委派人员的职位不仅非关键且数量较少。由此可见，建群型股东在公司经营方面的影响力是较小的。

总之，相对于优势型股东，建群型股东虽然可能拥有较大的持股比例，但因为股权关联程度较小，股东数量较多，所以很难形成较大的群体合力，在公司经营方面的影响力较小。因此，建群型股东的生态位宽度较优势型股东要小。除此之外，建群型股东在获取各种资源的途径和手段方面与类掠食型股东和优势型股东存在较大差异，具有不同的资源选择偏好。因而，建群型股东与类掠食型股东或优势型股东之间的生态位重叠度都较小。

6.3.4 从属型股东生态位特征

从属型股东是指相互之间存在亲缘关系或类亲缘关系的中小股东，可能紧密地依赖于优势型股东和建群型股东提供的良好生态环境。若优势型股东和建群型股东可以充分发挥抑制类掠食型股东的侵占行为，则从属型股东就会获取相对较多的共享收益；若优势型股东和建群型股东不能制衡类掠食型股东，则从属型股东倾向于选择“用脚投票”、抛售股票，甚至退出该上市公司。具体来说，从属型股东主要包括相互之间存在亲缘关系或者类亲缘关系的国家中小股东、国有法人中小股东、民营法人中小股东、机构投资者中小股东、外资中小股东和个人中小股东。

国家中股东属于国家参股的范畴，其参股目的主要在于降低政府对相关市场资源配置方式的干扰，借助市场手段以基金或其他方式的运作模式帮助参股公司吸引社会闲散资金，有助于实现市场调节与政府引导的双重推动作用，有助于增强政府财政资金的引导作用和杠杆的放大效应，有助于推动和加快相关产业的发展。随着国家从对国有企业管理转变为对国有资本管理，部分国有资本投资公司可能追求纯粹经济效益，以实现国有资本或资产的保值增值。

国家小股东也属于国家参股的范畴，相对国家中股东而言其投资规模更小，政府对相关市场资源配置方式的干扰更小，市场调节与政府引导的双重推动作用减弱，政府财政资金的引导作用和杠杆的放大效应也相应弱一些。国家小股东在一定程度上虽有助于推动和加快相关产业的发展，但随着时间的推移可能退出该参股企业。

国有法人中股东持股的情形属于国有参股的范畴，主要投资一些经济效益较好的竞争性行业，多集中在国有资本占次要地位、经济成分混合多元的企业，起着扶持资本市场发展和引导社会资金投资方向的作用。他比较关注公司的盈利分配、股利政策等，注重经济效益，以增加国有资本的投资效益，实现国有资本的增值，同时兼顾社会效益。由于国有法人中股东所拥有的股份不多，且所有者缺位情况显著，所以容易出现“搭便车”现象。对于国有参股企业来说，若经营业绩差、缺乏企业核心竞争力或者不符合国家战略定位，则国有法人中股东可能通过股权转让、股权置换等多种形式退出企业以保全自身。

国有法人小股东持股的情形也属于国有参股的范畴，持有的股份相对更少，主要分布在完全竞争行业，发挥着扶持资本市场发展、引导社会资金投资方向的作用。国有法人小股东也容易出现“搭便车”现象，且随着社会经济的发展可能逐渐退出该参股企业。

民营法人中小股东数量虽多，但分布较分散，不愿承担监督类掠食型股东等大股东的相关成本，持股的主要目的在于追求股票市场的买卖价差，投机成分较多。因而，民营法人中小股东倾向于选择“用脚投票”或以退出该上市公司的方式来维护自身利益，并且不能表现出积极的股东监督行为。

机构投资者中小股东是机构投资者分散投资的集中体现，一旦企业因经营情况不好影响了股价，就凭借其专业分析能力迅速做出反应选择“用脚投票”，既不会积极监督其他股东或者高管的行为，也不会参与公司治理活动。

外资中小股东是外资股东中最普遍的存在方式，原因可能有两个方面。一方面，虽然外资股东可以为上市公司带来货币资本、理性投资理念、先进技术和国际化管理人才等，其投资行为也可以对市场产生示范效应，但对于外资投资的资本市场，中国证监会一直持谨慎态度，对外资股东资格的审查和持股比例都有严格规定。与此同时，随着我国企业的发展，对货币资本、先进技术等的需求逐渐呈现下降趋势。另一方面，由于外资股东进入陌生市场有缺少政治庇护和产权保护等顾虑，所以比较倾向于投资能满足其信息需求的上市公司。外资中小股东普遍比较关心能否为上市公司管理其海外投资。

个人中小股东属于散户的主力军，由于投资能力有限、交易成本障碍和持股份额很少的缘故，其基本上选择“搭便车”行为，追求从股价上涨中赚取差价。

首先，从上述几种股东的股权资源禀赋来看，与类掠食型股东、优势型股东和建群型股东相比，从属型股东投资能力匮乏，持股比例小，基本没有投票权和话语权，参与股东大会的积极性不高。其次，从股权关联情况来看，从属型股东数量虽然多，但分布较分散，相互之间的亲缘关系或者类亲缘关系也仅限于局部小范围，如某个股东凭借自身投资经验，预期该公司股票价格具有上涨潜力，通常会将自己的判断扩散到亲朋好友中。因购买股份较少，所需资本投入也较少，所以他们往往选择尝试投资，而且形成局部小股东圈子，在圈子里共享个人获取的信息。当公司因业绩不佳影响股价时，均倾向于选择采用抛售股票的方式回收投资。尽管这种局部小圈子可能有很多，但小圈子之间严重缺乏信任基础，形不成群体合力，信息传递性差。最后，从股东生态环境条件来看，从属型股东持股比较少、股权关联度小等特点决定了其在公司治理内部没有控制权，对被投资公司经营、财务等方面的决策和政策施加不了实质性影响，只是侥幸依靠优势型股东和建群型股东制衡类掠食型股东的侵占行为而获取一些共有收益，甚至保护不了自身权益，很容易成为类掠食型股东的侵害对象。

总之，相对于上述三类股东，从属型股东拥有股份少，股权关联度小，公司影响力也小。因此，从属型股东利用多种资源的程度较小，其生态位宽度也小。在获取各种资源的途径和手段方面，由于从属型股东存在许多限制或壁垒，显著不同于前三类股东，所以利用资源的相似程度也很小。因此，从属型股东与其他股东的生态位重叠度很小。

6.3.5　伴生型股东生态位特征

伴生型股东是除以上股东之外的中小股东，是股东群体中最常见和数量最多的一种股东类型，其利用各种资源的程度可能比从属型股东还要小，所以其生态位宽度也小，只是与其他类型股东相伴存在，是提供闲散社会资金的典型代表。由于伴生型股东与其他股东之间基本不存在利用资源相似性问题，所以其生态位重叠度很小。

综合上述对类掠食型股东、优势型股东、建群型股东、从属型股东和伴生型股东各自生态位特征的分析，本研究将各类股东的生态位特征汇总如表 6 – 1 所示。

表 6 – 1　各类股东生态位特征汇总

股东类型	股东数量	股权禀赋	股权关联	公司影响力	生态位宽度	生态位重叠度
类掠食型股东	较少	大	有	大	大	与优势型股东重叠度大
优势型股东	少	较大	有	较大	较大	与类掠食型股东重叠度大
建群型股东	较多	较大	有	小	中	与类掠食型股东和优势型股东重叠度较小
从属型股东	多	小	有	较小	小	与其他股东重叠度较小
伴生型股东	众多	小	无	较小	较小	与其他股东重叠度较小

6.4 本章小结

生态位是研究不同种群之间生态关系的重要概念，本章首先通过分析股东生态位与自然生态位的相似性和特殊性，对股东生态位进行了界定，即不同类型股东在相互影响过程中所形成的相对位置。其次，分析了不同类型股东（类掠食型股东、建群型股东、优势型股东、从属型股东和伴生型股东）的生态位特征及其在股东生态系统中扮演的角色。具体而言，类掠食型股东的生态位宽度较大，适应环境的能力较强，一般位于控制权链条的顶端，扮演着“主宰者”的角色；优势型股东利用各种资源的程度也较高，生态位宽度较大，在制衡类掠食型股东、保护其他类型股东利益和营造良好的股东生态环境等方面发挥着积极作用，在股东生态系统中处于仅次于类掠食型股东的地位，扮演着“关键者”的角色；建群型股东无法形成较大的群体合力，生态位宽度比前两类股东的要小，通过横向整合和纵向整合的方式，在股东生态系统中扮演着“支持者”的角色；从属型股东和伴生型股东的生态位宽度小，与其他类型股东的生态位重叠度小，在系统缝隙中求得生存，处于弱势地位，扮演着“缝隙者”的角色。这也在一定程度上解释了处于弱势地位的股东数量不仅没有减少，反而与强势或优势股东长期共存的原因。

第 7 章　股东生态位的测度

如前所述，生态位理论可以为研究不同类型股东的生存和发展状况、股东种群之间的关系、股东与生态环境之间的关系提供有效的分析工具。通过提取股东生态位参数，构建股东生态位的测度模型，可以将股东生态位的定性分析转向定量研究，为生态学与制度经济学（公司治理是新制度经济学的一个分支）的交叉研究提供数据支持。

7.1　股东生态位的参数

从组织生态学角度出发，本研究将公司的股东群体分成三个层次，即股东个体、股东组织和股东群体，如图 7－1 所示。

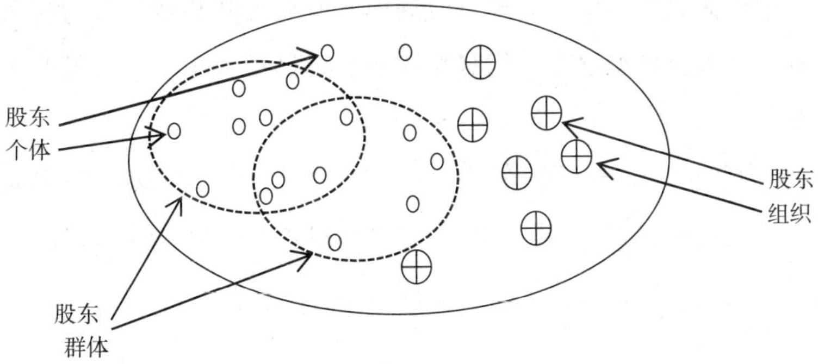

图 7－1　股东群体层次划分示意

接下来，提取股东生态位的基本参数。

定义 1　股东个体是指公司股东的单独个体，每个股东个体相互独立，具有不同的特点。我们将其记作：u_i，其中 $i = 1,2,3,\cdots,N$，N 为股东数量。

全部股东的集合记作：U, $U = \{u_i \mid i = 1,2,3,\cdots,N\}$ 。

定义函数 $h(u_i,t)$ 若为股东 u_i 所持股份，则总股份为 $H = \sum_{i=0}^{N} h(u_i,t)$ 。

可以把股东个体理解为最小的持股单位，既可以是自然人，也可以是机构或组织。

定义 2 股东组织是指由机构或公司等组织持股的股东，由于股权集中并且信息量充足，所以具有行为理性、目标一致的特点。

为了便于分析，我们把组织单独提炼出来，记作：Org 。对于任意一个 Org_l ，均有 $Org_l \in U$ ，其中 $l = 1,2,3,\cdots,L$ ，且 $L < N$ 。

组织 Org_l 所持有的股份为 $h(Org_l,t)$ 。

可以说，股东组织是一种特殊类型的股东个体，是以某个机构或组织为背景的持股单位。由于其背后的机构或组织拥有自然人无法比拟的社会能力和属性，所以使股东组织在上市公司能够拥有更高质量的信息、更高水平的决策力和更加一致的行动力。

定义 3 股东群体是指股东内部具有一定共同特征的股东集合，如本书第 4 章中根据股东性质、股东持股规模、股权关联和侵占行为将股东生态主体划分为类掠食型股东、优势型股东、建群型股东、从属型股东和伴生型股东等。

本研究将某一股东群体集合记作：Pop_k， $Pop_k = \{u_j \mid j = 1,2,3,\cdots,M_k\}$ ，其中 M_k 是该群体股东的个数，$k = 1,2,3,\cdots$ 。

对于任意一个股东群体 Pop_k ，均有 $Pop_k \in U$ 。

其所持有的股份为 $h(Pop_k,t) = \sum_{j=0}^{M_k} h(u_j,t)$ 。

股东群体的划分可以根据不同场景的不同特征要求进行。在本研究中，主要针对的股东群体是根据股东性质、持股规模、股权关联和控制权安排情况，将股东生态主体划分为类掠食型股东、优势型股东、建群型股东、从属型股东和伴生型股东五种。

如果把股东生态环境看作一个由 n 个生态因子组成的空间，那么股东的生态位可以看作在这 n 个生态因子向量上的投影。

与自然生态环境中的生态因子一样，股东生态因子可以从生物因子和非生物因子两个方面研究。相对于生物因子，股东生态因子用以描述股东生态环境中的种间关系，如股东群体之间的关系或者股东与代理人的关系。相对于非生物因子，股东生态因子主要是指对股东群体造成影响的环境因素，这些因素也是构成股东生态环境空间，承载股东生态位的要素，如公司的经营情况、公司治理的水平、公司股权的结构、公司的财务情况等。

定义 4　股东生态因子是指股东生态环境空间内对股东群体造成影响的因素。我们将其记作：Fac。

因此，可以将股东生态环境空间记作一个股东生态因子的集合：$Sp = \{Fac_i \mid i = 1,2,3,\cdots,F\}$，$F$ 为生态因子的个数。

对于股东群体或者股东组织，其在生态因子上的映射我们记作

$$Map:Pop \rightarrow Fac \text{ 或者 } Map:Org \rightarrow Fac \text{。}$$

于是，我们得到股东生态位模型的表示方式

$$Ssp(Pop) = \{Map:Pop \rightarrow Fac_i \mid i = 1,2,3,\cdots,F\}$$

或者

$$Ssp(Org) = \{Map:Org \rightarrow Fac_i \mid i = 1,2,3,\cdots,F\} \text{。}$$

7.2　股东生态位宽度的测度

生态位宽度（Niche Breadth）又称生态位广度，是指一个物种或者种群对各种不同资源利用的多样化程度。股东也拥有属于自己的生态位宽度，而且是指股东种群对各种资源利用的多样化程度。若某个股东种群拥有的生态位宽度越大，则说明该类股东种群利用资源的多样化程度越大，越倾向综合运用各种资源，选择“用手投票”以维护和实现自身的利益；若某个股东种群拥有的生态位宽度越小，则说明该类股东种群利用资源的多样化程度越小，当自身利益受到侵犯时，越倾向选择“用脚投票”。

对于股东生态位宽度的测度问题，首先，需要了解生态学的生态位宽度是如何测度的；其次，分析股东可能利用的所有资源，结合股东数据实现股东生态位宽度的测度。在生态学中，对于离散型数据，资源利用状况的资源矩阵是以 S 个物种作为行，以 R 个资源状态作为列构成的（见表 7－1）。

表 7－1　资源矩阵

	资源梯度						
物种种类	N_{11}	…	N_{1j}	…	N_{1R}		Y_1
	N_{21}	…	N_{2j}	…	N_{2R}		Y_2
	⋮		⋮		⋮		⋮
	N_{i1}	…	N_{ij}	…	N_{iR}		Y_i
	⋮		⋮		⋮		⋮
	N_{S1}	…	N_{Sj}	…	N_{SR}		Y_S
	X_1		X_j		X_R		Z

注：N_{ij}为第 i 个生物物种利用资源 j 的观测个体数目；Y_i为物种 i 的总观测个体数目；X_j为利用资源 j 的总观测个体数目；Z 为总的观测个体数目。

一个种群的生态位宽度可以借助测定该种群个体在资源矩阵状态中的分布异质性进行估算。因此，本研究在分析生态学的生态位宽度模型优缺点基础上结合股东现实情况，通过综合利用和改进这些模型，逐渐解决股东生态位宽度的测度问题。

7.2.1　生态位宽度测度的一般模型

（1）Levins 模型。最早的两个生态位宽度度量方程是由 Levins 于 1968 年提出的，模型如下。

①Simpson 指数。

$$B_i = \left(\sum_{j=1}^{R} N_{ij}\right)^2 / \sum_{j=1}^{R} N_{ij}^{\ 2} = Y_i^2 / \sum_{j=1}^{R} N_{ij}^{\ 2} = 1 / \sum_{j=1}^{R} P_{ij}(R) \quad (7-1)$$

②Simpson－Wiener 指数。

$$B_i = -1 / \sum_{i=1}^{R} P_{ij}(R) \ln P_{ij}(R) \quad (7-2)$$

式中，P_{ij} 为种群 i 利用资源 j 的个体数目与总数的比例；R 为可利用资源的数目。

根据模型（7－1）和模型（7－2）可知，如果某个生物种群占据某资源序列的所有梯度单位，并且分布在每个梯度单位上的物种个体数量接近相等，那么该生物种群所占据的生态位宽度最大，即 $B_{max}=1.0$；如果某个生物种群仅占据某资源序列的某个梯度单位，那么该生物种群所占据的生态位宽度最小。通常 B 在 0～1.0，这样能够比较直观地看到一个种群在具有不同数量单位资源序列上的分布情况。

以上两个模型虽然计算方法相对简洁，适用于生物资源谱系较少的情况，但只有在所有资源被同等利用的情况下才能取得最大值，这就违背了专化种的生态位宽度要比泛化种的小这一常识观点。随后，学者对该模型的改进均未通过统计学检验（王闽，2013）[6]。另外，鉴于不同股东种群都不可能做到同等利用所有资源，因而这两个模型不适合用来改进或修正。

（2）Hurlbert 模型。Hurlbert（1978）[7]认为，Levins 提出的生态位宽度模型建立在资源可利用性等同的假设上是没有道理的。他在 Levins 模型的基础上考虑了物种选择稀缺资源的敏感性，并用资源的可利用性作为物种对资源利用度的加权，模型如下：

$$B = {Y_i}^2 / [A \sum_{i}^{R} P_{ij}^2 / a_j] \tag{7-3}$$

式中，A 为所有物种利用的资源总和；a_j 为可利用资源状态 j。

虽然当 $a_j=0$ 时，生态位宽度 B 就没有意义了，但仍未克服上述问题，并存在一定局限性（王沁、刘涛、许晓军，2012）[8]，如果针对资源可利用性问题考虑，可为股东生态位宽度模型的设计提供一定借鉴。

（3）生态位"态"与"势"模型。朱春全（1997）[9]认为，无论是自然界还是人类社会，任何生物都是以特定状态存在的，它不断地与周围其他生物和环境相互作用并产生相应的影响。于是，他在此基础上提出了生态位态势理论，其中"态"是指生物种群在特定时刻的状态（种群数量、个体能量和物质占总资源的比例等），而“势”是指生物种群在特定时间内对环境的支配力（能量和物质变换的速率等）。经过量纲转化后，某种群的态势之和为该种群的绝对生态位，而且其绝对生态位与该系统中所有相关种群的绝对生态位总和的比例为该种群的相对生态位，模型如下：

$$B_i = \frac{S_i + A_i P_i}{\sum_{j=1}^{n} (S_j + A_j P_j)} \tag{7-4}$$

式中，B_i 为种群 i 的相对生态位；n 为种群数目；S_i 和 P_i 分别为种群 i 的态和势；A_i 和 A_j 为量纲化系数；$S_i + A_i P_i$ 为种群 i 的绝对生态位。

7.2.2 股东生态位宽度测度的模型设计

本研究基于生态位态势理论在生态学以及跨学科的应用经验基础，结合对自然生态位和股东生态位相似性的分析，即生命、应激性、种群、群落和生态关系，特别是考虑股东生态位的特殊性，即主观能动性强、对环境反作用大、生态位选择性强，以及生态位区域不固定等，并按照股东生态位内涵的主要内容，进一步改进现有生态位态势模型，进而构建了股东生态位宽度测度模型。

具体来说，本研究结合不同类型股东在股权资源、股权关联状况和公司治理内部环境的控制权安排情况，将股东种群数量、股东持股比例等股权层面的指标作为股东生态位“态”维度的度量指标，属于显性现状数值。现有相关公司治理研究文献一般也是从这个角度研究的。但是，仅从股东生态位宽度的“态”维度度量是不足以反映不同类型股东之间利益格局的，也不能反映其对不同资源利用的多样化程度。通过本研究第 1 章介绍的研究背景可知，仅从股东持股比例角度已不足以反映不同类型股东对公司治理的实际影响。因为公司治理是关于股东、董事和高级管理人员的权力与制度安排，而且他们之间存在相互渗透的影响关系，如公司股东既可能直接具有“董监高”的背景，也可能通过自身拥有的股权或者名誉权行使委派“董监高”的权力，因而直接或者比较容易从公司经营中获得其他股东得不到的稀缺信息资源（陆序生，2010）[10]，而这种兼任或委派的

“董监高”是在股权控制下隐蔽在公司治理内部环境的控制权安排。结合朱春全（1997）[9]的观点，“势”是指生物种群在特定时间内对环境的支配力。本研究认为股东生态位宽度的“势”是不同类型股东对公司治理内部环境的影响力，而且在公司治理内部，董事、监事和管理层是制定、监督和执行公司决策的关键，所以我们有理由认为委派“董监高”的比例可作为不同类型股东对公司治理影响力的代理变量，是股东生态位“势”维度的度量指标。

本研究在改进现有生态位态势模型的基础上，进一步借鉴 Hurlbert 模型，并考虑到股东可获取资源的可利用性问题。从 2001 年中国证监会颁布的《关于在上市公司建立独立董事制度的指导意见》可知，独立董事不仅不在本上市公司担任其他职位，一般也不在本上市公司领取薪水，并且与本上市公司和主要股东之间不存在直接利益关系或者委派关系等。所以，本研究假定独立董事是不同类型股东都无法利用的资源。为了剔除其对研究结果的影响，我们将独立董事规模从“董监高”总规模中剔除。

综上，本研究在改进生态位态势模型的基础上，借鉴了 Hurlbert 模型中资源可利用性问题的处理方法，构建出测度股东生态位宽度的模型为

$$B_i = \frac{(S_i + A_iP_i) \times n_i}{\sum_{j=1}^{n}(S_j + A_jP_j) \times n_j + (100 - \sum_{j=1}^{n}S_j) + A_j(Z - \sum_{j=1}^{n}P_j)} \qquad (7-5)$$

式中，B_i 为股东种群 i 的生态位宽度；S_i 为股东种群 i 的持股比例；P_i 为股东种群 i 所委派的“董监高”比例；n_i 为股东种群 i 的种群数量；n 为股东类型数目；Z 为委派“董监高”比例极限，即剔除独董的“董监高”规模占总规模比例；A_i 和 A_j 为量纲化系数；$(S_i + A_iP_i) \times n_i$ 为股东种群 i 的绝对生态位。

7.3　股东生态位重叠度的测度

生态位重叠度（Niche Overlap）是指两个或两个以上生态位相似的物种或种群生活于同一空间时，对共同资源的分享或竞争的程度。它既是两

个物种或种群在生态系统中相似性的量度，也是一种资源的共同利用程度和在同一资源上相遇的频率，其计算方法主要来自对各种多样性数据的分析，特别是对资源分割的分析。本研究通过研究国内外对生态位重叠的计算方程，总结出可能有助于研究股东生态位重叠度测评的主要方法，并在此基础上实现了对股东生态位重叠度的测度。

7.3.1 生态位重叠度测度的一般模型

（1）Schoener 模型。Schoener 的生态位重叠度模型度采用生态位相似性比例的方法，既可以基于离散型数据，也可以利用连续型数据，相互之间虽可以实现转化，但用该模型估算出的生态位重叠度 O_{ij} 会出现负值的情况，这是没有几何意义的，而且对数据的敏感性较差。因而，不利于准确反映不同类型种群生态位重叠的实际情况，其模型如下：

$$O_{ij} = 1 - \frac{1}{2}\sum_{a=1}^{R} | P_{ia} - P_{ja} | \tag{7-6}$$

式中，O_{ij} 为种群 i 和种群 j 之间的生态位重叠度；P_{ia} 和 P_{ja} 分别为种群 i 和种群 j 对资源 a（$a = 1 \rightarrow n$）的利用程度；R 为资源种类数目。

生态位重叠度的取值范围是 [0，1]，0 表示种群 i 和种群 j 之间的生态位完全分离，1 表示种群 i 和种群 j 之间的生态位完全重叠。

（2）MacArthur 模型。MacArthur 认为，种群 i 与种群 j 的生态位重叠度和种群 j 与种群 i 的生态位重叠度是不相等的，据此提出基于不对称重叠矩阵的生态位重叠度模型，如方程（7-7）所示。但是，对于资源或环境梯度不同的两个种群之间生态位重叠度的测度就比较复杂，而且得出的数据不是归一化的，所以不便进行直接比较。

$$O_{ij} = \frac{\sum_{a=1}^{R} P_{ia} P_{ja}}{\sum_{a=1}^{R} P_{ia}^2} \tag{7-7}$$

（3）Pianka 模型。Pianka 在 MacArthur 模型的基础上进行了局部改进，将生态位重叠度模型建立在对称的重叠矩阵上，不仅简化了计算过程，并且能客观反映不同种群对资源利用或者生态适应的相似程度。具体模型如下：

$$O_{ij} = \frac{\sum_{a=1}^{R} P_{ia} P_{ja}}{\sqrt{\left(\sum_{a=1}^{R} P_{ia}^2\right)\left(\sum_{a=1}^{R} P_{ja}^2\right)}} \tag{7-8}$$

7.3.2　股东生态位重叠度测度的模型设计

股东生态位重叠度是指不同类型股东利用资源的相似程度，不仅包括对态维度（股权资源禀赋、股权关联状况等）相似程度的度量，而且包括对势维度（公司治理内部环境中控制权安排状况等）相似程度的测量。

因此，本研究将不同类型股东对生态位态维度和势维度相似程度的综合度量定义为股东生态位重叠度，采取继续在 Pianka 模型的基础上进行局部改进，以充分反映不同类型股东对多种资源的利用情况和对公司治理影响力方面的相似程度。具体设计出的股东生态位重叠度模型如模型(7 -9)所示，式中的变量定义与股东生态位宽度测度模型相同。

$$O_{ij} = \frac{S_i S_j + P_i P_j}{\sqrt{(S_i^2 + P_i^2)(S_j^2 + P_j^2)}} \tag{7-9}$$

式中，O_{ij} 为股东种群 i 和种群 j 之间的生态位重叠度；S_i 为股东种群 i 的持股比例；P_i 为股东种群 i 所委派的“董监高”比例；S_j 为股东种群 j 的持股比例；P_j 为股东种群 j 所委派的“董监高”比例。

股东生态位重叠度的本质是不同类型股东之间利用各种资源的相似性。不同类型股东在股票市场上直接利益冲突的频率和相互之间的竞争强度，是股东生态系统和股东生态位的研究基础。一般来说，如果两类股东之间生态位的重叠度越大，则说明他们在资源利用程度上越相似，产生直接利益冲突的可能性或竞争的激烈程度就越大；反之亦然。在特定股东生态系统中，股东种群间生态位重叠度越小，说明该股东类型的多样性越强。

7.4　股东生态位自由度的测度

通过层层理论分析，本研究得出股东生态位和自然生态位一样，研究主体都是由拥有大量相互影响的成员构成。不同类型成员占据不同的生态位，并致力于形成一系列梯度分布的异质性小生态环境，得以为各种生物提供丰富的生态位。在特定股东生态系统中，如果整体的股东生态位是健康的，不同类型股东之间的生态位关系就会趋于互惠共存，实现协同进化；如果整体的股东生态位是不健康的，不同类型股东的生态位关系就可能过度分离或者过度重叠，致使各种资源得不到充分利用，易受系统外潜在股东的威胁，或者利用资源情况过度重叠，使系统中不同类型股东之间竞争激烈，甚至两败俱伤，影响股东生态系统的正常运行。

因此，股东生态位健康是指不同类型股东占据与自身相匹配的生态位，且与其他类型股东之间的生态位重叠度比较适中，使股东生态系统中不同类型股东之间的生态关系处于良性循环状态，是不同类型股东生态位宽度和重叠度相互影响和相互作用的综合体现。通过分析股东生态位宽度模型和股东生态位重叠度模型的设计过程，我们知道两类股东种群之间存在严重的生态位重叠现象，并不意味着一定会发生激烈的或者恶性的竞争，这与各自的生态位宽度大小相关。在股东生态位重叠严重的情况下，若两种类型股东的生态位宽度都很大，虽然在各种资源上都存在一定的竞争，但对各种资源的占有能力并不突出，因而此时的竞争虽激烈，但不会给对方造成致命的伤害；若两种类型股东的生态位宽度都很小，则说明两者都对同类资源的依赖性很强，若这种资源是有限的，则具有稀缺性，当不足以同时满足两类股东的生存和发展时，这两种类型股东之间将面临激烈的竞争；若两种类型股东中，一种的生态位宽度大，另一种的生态位宽度小，则生态位宽度小的股东对某种重要资源的占有能力或利用程度较高，而生态位宽度大的股东凭借较广阔的资源优势，也能够获取适合的生存空间，从而获得共生，但若生态位宽度小的股东不能持续保持在该资源上的优势，就会存在在激烈竞争中被挤出的风险。

为了使股东生态位自由度能够综合反映不同类型股东的生态位宽度和不同类型股东生态位的重叠度，本研究受吕怀立和李婉丽（2015）[11]构建股东联盟指数的启发，将股东生态位自由度的模型设定成所有类型股东生态位宽度之和扣除相互重叠后的部分，即

$$Free = \sum_{i=1}^{n} B_i - \sum_{i=1}^{n} \sum_{j=1}^{n} O_{ij} B_j \qquad (7-10)$$

式中，B_i 为股东种群 i 的生态位宽度；O_{ij} 为股东种群 i 和种群 j 之间的生态位重叠度；n 为股东类型数目。

一般来说，股东生态位自由度越大，表明股东生态位宽度越大，且相互的生态位重叠度越小，存在资源闲置的可能性越大；股东生态位自由度越小，表明股东生态位宽度越小，且相互的生态位重叠度越大，不同类型股东对相同资源的竞争越激烈。

7.5　股东生态位的分布现状

本部分将介绍不同类型股东生态位的分布现状，首先对类掠食型股东、优势型股东、建群型股东的生态位宽度、生态位重叠度做了整体性描述，并对描述性统计结果做了具体分析。根据研究期间各年度、各行业不同类型股东生态位宽度、生态位重叠度的均值绘制出变化趋势图，并对均值进行了现状描述。其次，对于有明显组间差异的分组进行了独立样本 t 检验，证明其是否具有统计学上的显著差异，并分析造成差异的原因。由于从属型股东和伴生型股东持股规模较小，对股东生态系统的影响较小，所以在这里没有做从属型股东和伴生型股东的具体分析。由于生态位自由度是根据生态位宽度、生态位重叠度计算而来的，没有做股东类型的划分，所以没有对生态位自由度按股东类型进行分析。本章对类掠食型股东、优势型股东、建群型股东的基本情况按不同的生态位维度做了整体描述，有助于整体把握不同类型股东生态位维度的分布现状，并结合大样本数据验证了不同类型股东生态位的表现特征，为接下来的实证检验做了铺垫。

表 7－2 列示了不同类型股东的生态位宽度、生态位重叠度的描述性统计结果。从生态位宽度来看，类掠食型股东、优势型股东、建群型股东的标准差都较小，说明样本分布比较均匀。同时，优势型股东的均值、中位数分别为 0.325、0.282，均大于其他两类股东，且通过独立样本 t 检验（见表 7－3），证明了其在统计学上的显著差异。这说明优势型股东利用资

源多样化的程度大于其他两类股东，优势型股东凭借其较广阔的资源优势，能够获取适合的生存空间，获得共生。其他两类生态位宽度小的股东如果不能持续保持在该资源上的优势，就会存在在激烈的竞争中被挤出的风险。从生态位重叠度来看，类掠食型股东与优势型股东生态位重叠度的均值、中位数均明显大于类掠食型股东与建群型股东生态位的重叠度和优势型股东与建群型股东生态位重叠度的均值、中位数。通过独立样本 t 检验，在统计学上证明了类掠食型股东与优势型股东生态位的重叠度与其他两组生态位重叠度在统计学上存在显著差异。这说明类掠食型股东与优势型股东在资源利用程度上的相似性较大，产生直接利益冲突的可能性或竞争的激烈程度也会很大。然而类掠食型股东与建群型股东、优势型股东与建群型股东在资源利用程度上的相似性相对较小，能够保持适度的竞争。

表 7-2　不同类型股东在每个生态位维度描述性统计结果

Panel A	生态位宽度							
股东类型	观测值	均值	标准差	最小值	最大值	25% 分位数	50% 分位数	75% 分位数
类掠食型股东宽度	2839	0.237	0.112	0.022	0.716	0.154	0.222	0.303
建群型股东宽度	2839	0.034	0.102	0.000	0.917	0.000	0.000	0.000
优势型股东宽度	2839	0.325	0.252	0.002	0.975	0.108	0.282	0.494
Panel B	生态位重叠度							
股东类型	观测值	均值	标准差	最小值	最大值	25% 分位数	50% 分位数	75% 分位数
类掠食型股东与 优势型股东重叠度	2839	0.839	0.189	0.023	1.000	0.759	0.913	0.982
类掠食型股东与 建群型股东重叠度	2839	0.159	0.337	0.000	1.000	0.000	0.000	0.000
优势型股东与 建群型股东重叠度	2839	0.171	0.351	0.000	1.000	0.000	0.000	0.000
Panel C	生态位自由度							
	观测值	均值	标准差	最小值	最大值	25% 分位数	50% 分位数	75% 分位数
	2839	0.235	0.147	-0.524	0.718	0.160	0.237	0.323

表 7 - 3　均值差异检验结果

Panel A			生态位宽度			
优势型股东			类掠食型股东			组间均值差异 t 检验
样本量	均值	标准差	样本量	均值	标准差	T 值
2839	0.325	0.252	2839	0.237	0.112	17.1 ***
优势型股东			建群型股东			组间均值差异 t 检验
样本量	均值	标准差	样本量	均值	标准差	T 值
2839	0.325	0.252	2839	0.338	0.102	57.08 ***
Panel B			生态位重叠度			
类掠食型股东与优势型股东生态位重叠度			类掠食型股东与建群型股东生态位重叠度			组间均值差异 t 检验
样本量	均值	标准差	样本量	均值	标准差	T 值
2839	0.839	0.189	2839	0.159	0.337	93.946 ***
类掠食型股东与优势型股东生态位重叠度			优势型股东与建群型股东生态位重叠度			组间均值差异 t 检验
样本量	均值	标准差	样本量	均值	标准差	T 值
2839	0.839	0.189	2839	0.171	0.351	89.477 ***

注：*** 表示在 1% 的水平上显著。

本研究根据研究期间各年度不同类型股东的绝对生态位宽度、相对生态位宽度、生态位重叠度的平均值绘制出变化趋势图。

如图 7 - 2 所示，从 2012 年开始，类掠食型股东生态位宽度整体呈缓慢下降的趋势，表明其利用资源多样化的程度逐年变小。2010—2015 年，优势型股东的绝对生态位宽度整体呈上升趋势，2010—2011 年有缓慢递增的趋势，从 2011 年开始快速递增，到 2015 年，其生态位宽度与类掠食型股东生态位宽度的差距达到最大值。这表明优势型股东利用资源多样化的程度逐年变大，开始倾向于综合运用各种资源选择"用手投票"，以维护和实现自身利益。一般情况下，绝对生态位宽度均值在 2010—2015 年一直保持着优势型股东宽度大于类掠食型股东生态位宽度，类掠食型股东生态位宽度大于建群型股东生态位宽度的趋势。

从图 7 - 3 可以看出，类掠食型股东与优势型股东生态位重叠度的均值

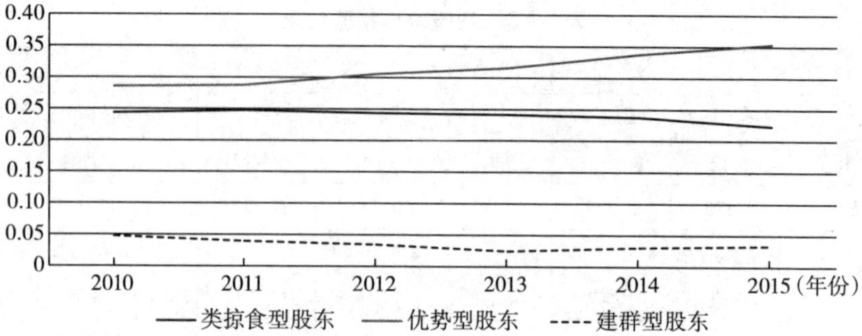

图7－2　2010—2015年不同类型股东生态位宽度变化趋势

在2010—2015年都远大于类掠食型股东与建群型股东生态位重叠度和优势型股东与建群型股东生态位重叠度的均值。由此可见，类掠食型股东与优势型股东在利用资源的种类和程度上颇具相似性，对资源的竞争力度比较大。然而，他们与建群型股东的生态位重叠度均较小，有可能是因为建群型股东能利用的资源种类本身就较少，个别资源的充分运用并不足以扩大其生态位宽度。

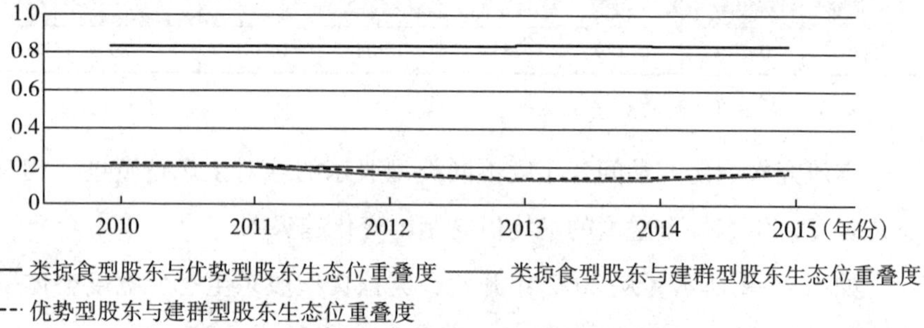

图7－3　2010—2015年不同类型股东生态位重叠度变化趋势

表7－4列示了不同类型股东生态位宽度的行业均值。从图7－4可以非常直观地看出B（采矿业）的类掠食型股东生态位宽度最大，达到0.302，对B（采矿业）组和其他行业组的绝对生态位宽度进行均值t检验发现（见表7－5），采矿业组与其他行业组之间存在显著差异。可能的原因在于，采矿业关乎国计民生所以一般由国有企业控制。其中，优势型股东的绝对生态位宽度值在E（建筑业）、M（科学研究和技术服务业）和Q（卫生和社会工作）有明显高于其他行业的现象，分别为0.450、0.442和

0.493。通过独立样本 t 检验发现，E（建筑业）组与其他行业组以及 M（科学研究和技术服务业）组与其他行业组存在显著差异，这可能是行业差异造成的现象。但是，Q（卫生和社会工作）组与其他行业组之间并没有统计学上的显著差异。一般情况下，所有行业的优势型股东生态位宽度均大于类掠食型股东，类掠食型股东生态位宽度均大于建群型股东。

表 7－4　不同类型股东生态位宽度的行业均值

行业代码	行业名称	观测值	类掠食型股东	建群型股东	优势型股东
A	农、林、牧、渔业	35	0.237	0.011	0.388
B	采矿业	59	0.302	0.007	0.206
C	制造业	1749	0.233	0.031	0.345
D	电力、热力、燃气及水生产和供应业	124	0.256	0.046	0.285
E	建筑业	80	0.222	0.014	0.450
F	批发和零售业	175	0.239	0.047	0.275
G	交通运输、仓储和邮政业	108	0.284	0.017	0.213
H	住宿和餐饮业	7	0.286	0.000	0.371
I	信息传输、软件和信息技术服务业	141	0.185	0.042	0.375
K	房地产业	163	0.269	0.050	0.260
L	租赁和商务服务业	47	0.223	0.077	0.311
M	科学研究和技术服务业	14	0.180	0.025	0.443
N	水利、环境和公共设施管理业	15	0.227	0.031	0.231
P	教育业	1	0.263	0.000	0.206
Q	卫生和社会工作	4	0.235	0.032	0.493
R	文化、体育和娱乐业	27	0.239	0.033	0.312
S	综合	10	0.248	0.049	0.251

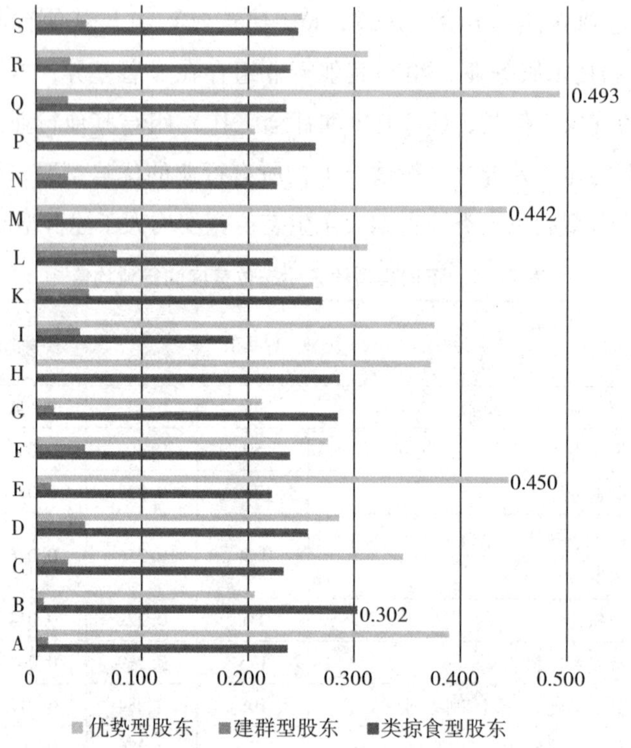

图7-4　不同类型股东在行业间的生态位宽度

表7-5　不同类型股东生态位宽度行业均值差异检验结果

Panel A			类掠食型股东			
B（采矿业）			其他行业			组间均值差异 t 检验
样本量	均值	标准差	样本量	均值	标准差	T 值
59	0.302	0.120	2780	0.235	0.111	4.568***
Panel B			优势型股东			
E（建筑业）			其他行业			组间均值差异 t 检验
样本量	均值	标准差	样本量	均值	标准差	T 值
80	0.450	0.291	2759	0.322	0.250	82.428***
M（科学研究和技术服务业）			其他行业			组间均值差异 t 检验
样本量	均值	标准差	样本量	均值	标准差	T 值
14	0.442	0.187	2825	0.325	0.253	2.339**

续表

Panel A			类掠食型股东			
Q（卫生和社会工作）			其他行业			组间均值差异 t 检验
样本量	均值	标准差	样本量	均值	标准差	T 值
4	0.493	0.257	2835	0.325	0.252	1.328

注：**和***分别表示在5%和1%的水平上显著。

表7－6和图7－5描述了不同类型股东生态位重叠度的行业分布情况，可以看出，所有行业的类掠食型股东与优势型股东的生态位重叠度普遍较大，说明类掠食型股东与优势型股东在利用资源的种类和程度上颇具相似性，对资源的竞争力度比较大。同时可以看出，类掠食型股东与优势型股东的生态位重叠度在行业间变化的趋势比较平稳，表明类掠食型股东与优势型股东对于资源的竞争力度在行业间并没有明显差异。类掠食型股东与优势型股东的生态位重叠度、类掠食型股东与建群型股东的生态位重叠度、优势型股东与建群型股东的生态位重叠度三者之间存在显著差异，而类掠食型股东与建群型股东的生态位重叠度和优势型股东与建群型股东的生态位重叠度随着行业的变化表现出一致的趋势，且所有行业的类掠食型股东与优势型股东的生态位重叠度均值均大于类掠食型股东与建群型股东和优势型股东与建群型股东的生态位重叠度均值。

表7－6　不同类型股东生态位重叠度的行业均值

生态位重叠度					
行业代码	行业名称	观测值	类掠食型股东与优势型股东生态位重叠度	类掠食型股东与建群型股东生态位重叠度	优势型股东与建群型股东生态位重叠度
A	农、林、牧、渔业	35	0.833	0.129	0.058
B	采矿业	59	0.846	0.121	0.127
C	制造业	1749	0.839	0.156	0.147
D	电力、热力、燃气及水生产和供应业	124	0.840	0.184	0.179
E	建筑业	80	0.832	0.175	0.170
F	批发和零售业	175	0.803	0.185	0.177

续表

行业代码	行业名称	观测值	生态位重叠度		
			类掠食型股东与优势型股东生态位重叠度	类掠食型股东与建群型股东生态位重叠度	优势型股东与建群型股东生态位重叠度
G	交通运输、仓储和邮政业	108	0.842	0.181	0.161
H	住宿和餐饮业	7	0.744	0.000	0.000
I	信息传输、软件和信息技术服务业	141	0.850	0.188	0.189
K	房地产业	163	0.864	0.290	0.236
L	租赁和商务服务业	47	0.837	0.274	0.205
M	科学研究和技术服务业	14	0.940	0.078	0.071
N	水利、环境和公共设施管理业	15	0.964	0.250	0.216
P	教育业	1	0.741	0.000	0.000
Q	卫生和社会工作	4	0.804	0.128	0.141
R	文化、体育和娱乐业	27	0.765	0.186	0.198
S	综合	10	0.834	0.121	0.110

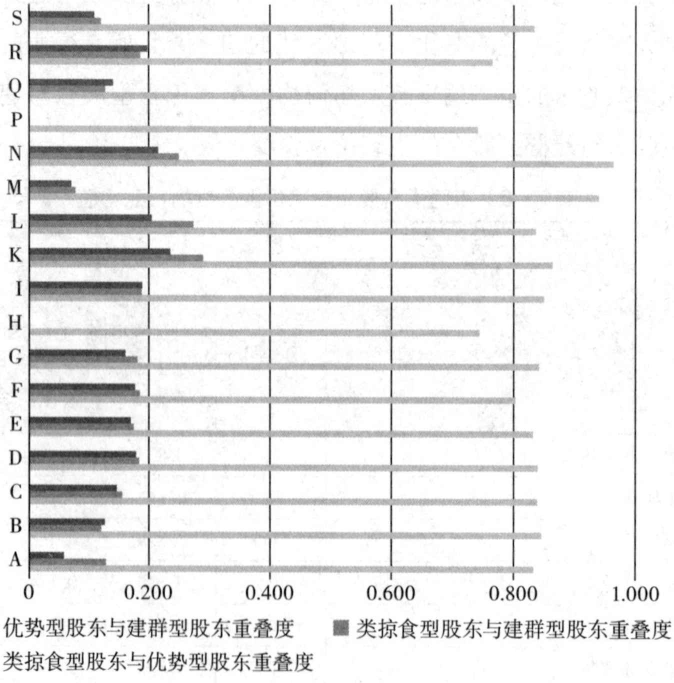

图7－5　不同类型股东在行业间的生态位重叠度

综上，根据类掠食型股东、优势型股东、建群型股东的生态位宽度及生态位重叠度的描述性统计结果不难看出，三者的标准差都较小，证明样本分布比较均匀。同时，优势型股东的生态位宽度要大于其他两类股东，说明优势型股东利用资源多样化的程度均大于其他两类股东，在制衡类掠食型股东、保护其他类型股东合法利益和营造公司良好生态环境等方面发挥着积极作用，在股东生态系统中处于很重要的位置。从生态位重叠度来看，类掠食型股东与优势型股东的生态位重叠度均值明显大于类掠食型股东与建群型股东和优势型股东与建群型股东的生态位重叠度均值，说明类掠食型股东与优势型股东在资源利用程度上的相似性十分大，产生直接利益冲突的可能性或竞争的激烈程度也很大。同时，通过描述研究期间不同类型股东在不同生态位维度年度和行业的均值变化趋势可以发现，三类股东的生态位宽度在年度和行业一直保持着优势型股东生态位宽度大于类掠食型股东，类掠食型股东生态位宽度大于建群型股东生态位宽度的趋势，且生态位重叠度在年度和行业一直保持类掠食型股东与优势型股东的生态位重叠度均值大于类掠食型股东与建群型股东和优势型股东与建群型股东生态位重叠度均值，与前面总体的描述结果保持一致。

7.6　本章小结

本章首先引入生态学的各种生态位参数及模型，结合生物生态位与股东生态位的相似性和特殊性，进一步构建了股东生态位宽度模型、股东生态位重叠度模型和股东生态位自由度模型。其次，结合大样本数据分析了我国 A 股上市公司股东生态位分布现状。

参考文献

[1] ELTON CS. Animal ecology [M]. London: Sidgwick and Jackson, 1927.

[2] HUTCHINSON G E. An introduction to population ecology [M]. New Haven: Yale University Press, 1978.

[3] IANSITI M, LEVIEN R. The keystone advantage: what the new dynamics of businesse cosystems mean for strategy, innovation, and sustain - ability [M]. Boston, MA: Harvard Business SchoolPress, 2004.

[4] 王斌，宋春霞．大股东股权质押、股权性质与盈余管理方式 [J]．华东经济管理，2015 (8): 118 - 128.

[5] HOLDERNESS C. The myth of diffuse ownership in the united states [J]. The Review of Financial Studies, 2009, 22 (4): 1377 - 1408.

[6] 王闽．基于 Lotka - Volterra 模型的股东种群共生性分析 [J]．财经纵横，2013 (9): 170 - 172.

[7] HURLBERT S H. The measurement of niche overlap and some relatives [J]. Ecology, 1978, 59 (1): 67 - 77.

[8] 王沁，刘涛，许晓军．我国上市公司内部治理生态的构成及优化研究 [J]．冶金经济与管理，2012 (2): 43 - 45.

[9] 朱春全．生态位态势理论与扩充假说 [J]．生态学报，1997 (3): 324 - 332.

[10] 陆序生．2009 年中小板公司"董监高"薪酬及股权激励分析 [J]．证券市场导报，2010 (7): 58 - 62.

[11] 吕怀立，李婉丽．多个大股东是否具有合谋动机：基于家族企业非效率投资视角 [J]．管理评论，2015 (11): 107 - 117, 191.

第四篇
生态位视角下股东关系的经济后果研究

本篇为生态位视角下股东关系的经济后果的研究，共分为三章。其中，第 8 章和第 9 章采用实证研究方法，分别考察了股东生态位对公司价值与盈余管理的影响作用；第 10 章则采用案例研究法，对万科公司股东生态位重构的经济后果展开了研究。

第 8 章　对公司价值影响的实证研究

8.1　影响机制与研究假设

现有文献中关于股权结构下股东关系对公司价值的影响研究数量繁多，大多是基于代理理论和信息不对称理论，分析第一大股东或控股股东对中小股东的利益侵占或者协同支持行为。不同的股东行为会带来不同的经济后果，即对公司价值有消极影响或者积极影响；影响会随着第一大股东或控股股东持股比例的变化而改变，进而呈现出非线性的结果。现有研究中股东划分的依据仅包括第一大股东或控股股东与其他股东，这种划分仅仅基于持股比例的不同，没有从同质性股东的视角来探讨股东关系对公司价值的影响。本研究从异质性股东视角出发，利用生态位理论，基于不同股东群体在股东生态系统中的持股规模、股权关联情况、股东性质等维度，把股东群体划分为类掠食型股东、优势型股东、建群型股东、从属型股东和伴生型股东五种类型；同时，利用生态位的宽度、重叠度和自由度的模型进行五种类型股东生态位的量化测度。基于股东生态位的宽度、重叠度和自由度维度，探讨股东生态位对公司价值的影响，以期打开异质性股东视角下股东关系对公司价值影响的“黑箱”，弥补现有文献中关于股东关系与公司价值关系探讨的不足。

基于类掠食型股东、优势型股东和建群型股东在股东生态系统中的重要作用，本章从理论和实证两个方面分析类掠食型股东、优势型股东和建群型股东的生态位宽度、重叠度及自由度对公司价值的影响。

8.1.1 股东生态位宽度对公司价值的影响

股东生态位宽度是指股东种群对各种资源利用的多样化程度，若某个股东种群拥有的生态位宽度越大，说明该股东种群利用资源的多样化程度越大。Wernerfelt（1984）[1]的资源基础理论认为，企业由不同的有形和无形资源组成，而且这些资源可转换成独特的能力为企业带来持久的竞争优势。依据资源优势理论，企业各股东种群拥有的资源越丰富，便越有机会和能力进行资源整合，以为其带来竞争优势（在此基础上，他们会为了维护和实现自身利益选择"用手投票"，积极参与企业的各项活动以提高公司价值）；同时，越有能力和意愿对企业经营活动进行监督，减少管理者的偷懒和徇私行为，进而提升公司价值。这就是资源优势效应。

同时，随着各股东群体掌握资源数量的增多，特别是信息资源量的增多，一方面，可以减少由于股东和企业管理者之间信息不对称而引起的道德风险和逆向选择问题，促使企业管理者做出有利于股东和企业长远发展的决策行为，进而减少第一类委托代理问题（股东与经营者之间的代理问题）；另一方面，优势型股东和建群型股东生态位宽度的扩大，意味着其能够掌握足够多的信息对类掠食型股东的各种行为进行监督，可以有效降低类掠食型股东为牟取私利而侵害其他股东种群利益的行为，进而减少第二类委托代理问题（中小股东和控股股东之间的委托代理问题）。代理问题是公司治理的核心问题（夏纪军，2017）[2]，代理理论认为代理问题存在的主要原因之一就是信息不对称（陈志斌、吴敏、陈志红，2017）[3]；公司治理的目标是减少代理成本实现所有者利益最大化（俞雪莲、王健俊，2017）[4]。李文贵等（2017）[5]指出，目前我国上市公司面临的信息不对称问题极为严重，同时其治理结构尚不完备。在此宏观背景下，对于我国上市公司来说，股东生态位宽度的扩大意味着拥有更多的信息资源，可以在一定程度上解决由于信息不对称带来的代理问题，而且代理问题的解决和代理成本的减少必然有利于提升公司价值（陈志斌、吴敏、陈志红，2017）[3]。这就是信息效应。

再者，当股东生态位宽度越大时，意味着各类型股东种群占有和可利用的资源越多，对企业的了解越全面、判断越准确，进而能够基于充分的信息和正确的判断提高股东决策的科学性和合理性，带来公司价值的提升。这就是决策效应。

因此，当股东的生态位宽度越大时，在资源优势效应、信息效应和决策效应三重效应叠加作用下，会显著提升公司价值。基于此，本研究提出如下假设：

假设 H8－1：股东生态位宽度与公司价值存在显著的正相关关系。

8.1.2　股东生态位重叠度对公司价值的影响

生态位重叠度是指当两个或两个以上生态位相似的物种或种群生活于同一空间时，对共同资源的分享或竞争的程度。一般认为，物种之间的重叠度越大，其竞争越激烈（Joel and Jitensra，1994）[6]，竞争程度与其生态位重叠度是正相关的（李勇、郑垂勇，2007）[7]。股东生态位重叠度的本质是不同类型股东利用各种资源的相似性，反映不同类型股东在股票市场上直接利益冲突的频率和相互的竞争强度。如果两类股东种群生态位的重叠度越大，说明它们在资源利用程度上越相似，产生直接利益冲突的可能性或竞争的激烈程度就越大。杨松令等（2015）[8]指出股东之间的生态位重叠或者相近就会引发激烈的竞争。

一方面，在异质性股东理论下，不同类型股东种群的目标利益不同，在竞争激烈的情况下，建群型股东和优势型股东为了自身利益，会有强烈的动机对类掠食型股东进行监督和制衡。王奇波和宋常（2006）[9]通过对国内有关股权结构和股权制衡的文献进行梳理后提出，股权制衡对企业的绩效有正面影响。徐向艺和张立达（2008）[10]认为，多数上市公司的股权集中度在抑制第一大股东私利行为方面发挥了积极的制衡作用，有利于提升公司价值。股权制衡度会显著降低资金占用情况（郑秀田、许永斌，2013）[11]和代理成本（陈乾坤、卞曰瑭，2015）[12]，提升公司价值（陈德萍、陈永圣，2011）[13]。这就是制衡效应。

另一方面，在股东生态系统中，股东种群的生态位重叠度越大，面临的竞争越激烈，而且激烈的股东竞争能使各类型股东群体的偷懒行为或者损害企业的行为容易被竞争对手发现，进而督促各类型股东群体履行职责，发挥利益协同作用，促进公司价值的提升；或者，激烈的股东竞争能促使各类型股东群体参与公司治理，及时监督管理层的各项决策行为，可在一定程度上降低股东和管理层之间的代理成本，促进公司价值的提升。同时，各类型股东种群之间激烈的竞争向社会传递了一种积极的信号，表明该企业具有良好的实力和发展前途，值得各利益相关群体关注和竞争，进而能够在一定程度上降低企业的融资成本，有利于公司价值的提升。这就是竞争效应。

因此，当股东间的生态位重叠度越大时，在制衡效应和竞争效应两重效应叠加作用下，会显著提升公司价值。同时，在竞争激烈的情况下，可能存在的另一种情况就是，各类型股东之间会忙于竞争、钩心斗角，而惰于参加公司的各项治理活动，疏于对管理层的监督，使整个股东群体陷入恶性竞争中，进而带来各种弊端，导致公司价值的降低。基于此，本研究提出如下假设：

假设 H8－2a：股东生态位重叠度与公司价值存在显著的正相关关系。

假设 H8－2b：股东生态位重叠度与公司价值存在显著的负相关关系。

8.1.3 股东生态位自由度对公司价值的影响

合适的股东生态位自由度是指不同类型股东占据着与自身相匹配的生态位，且与其他类型股东的生态位重叠度比较适中，使股东生态系统中不同类型股东之间的生态关系处于良性循环的状态，是不同类型股东生态位宽度和重叠度的综合体现。

由前面对股东生态位自由度的理论分析及计算方程可知，股东生态位自由度越大，表明股东生态位宽度越大，不同股东种群拥有多样化的资源，且相互的生态位重叠度越小，存在资源闲置的可能性越大；股东生态位自由度越小，表明股东生态位宽度越小，且相互的生态位重叠度越大，不同类型股东对相同资源的竞争就越激烈。由此可知，一方面，股东生态位自由度越大意味着股东生态位宽度越大，占用资源越多，越有利于公司价值的提升，但也可能意味着各类型股东种群之间的生态位重叠度越小，相互的竞争程度降低，进而带来不同类型股东种群之间的监督制衡和竞争效应减弱，带来公司价值的降低；另一方面，股东生态位自由度越小，意味着股东生态位宽度越小，占用资源越少，越不利于公司价值的提升，但也可能意味着各类型股东种群之间的生态位重叠度越大，相互的竞争程度提高，进而带来不同类型股东种群之间的监督制衡和竞争效应增强，带来公司价值的增加。

因此，在一定的股东生态位自由度下，由股东生态位宽度带来的资源优势效应、信息效应和决策效应三者叠加与由股东生态位重叠度带来的制衡效应、竞争效应两者叠加同时对公司价值产生作用，且这种影响是此起彼伏的，所以股东生态位自由度对公司价值的影响不是简单的线性关系，而是呈现出非线性关系。基于此，本研究提出如下假设：

假设 H8 - 3：股东生态位自由度与公司价值存在显著的“U”形关系。

8.2　研究设计

8.2.1　样本选择与数据来源

本研究以 2010—2015 年我国 A 股上市公司为研究对象，并按照以下标准进行筛选：①按照 2012 年中国证监会行业分类标准，剔除金融类上市公司，主要因为金融类公司的资产负债表结构存在特殊性；②剔除样本期间经过 ST 等特殊处理的上市公司；③为了消除极端值对数据分析结果的影响，对所有的连续性变量均实施了 1% 和 99% 分位的 Winsorize 缩尾处理；④剔除变量数据缺失的上市公司。本研究有关企业的数据均来自上市公司年报、国泰安数据库（CSMAR）、中国经济金融数据库（CCER）和万德数据库（Wind）；外部环境数据来自王小鲁、樊纲和余静文编写的

《中国分省份市场化指数报告（2016）》①。借助 Stata15. 1 软件对数据进行处理分析。

8. 2. 2 变量说明

（1）被解释变量。本部分被解释变量为公司价值。美国经济学家詹姆斯·托宾认为，公司的市场价值与其重置资本之比可作为衡量企业是否值得投资的标准。公司的市场价值是指在金融市场中收购该企业所需要的费用，也就是股票市场中企业的总体市场价值；公司的重置资本是指新建该企业所需要的资本。若托宾值大于 1，则表明资本的市场价值高于重置资本，企业可以从投资中获得收益，因为购买新资产的成本低于其市场价值，这时应该进行投资；若托宾值小于 1，那么企业就不应该进行投资。随着近几年我国资本市场的不断发展和完善，托宾值已经能够较好地反映上市公司的实际价值，而且以往的研究也证明了这一点（苏启林、朱文，2003）[14]。借鉴杨文君等（2016）[15]的做法，本部分采用托宾 Q 值的自然对数记为 ln*TQ*，作为公司价值的代理变量。

（2）解释变量。本章分别选择类掠食型、优势型和建群型股东生态位的宽度、重叠度及自由度作为解释变量进行实证检验。具体的含义界定及计算方法见表8 -1。

表 8 -1 变量定义及说明

变量类型	变量名称		变量代码	变量说明
因变量	公司价值		ln*TQ*	托宾 Q 值取自然对数
自变量	股东生态位宽度	类掠食型股东生态位宽度	B_1	股东生态位宽度模型（7 -5）计算所得
		优势型股东生态位宽度	B_2	股东生态位宽度模型（7 -5）计算所得
		建群型股东生态位宽度	B_3	股东生态位宽度模型（7 -5）计算所得

① 其中，2015 年的相关指数是通过 2008—2014 年数据测算得出的。

续表

<table>
<tr><th>变量类型</th><th colspan="2">变量名称</th><th>变量代码</th><th>变量说明</th></tr>
<tr><td rowspan="4">自变量</td><td rowspan="3">股东生态位重叠度</td><td>类掠食型股东与优势型股东生态位重叠度</td><td>O_{12}</td><td>股东生态位重叠度模型（7-9）计算所得</td></tr>
<tr><td>类掠食型股东与建群型股东生态位重叠度</td><td>O_{13}</td><td>股东生态位重叠度模型（7-9）计算所得</td></tr>
<tr><td>优势型股东与建群型股东生态位重叠度</td><td>O_{23}</td><td>股东生态位重叠度模型（7-9）计算所得</td></tr>
<tr><td colspan="2">股东生态位自由度</td><td>Free</td><td>股东生态位自由度模型（7-10）计算所得</td></tr>
<tr><td>门槛变量</td><td colspan="2">法制化水平</td><td>Law</td><td>《中国分省份市场化指数报告(2016)》</td></tr>
<tr><td rowspan="9">控制变量</td><td colspan="2">企业成长性</td><td>Growth</td><td>（资产总计本期期末值—资产总计本期期初值）/资产总计本期期初值</td></tr>
<tr><td colspan="2">独立董事比例</td><td>Odir</td><td>独立董事占董事会人数之比</td></tr>
<tr><td colspan="2">声誉机制</td><td>Rep</td><td>审计报告为国际四大会计师事务所出具取值为1，否则为0</td></tr>
<tr><td colspan="2">财务杠杆</td><td>Lev</td><td>负债合计/资产总计</td></tr>
<tr><td colspan="2">市场化水平</td><td>Index</td><td>《中国分省份市场化指数报告(2016)》</td></tr>
<tr><td colspan="2">企业规模</td><td>Size</td><td>企业年末总资产的对数</td></tr>
<tr><td colspan="2">行业</td><td>Ind</td><td>行业虚拟变量</td></tr>
<tr><td colspan="2">年份</td><td>Year</td><td>年份虚拟变量</td></tr>
</table>

注：法制化水平来自《中国分省份市场化指数报告（2016）》中市场中介组织的发育和法律制度环境数据；市场化水平来自《中国分省份市场化指数报告（2016）》中市场化总指数；股东名称、股东性质、股东持股比例、股权关系信息来自国泰安股东数据库；独立董事比例来自国泰安公司治理结构数据库；企业成长性来自国泰安公司研究系列—财务指标分析—发展能力—总资产增长率指标；财务杠杆来自国泰安公司研究系列—财务指标分析—比率结构—资产负债率；企业规模来自国泰安公司研究系列—财务报表—资产负债表—资产总额指标，取自然对数。

（3）控制变量。实证检验中还控制了其他因素对公司价值的影响，参照隋静（2016）[16]、陈信元和黄俊（2016）[17]的研究，采用企业的财务杠杆和企业成长性等会影响企业的价值；独立董事占比既是重要的公司治理变量，也是对公司价值产生影响的变量，公司的声誉机制也是重要的影响变量之一。而其他公司特征类变量，如企业规模等也被纳入了控制变量范围。

除上述企业特定因素外，宏观因素的变化也会对公司价值产生影响，因此我们在模型中加入年度虚拟变量，以控制股市在不同年度的变化情况。另外，企业所属行业也会对企业价值产生影响，所以我们在模型中纳入了行业虚拟变量。同时，企业处于一定的地区，不同地区的市场发展水平等外部环境也不同，为了反映市场化程度对公司价值的影响，也把市场化水平一并纳入控制变量。

（4）门槛变量。在影响公司价值的外部环境因素中，法治化水平对公司价值的影响较市场化进程和政府干预程度的影响更明显（夏立军、方铁强，2005）[18]。内部管理层和具有控制权的股东经常侵害小股东和债权人，而法律制度会对这种侵害的程度产生重要影响（Andrei and Vishiny, 1997）[19]。1998 年，LLSV 掀起的“法与金融”研究浪潮直接导致从外部环境而非以往的从企业内部特征角度研究公司治理问题，成为最近阶段研究的主流方向（潘林，2016）[20]，同时，他们也认为法律对投资者的保护越完备，控股股东对小股东的侵占程度越低，公司价值越高（李晋娴、张强，2016）[21]。此后，郑志刚和邓贺斐（2010）[22]等大批专家学者进行的实证研究也证明了法律对上市公司绩效具有显著的影响。因此，法律环境是影响公司微观行为的重要因素（陈丽英、李婉丽，2018）[23]。法制化水平的提高使法律法规的执行力上升，对企业股东的保护力增强，约束了管理层对企业财富的侵占行为。当投资者的利益得到较好保护时，他们才能更加努力地对企业进行监督和管理，充分发挥投资者的公司治理作用（徐勇、陈国伟，2018）[24]，同时市场媒介与法律环境通过影响利益相关者的道德认知进而融入他们的决策（Firth, Rui, and Wu, 2011）[25]，使中小股东能够更有效地行使股东权利，约束控股股东的道德风险行为（La Porta et al, 1998）[26]，改善公司治理水平，提升公司价值（La Porta et al., 2002）[27]。法制化水平作为重要的外部环境因素，当其取值范围不同时，势必会在一定程度上对股东生态位与公司价值的关系产生影响。为了检验该作用，本部分采用法制化水平这一外部环境变量作为门槛变量进行门槛效应检验。并且，借鉴韩亮亮和徐业坤（2010）[28]、徐勇和陈国伟（2018）[24]的做法，采用市场中介组织的发育和法律制度环境这一指标，作为法制化水平的代理变量进行门槛效应检验。各变量具体说明见表 8 – 1。

8.2.3 回归模型

基于以上分析，为了检验股东生态位各维度对公司价值产生的影响，在借鉴有关文献的基础上，首先构建多元回归模型（8 – 1）检验股东生态位对公司价值的影响。

$$\ln TQ = \beta_0 + \beta_1 Niche + \sum Control + \varepsilon \tag{8-1}$$

式中，$\ln TQ$ 为公司价值；$Niche$ 为不同类型股东的生态位宽度（B_i）、股东生态位重叠度（O_{ij}）和股东生态位自由度（$Free$）；$Control$ 为表 8 – 1 所列示的一系列控制变量。

现有学者较少站在生态位视角对股东关系与公司价值进行研究，并且在研究中尝试考虑企业特征等变量的同时，普遍采用分组检验或构造交乘项的方法。但是，这两种方法存在一定的缺陷：依据变量分位数进行分组，或采用以往长期研究中达成的共识作为分组标准，可能偏离了数据的实际结构变化点，导致分组有偏差并影响结论的可靠性；交乘项缺少科学依据来确定交乘形式，并且无法估计出样本的结构变化点，数据结果的信度和效度也没有办法检验。对此，Hansen（1999）[29]提出基于面板数据的门槛自回归模型，通过格栅搜索法（Grid Search）得到门槛估计值，即解释变量与被解释变量关系的结构变化点，进而根据门槛估计值构建解释变量的分段函数。我们选取了法制化水平作为门槛变量，借鉴 Hansen（1999）[29]的方法，建立基于股东生态位与公司价值之间的门槛回归模型。

$$\ln TQ = \beta_0 + \beta_1 Niche \times I(Law \leqslant \gamma) + \beta_2 Niche \times I(Law > \gamma) + \sum Control + \varepsilon \tag{8-2}$$

式中，$\ln TQ$、$Niche$、$Control$ 变量的含义与模型（8 – 1）一致，而这里的

Law 表示门槛变量的法制化水平。模型（8－2）是面板门槛模型，反映的逻辑是股东生态位对公司价值影响的方向或程度取决于门槛变量 *Law* 的取值范围。γ 是待估计的门槛值；$I(\cdot)$ 是示性函数，在门槛变量所在区间内取值为1，否则为0。

8.3 实证检验

为有效识别出股东生态位宽度、各类型股东种群间的生态位重叠度及股东生态位自由度对公司价值的影响效应，本研究首先进行描述性统计分析，其次进行基准模型最小二乘法回归估计，再次进行内生性和稳健性检验，最后在进一步分析中进行门槛效应检验和中介效应检验。

8.3.1 描述性统计分析

对主要变量的样本量、均值、中位数、最小值、最大值和标准差进行了描述性统计，统计结果见表8－2。从表8－2可知，因变量公司价值（ln*TQ*）的均值为0.414，大于0，说明研究样本中托宾值的平均数均大于1，整体上收益水平不错，值得投资；其标准差为0.882，据此得出相对标准差为213.04%，说明样本企业的公司价值数据分布偏离其均值的程度比较大；同时，其最小值为－1.674，说明研究样本中部分企业的市场价值与其重置成本之比远远小于1，所以投资者在进行投资时需要加以筛选和甄别。

表8－2　变量的描述性统计

变量名称	代码	样本量	均值	中位数	最小值	最大值	标准差
公司价值	ln*TQ*	2837	0.414	0.455	－1.674	2.384	0.882
企业成长性	*Growth*	2839	0.170	0.1070	－0.237	1.548	0.266
独立董事比例/%	*Odir*	2830	37.069	33.333	14.286	66.667	5.446
声誉机制	*Rep*	2839	0.050	0.000	0.000	1.000	0.219
财务杠杆	*Lev*	2836	0.462	0.464	0.068	0.867	0.195
市场化水平	*Index*	2839	7.904	8.310	2.980	9.950	1.699
企业规模	*Size*	2836	22.277	22.064	19.961	25.888	1.243

注：股东生态位的描述性统计，前面章节已经完成，这里不再赘述。

从表 8 – 2 可知，企业成长性（*Growth*）的均值为 0.170，说明研究样本的总资产规模呈年均 17% 的增长，但是其标准差等于 0.266，相对标准差等于 156.47%，说明不同样本的增长情况不一，差别较大。独立董事比例（*Odir*）均值为 37.069，超过了《关于在上市公司建立独立董事制度的指导意见》（证监发〔2001〕102 号）中 1/3 的规定，最高达 66.667%，但也有企业未达到规定要求，仅为 14.286%。声誉机制（*Rep*）的均值为 0.050，表明样本中超过 5% 的公司聘请了国际四大会计师事务所为其业务进行审计。财务杠杆（*Lev*）是衡量企业负债水平及风险程度的重要标志。一般认为，财务杠杆的适宜水平是 40% ~60%，样本企业的财务杠杆均值等于 0.462，整体上处在适宜水平范围，且标准差为 0.195，反映出不同样本的财务杠杆相差不大，说明了大部分研究样本的股东能够对负债水平进行控制以降低风险，同时也适当地举债经营以提高经营收益水平。市场化水平（*Index*）的数据来源于王小鲁、樊纲和余静文编写的《中国分省份市场化指数报告（2016）》，研究样本所处省份的市场化总指数均值为 7.904，最小值为 2.980，最大值为 9.950，反映了研究样本虽然分别位于不同的省份，但是整体来看较多的上市公司分布于市场化水平比较高的省份，因此也在一定程度上说明了地区的市场化程度对上市公司具有强烈的吸引力。企业规模（*Size*）的均值为 22.277，最小值为 19.961，最大值为 25.888，反映出各样本的企业规模相差不大。

鉴于相关性分析是自变量和因变量进行回归分析的基础，相关系数可以量化两个变量的线性相关程度，绝对值越大意味着两个变量的线性相关性越强。本研究计算了主要变量的 Pearson 相关系数以及显著性水平，以初步检验股东生态位对公司价值的影响关系，主要变量间的 Pearson 相关系数见表 8 – 3。

表 8 – 3　变量间的 Pearson 相关系数

代码	$\ln TQ$	B_1	B_2	B_3	O_{12}	O_{13}	O_{23}	*Free*
$\ln TQ$	1							
B_1	-0.158***	1						

续表

代码	ln*TQ*	B_1	B_2	B_3	O_{12}	O_{13}	O_{23}	*Free*
B_2	0.154***	-0.575***	1					
B_3	0.017	-0.163***	-0.177***	1				
O_{12}	0.066***	-0.069***	0.088***	-0.006	1			
O_{13}	0.010	-0.116***	-0.086***	0.660***	0.035*	1		
O_{23}	0.021	-0.121***	-0.086***	0.651***	0.084***	0.931***	1	
Free	-0.115***	0.788***	-0.219***	-0.639***	-0.223***	-0.439***	-0.459***	1
Growth	0.136***	-0.060***	0.025	0.047**	0.047**	0.061***	0.057***	-0.071***
Odir	0.072***	0.026	0.007	-0.052***	-0.008	-0.041**	-0.028	0.046**
Rep	-0.179***	0.132***	-0.061***	-0.037**	-0.041**	0.001	0.008	0.104***
Lev	-0.690***	0.103***	-0.126***	0.002	-0.028	-0.011	-0.012	0.059***
Index	0.136***	0.033*	0.063***	0.013	0.037*	-0.009	-0.005	0.029
Size	-0.633***	0.258***	-0.153***	-0.012	-0.036*	0.074***	0.061***	0.176***

注：*、**和***分别表示在10%、5%和1%的水平上显著。

由表8-3可知，类掠食型股东生态位宽度（B_1）与被解释变量的自相关系数为负且显著，与前面的假设不符合，两者之间的真正关系需要在后面的基础回归部分进一步验证。优势型股东生态位宽度（B_2）、建群型股东生态位宽度（B_3）与被解释变量公司价值的自相关系数均为正，这在一定程度上验证了前述假设，即股东生态位宽度正向影响公司价值，不过只有优势型股东生态位宽度（B_2）与公司价值的相关系数显著。而类掠食型股东与优势型股东的生态位重叠度（O_{12}）、类掠食型股东与建群型股东的生态位重叠度（O_{13}）、优势型股东与建群型股东的生态位重叠度（O_{23}）与公司价值的自相关系数均为正，这在一定程度上验证了前述假设，即股东生态位重叠度正向影响公司价值，不过只有类掠食型股东与优势型股东的生态位重叠度（O_{12}）与公司价值的相关系数显著。股东生态位自由度（Free）与公司价值的自相关系数显著负相关，两者真正的关系有待后面的多元回归进行验证。其他主要的控制变量如企业成长性（Growth）、独立董事比例（Odir）、声誉机制（Rep）、财务杠杆（Lev）、市场化水平（Index）、企业规模（Size）与公司价值的自相关系数均在1%的水平上显著，说明这些变量能够显著影响公司价值，不过企业成长性（Growth）、独立董事比例（Odir）、市场化水平（Index）这三个变量是显著正向影响公司价值的，其余三个变量声誉机制（Rep）、财务杠杆（Lev）、企业规模（Size）则显著负向影响公司价值，这在一定程度上说明了这些控制变量切实影响被解释变量公司价值，表明本部分控制变量的选取是合适的。此外，表中各控制变量相关系数的绝对值都小于 0.5，说明所选变量多重共线性程度较低。

8.3.2　基准模型回归分析

为了真实了解股东生态位各度量维度及股东生态位宽度、重叠度与自由度对公司价值的影响，本部分通过采用 *OLS* 回归分析股东生态位对公司价值的影响，期望能够为基于生态位理论的股东关系与企业经济后果方面的研究提供进一步的信息，主要步骤：首先，在控制行业和年度的基础上，观察股东的生态位宽度、不同类型股东之间的生态位重叠度对公司价值是否存在影响以及影响的方向和程度；其次，综合考察建立在股东生态位宽度和股东生态位重叠度上的股东生态位自由度对公司价值的影响。股东生态位与公司价值的回归结果见表 8－4。

表 8－4　股东生态位与公司价值的回归结果

代码	(1)	(2)	(3)	(4)	(5)	(6)
B_1	0.424*** (3.790)					
B_2	0.120*** (2.604)					
B_3	0.196** (2.060)					
O_{12}		0.141*** (2.980)				
O_{13}			0.090*** (3.630)			

续表

代码	(1)	(2)	(3)	(4)	(5)	(6)
O_{23}				0.0974*** (3.630)		
Free					0.0837 (0.980)	-1.081*** (-3.600)
$Free^2$						2.065*** (3.900)
Growth	0.325*** (7.360)	0.313*** (7.050)	0.313*** (7.070)	0.313*** (7.070)	0.321*** (7.100)	0.322*** (7.140)
Odir	0.0061*** (3.700)	0.006*** (3.780)	0.006*** (3.820)	0.006*** (3.860)	0.006*** (3.780)	0.007*** (4.010)
Rep	0.141*** (3.240)	0.135*** (3.130)	0.145*** (3.330)	0.147*** (3.370)	0.148*** (3.330)	0.145*** (3.270)
Lev	-1.601*** (-23.350)	-1.628*** (-23.540)	-1.612*** (-23.280)	-1.610*** (-23.200)	-1.631*** (-23.020)	-1.603*** (-22.990)
Index	0.018*** (3.090)	0.020*** (3.540)	0.021*** (3.660)	0.021*** (3.680)	0.022*** (3.800)	0.023*** (4.020)
Size	-0.292*** (-25.620)	-0.282*** (-24.460)	-0.286*** (-24.770)	-0.287*** (-24.710)	-0.286*** (-24.280)	-0.289*** (-25.000)
Cons	7.302*** (29.210)	7.115*** (27.800)	7.302*** (29.200)	7.303*** (29.170)	7.293*** (28.610)	7.472*** (29.480)
Obs	2827	2827	2827	2827	2695	2695
R^2	0.7340	0.7332	0.7337	0.7336	0.7340	0.7360
Adj. R^2	0.731	0.731	0.731	0.731	0.731	0.733
Ind	Control	Control	Control	Control	Control	Control
Year	Control	Control	Control	Control	Control	Control

注：**、***分别表示在5%和1%的水平上显著，表中括号内数字为稳健性 t 统计量。

8.3.2.1 股东生态位宽度与公司价值的检验结果

表8-4中第（1）列列示了各类型股东生态位宽度与公司价值的回归结果。回归结果显示，类掠食型股东、优势型股东、建群型股东生态位宽

度与公司价值的回归系数均为正，并且均在小于等于 5% 的水平上显著，支持假设 H8 -1：股东生态位宽度显著正向影响公司价值。

类掠食型股东生态位宽度与公司价值在 1% 的水平上显著正相关，回归系数为 0.424，说明类掠食型股东生态位宽度每增加 1 单位，公司价值将增加 42.4%；优势型股东生态位宽度与公司价值在 1% 的水平上显著正相关，回归系数为 0.120，说明优势型股东生态位宽度每增加 1 单位，公司价值将增加 12.0%；建群型股东生态位宽度与公司价值在 5% 的水平上显著正相关，回归系数为 0.196，说明建群型股东生态位宽度每增加 1 单位，公司价值将增加 19.6%。同时对比可知，类掠食型股东的生态位宽度对公司价值的正向影响作用最大。这也与我们前面的理论分析相符合，因为类掠食型股东通常是指可能发生掠食行为的公司第一大股东，且处在股权控制链的最顶层，这种天然的独特优势造成了类掠食型股东相比优势型股东和建群型股东而言，其有能力也有机会给公司价值带来更大的影响。

8.3.2.2　股东生态位重叠度与公司价值的检验结果

表 8 -4 中第（2）~（4）列列示了各类型股东种群生态位重叠度与公司价值的回归结果。回归结果显示，类掠食型股东与优势型股东、类掠食型股东与建群型股东、优势型股东与建群型股东的生态位重叠度与公司价值均在 1% 的水平下显著正相关，有力地支持了假设 H8 -2a：股东生态位重叠度显著正向影响公司价值，而假设 H8 -2b：股东生态位重叠度显著负向影响公司价值则未能得到验证。

同时，类掠食型股东与优势型股东、类掠食型股东与建群型股东、优势型股东与建群型股东的生态位重叠度的回归系数分别为 0.141、0.090 和 0.0974，表明类掠食型股东与优势型股东、类掠食型股东与建群型股东、优势型股东与建群型股东的生态位重叠度每增加 1 单位，公司价值将分别增加 14.1%、9.0% 和 9.7%；同时也可以看出，类掠食型股东与优势型股东的生态位重叠度对公司价值的正向影响更大，这与我们前面的理论分析一致。因为类掠食型股东和优势型股东相较于建群型股东在股东生态体系中处于股权控制链的顶端，这两类股东种群具有更大的影响力和控制力，所以两者之间的重叠度越大，竞争越激烈，越能发挥其相互制衡和积极监督管理层的作用，进而带来公司价值的增加。

8.3.2.3 股东生态位自由度与公司价值的检验结果

表8-4第（5）列和第（6）列列示了类掠食型股东、优势型股东和建群型股东生态位自由度与公司价值的回归结果。由第（5）列可知，股东生态位自由度与公司价值的回归系数虽为正但不显著，表明股东生态位自由度与公司价值不存在显著的线性关系；由第（6）列可知，当把股东生态位自由度一次项和二次项一并纳入回归模型中进行OLS回归时，股东生态位自由度一次项和二次项的系数均在1%的水平上显著，且二次项的系数为正，有力地支持了假设H8-3：股东生态位自由度与公司价值之存在显著的“U”形关系。

同时，由第（6）列显示，股东生态位自由度的一次项系数为-1.081，二次项的系数为2.065。经过计算可知，当股东生态位自由度小于0.262时，公司价值会随着股东生态位自由度的增加而降低；当股东生态位自由度大于0.262时，公司价值会随着股东生态位自由度的增加而提升。当股东生态位自由度较低时，意味着股东生态位宽度比较大，而重叠度比较小，这时由股东生态位宽度带来的资源优势效应、信息效应和决策效应发挥着主导作用，显著增加公司价值；随着股东生态位自由度的逐渐降低，股东生态位宽度变小，而重叠度增大，两者都处于中等水平，此时中等水平的生态位宽度无法保障资源优势效应、信息效应和决策效应的充分发挥，而且中等水平的生态位重叠度同样无法保证制衡效应和竞争效应的有效发挥，此时所有对公司价值发挥正向影响作用的效应都在逐渐减弱，进而带来公司价值的下降。当股东生态位自由度超过阈值0.262时，随着其逐渐增大，生态位宽度进一步变小，导致资源优势效应、信息效应和决策效应近于失效，而生态位重叠度进一步增加制衡效应和竞争效应，进而带来公司价值的进一步提升。因此，股东生态位自由度与公司价值之间呈现出显著的“U”形关系。

这里需要特别说明的是，根据前面股东生态位自由度的理论分析及测度模型可知，负的股东生态位自由度属于异常值，游离于正常值范围之外。因此，在进行股东生态位自由度对公司价值的回归分析时，剔除了股东生态位自由度为负值的样本 144 个，保留有效样本 2695 个。

8.4　内生性与稳健性检验

8.4.1　内生性检验

本章虽已验证了股东生态位宽度、重叠度和自由度与公司价值存在的显著关系，但模型可能存在反向因果和遗漏变量的内生性问题。具体来说，公司价值可能对股东生态位宽度、重叠度和自由度产生反向影响。当公司价值越高时，各类型股东可以利用的资源越多样化，股东生态位宽度也就越大。进一步地，各类型股东种群为了各自利益会展开激烈的竞争，进而影响股东生态位重叠度和自由度的大小。同时，本章在模型设置过程中可能存在变量遗漏问题。这些遗漏的变量大多是不会随时间变化的因素，如企业领导人的背景和经营能力等因素，进而导致模型设置的内生性问题。为了克服内生性问题，本章借鉴张耀伟等（2017）[30]和蔡栋梁等（2018）[31]的做法，将滞后一期的解释变量作为工具变量，通过两阶段最小二乘方法进行相应的内生性检验。

首先，本章通过滞后一期股东生态位宽度建立工具变量进行两阶段最小二乘法检验，检验结果见表 8 – 5。其中，第（1）～（3）列是第一阶段检验结果，第（4）列是第二阶段检验结果。由结果可知，第一阶段检验中对应各类型股东的生态位宽度与其滞后一期的系数均呈现显著性较高的正相关关系，t 检验值分别为 45.995、57.129 和 16.737，说明滞后一期股东生态位宽度作为工具变量的解释力度较强。第二阶段检验中股东生态位宽度系数的显著性均与原结果保持一致，说明在排除了内生性问题后，检验结果依然有效。

表8-5 股东生态位宽度与公司价值的内生性检验结果

	B_1	B_2	B_3	ln*TQ*
	(1)	(2)	(3)	(4)
B_{1}_t	0.884*** (45.995)	-0.022 (-0.599)	-0.029* (-1.701)	
B_{2}_t	-0.000 (-0.033)	0.886*** (57.129)	0.003 (0.462)	
B_{3}_t	0.006 (0.552)	0.146*** (3.633)	0.667*** (16.737)	
B_1				0.776*** (4.794)
B_2				0.260*** (3.996)
B_3				0.523*** (2.712)
Growth	-0.003 (-0.915)	-0.011 (-0.962)	0.002 (0.342)	0.314*** (5.314)
Odir	0.000 (0.544)	0.000 (0.147)	-0.000 (-1.299)	0.008*** (3.914)
Rep	-0.000 (-0.042)	-0.001 (-0.088)	0.001 (0.077)	0.171*** (3.138)
Lev	-0.003 (-0.414)	-0.003 (-0.185)	0.003 (0.367)	-1.627*** (-18.326)
Index	0.000 (0.291)	0.002 (1.093)	-0.001 (-0.645)	0.017** (2.371)
Size	0.001 (1.248)	0.002 (0.762)	0.001 (0.336)	-0.307*** (-22.031)
Cons	-0.001 (-0.058)	-0.048 (-0.753)	0.018 (0.459)	7.637*** (24.047)
Industry	*Yes*	*Yes*	*Yes*	*Yes*
Year	*Yes*	*Yes*	*Yes*	*Yes*
N	1768	1768	1768	1768
Adj. R^2	0.835	0.796	0.512	0.738

注：*、**和***分别表示在10%、5%和1%的水平上显著，表中括号内数字为t统计量。

进一步地，本章选取滞后一期股东生态位重叠度变量作为工具变量进行股东生态位重叠度与公司价值的内生性检验，检验结果见表8-6。其中，第（1）列、第（3）列和第（5）列为第一阶段检验结果，第（2）列、第（4）列和第（6）列为第二阶段检验结果。第一阶段结果显示滞后一期变量系数在1%水平上显著为正，工具变量对原变量有较好的解释力度。第二阶段结果显示股东生态位重叠度与公司价值均存在显著的正相关关系，与原结果一致，表明在规避内生性问题后，研究结论仍是成立的。

表8-6 股东生态位重叠度与公司价值的内生性检验结果

	O_{12}	ln*TQ*	O_{23}	ln*TQ*	O_{13}	ln*TQ*
	(1)	(2)	(3)	(4)	(5)	(6)
$O_{12\_}t$	0.790*** (32.810)					
O_{12}		0.163** (2.075)				
$O_{23\_}t$			0.643*** (22.937)			
O_{23}				0.162*** (3.189)		
$O_{13\_}t$					0.626*** (22.943)	
O_{13}						0.167*** (3.413)
Growth	0.012 (1.134)	0.296*** (4.907)	0.012 (0.460)	0.294*** (4.921)	0.022 (0.768)	0.292*** (4.893)
Odir	-0.000 (-0.273)	0.008*** (3.889)	-0.001 (-0.782)	0.008*** (3.879)	-0.001 (-0.937)	0.008*** (3.974)
Rep	0.014 (1.085)	0.165*** (3.041)	0.001 (0.035)	0.179*** (3.231)	-0.016 (-0.494)	0.183*** (3.303)
Lev	0.008 (0.391)	-1.670*** (-18.481)	-0.026 (-0.659)	-1.642*** (-18.161)	-0.053 (-1.287)	-1.634*** (-18.012)
Index	0.001 (0.530)	0.022*** (2.992)	0.000 (0.079)	0.022*** (3.108)	-0.001 (-0.135)	0.023*** (3.151)
Size	-0.000 (-0.021)	-0.292*** (-20.500)	0.009 (1.372)	-0.298*** (-20.679)	0.015** (2.282)	-0.300*** (-20.594)
Cons	0.168** (2.288)	7.428*** (22.587)	-0.082 (-0.580)	7.691*** (23.783)	-0.182 (-1.191)	7.711*** (23.742)

续表

	O_{12}	lnTQ	O_{23}	lnTQ	O_{13}	lnTQ
Industry	Yes	Yes	Yes	Yes	Yes	Yes
Year	Yes	Yes	Yes	Yes	Yes	Yes
N	1768	1768	1768	1768	1768	1768
Adj. R^2	0.610	0.735	0.418	0.737	0.400	0.737

注：**和***分别表示在5%和1%的水平上显著，表中括号内数字为t统计量。

表8－7为滞后一期股东生态位自由度作为工具变量与公司价值内生性检验的结果。其中，第（1）列和第（2）列为第一阶段检验结果，第（3）列为第二阶段检验结果。由第一阶段检验结果来看，股东生态位自由度一次项和二次项的滞后一期变量与原变量在1%水平上显著正相关，说明工具变量的选取是有效和恰当的。第二阶段检验结果显示，股东生态位自由度一次项不显著，二次项与公司价值显著为正相关，二次项检验结果与原结果一致，说明排除内生性问题后，股东生态位自由度和公司价值仍然呈现显著的“U”形关系。

表8－7　股东生态位自由度与公司价值的内生性检验结果

	Free	$Free^2$	lnTQ
	(1)	(2)	(3)
Free_ t	0.754*** (19.663)	0.057*** (3.838)	
$Free^2$_ t	0.153** (2.138)	0.689*** (18.797)	
Free			-0.257 (-1.087)
$Free^2$			1.028** (1.978)
Growth	-0.008 (-1.200)	-0.007** (-2.347)	0.312*** (5.248)
Odir	0.000 (1.081)	-0.000 (-0.772)	0.008*** (3.940)

续表

	Free	*Free*^{2}	ln*TQ*
Rep	-0.003 (-0.333)	-0.001 (-0.261)	0.177*** (3.256)
Lev	-0.009 (-0.741)	-0.008 (-1.180)	-1.650*** (-18.527)
Index	0.001 (1.030)	0.000 (0.384)	0.021*** (2.913)
Size	0.003 (1.513)	0.002** (2.152)	-0.301*** (-21.624)
Cons	-0.037 (-0.799)	-0.028 (-1.315)	7.743*** (24.571)
Industry	*Yes*	*Yes*	*Yes*
Year	*Yes*	*Yes*	*Yes*
N	1768	1768	1768
Adj. R^2	0.712	0.703	0.736

注：** 和 *** 分别表示在 5% 和 1% 的水平上显著，表中括号内数字为稳健性 t 统计量。

8.4.2　稳健性检验

为保证本部分基准模型回归结论的一致性和稳定性，在进行基础回归时加入了 robust 选项以修正异方差问题，从而使结果更稳健。同时，从因变量出发改变公司价值的计算方法，以得到新的公司价值数据，记为 $\ln TQ'$，模型（8-3）是基准回归模型里公司价值 $\ln TQ$ 的计算方法，而模型（8-4）是稳健性检验下公司价值 $\ln TQ'$ 的计算方法。

$$\ln TQ = \ln \frac{\text{市值}A}{\text{资产总计}} = $$

$$\ln \frac{A\text{股} \times \text{今收盘价}A\text{股当期值} + \text{境内上市的外资}B\text{股} \times \text{今收盘价}}{\text{资产总计}} \tag{8-3}$$

$$\ln TQ' = \ln \frac{\text{市值}A}{\text{资产总计}} = $$

$$\ln\frac{(总股本-境内上市的外资B股)\times今收盘价A股当期值+境内上市的外资B股\times今收盘价}{资产总计}\tag{8-4}$$

把 ln*TQ*′代入基准回归模型中进行稳健性检验，检验结果见表 8－8。由表 8－8 可知，股东生态位各维度与公司价值 ln*TQ*′的回归系数与前面的基准回归模型的回归系数的方向和显著性完全一致，表明基准回归结果具有较好的稳健性，因此本部分研究结论具有可靠性。

表 8－8　股东生态位与公司价值的稳健性检验

代码	(1)	(2)	(3)	(4)	(5)	(6)
B_1	0.320*** (3.890)					
B_2	0.107*** (3.070)					
B_3	0.125* (1.720)					
O_{12}		0.099*** (2.730)				
O_{13}			0.056*** (2.930)			
O_{23}				0.055*** (2.760)		
Free					0.037 (0.580)	−0.721*** (−3.170)
$Free^2$						1.343*** (0.396)
Growth	0.256*** (8.090)	0.247*** (7.810)	0.248*** (7.820)	0.248*** (7.840)	0.250*** (7.700)	0.250*** (7.740)
Odir	0.006*** (4.520)	0.006*** (4.600)	0.006*** (4.670)	0.006*** (4.620)	0.006*** (4.600)	0.006*** (4.810)
Rep	0.0957*** (3.140)	0.0919*** (3.050)	0.100*** (3.280)	0.099*** (3.240)	0.099*** (3.190)	0.097*** (3.120)

续表

代码	(1)	(2)	(3)	(4)	(5)	(6)
Lev	-0.630***	-0.651***	-0.640***	-0.642***	-0.649***	-0.630***
	(-12.740)	(-13.110)	(-12.840)	(-12.910)	(-12.780)	(-12.620)
Index	0.006	0.008*	0.009**	0.009**	0.009**	0.010**
	(1.7400)	(1.920)	(2.040)	(2.020)	(2.120)	(2.300)
Size	-0.196***	-0.190***	-0.193***	-0.192***	-0.192***	-0.194***
	(-24.290)	(-23.200)	(-23.470)	(-23.480)	(-23.080)	(-23.720)
Cons	5.140***	5.018***	5.147***	5.145***	5.127***	5.243***
	(28.650)	(27.270)	(28.750)	(28.750)	(28.290)	(28.910)
Obs	2827	2827	2827	2827	2695	2695
R^2	0.638	0.636	0.637	0.636	0.637	0.639
Adj. R^2	0.634	0.633	0.633	0.633	0.633	0.635
Ind	*Control*	*Control*	*Control*	*Control*	*Control*	*Control*
Year	*Control*	*Control*	*Control*	*Control*	*Control*	*Control*

注：*、**和***分别表示在10%、5%和1%的水平上显著，表中括号内数字为稳健性 t 统计量。

8.5 进一步分析

8.5.1 门槛效应检验

Hansen（1999）[29]提出的门槛回归模型基于面板数据的需要，本研究在进行门槛效应检验时，把原来的研究样本转换为平衡面板数据，最后得到了2010—2015年137家公司共822个观测值的子样本。在此基础上进行1000次的自主抽样模拟似然比检验统计量、临界值以及所对应的 P 值。根据 P 值确定模型是否存在至少一个门槛值，然后依次确定是否存在第二个、第三个甚至更多的门槛值，直到所得到的门槛效应不再显著为止。在完成对门槛效应的检验之后，继续对门槛的估计值进行识别，并对门槛估计值的显著性进行检验。由于门槛效应对面板数据的要求比较严格，B_3、O_{13}、O_{23}无法通过门槛效应检验，所以仅对 B_1、B_2、O_{12}和 *Free* 进行门槛效应检验。

我们以法制化水平为门槛变量进行门槛效应检验，进行1000次自抽样的检验结果见表8－9。由表8－9可知，在类掠食型股东生态位宽度对公司价值的门槛效应检验中，单门槛效应检验的P值为0.086，说明在10%的显著性水平上存在单门槛效应，但双重门槛检验的P值为0.253，说明不存在双重门槛效应；在优势型股东生态位宽度对公司价值的门槛效应检验中，单门槛效应检验的P值为0.045，说明在5%的显著性水平上存在单门槛效应，但双重门槛检验的P值为0.254，说明不存在双重门槛效应；在类掠食型与优势型股东的生态位重叠度对公司价值的门槛效应检验中，单门槛效应检验的P值为0.036，说明在5%的显著性水平上存在单门槛效应，但双重门槛检验的P值为0.261，说明不存在双重门槛效应；在股东生态位自由度对公司价值的门槛效应检验中，单门槛效应检验的P值为0.137，说明不存在单门槛效应，因此门槛效应检验停止，即股东生态位自由度对公司价值的影响不随门槛变量法制化水平取值范围的不同而有所不同，可能因为股东生态位自由度在一定程度上反映了股东生态系统中股东关系的整体性情况，受外部法律制度环境的影响较小。

表8－9　门槛效应自抽样检验

核心解释变量	模型	F值	P值	BS次数	临界值		
					1%	5%	10%
B_1	单门槛	29.690	0.086	1000	54.788	36.832	27.306
	双重门槛	24.910	0.253	1000	153.373	127.317	111.710
B_2	单门槛	32.460	0.045	1000	53.916	30.333	21.897
	双重门槛	24.020	0.254	1000	157.820	130.433	115.928
O_{12}	单门槛	40.630	0.036	1000	53.489	37.001	29.292
	双重门槛	38.990	0.261	1000	182.196	162.032	138.923
Free	单门槛	27.990	0.137	1000	51.791	38.136	31.611

由表8－10可知，门槛值的统一取值为16.190，且均在95%的置信区间内。似然比函数图可以直观地解释门槛值的估计和置信区间的构造过程。本部分的门槛值均值为16.190（见图8－1～图8－3）。图中实线对应

的纵坐标轴数值为 7. 352，表示所有似然比检验统计量 LR 达到 5% 的显著性水平上的临界值。由图 8 – 1 ~ 图 8 – 3 可知，类掠食型股东生态位宽度、优势型股东生态位宽度以及类掠食型股东与优势型股东生态位的重叠度的门槛估计值（此处为 16. 190）都落在 95% 的置信区间内。由此可进一步验证，这里所得到的门槛估计值是真实有效的。

表 8 – 10　门槛值及置信区间

核心解释变量	模型	门槛值	95% 置信区间
B_1	单一门槛	16. 190	[16. 050 ，16. 555]
B_2	单一门槛	16. 190	[16. 120 ，16. 555]
O_{12}	单一门槛	16. 190	[16. 050 ，16. 555]

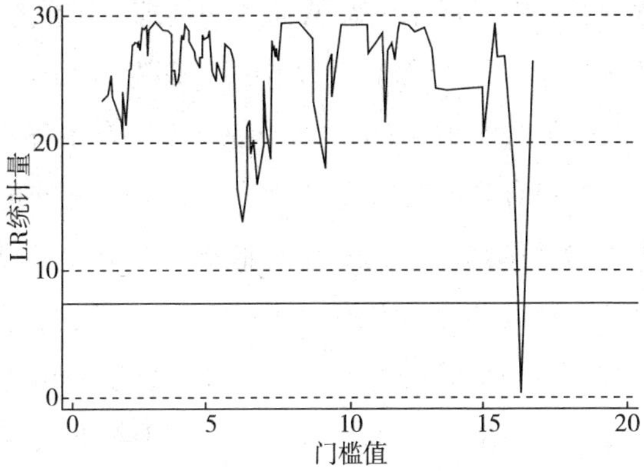

图 8 – 1　股东生态位宽度 B_1 模型门槛估计值的似然比函数

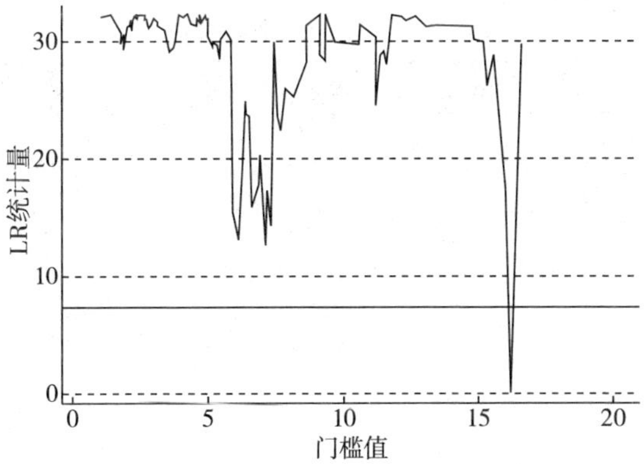

图 8 – 2　股东生态位宽度 B_2 模型门槛估计值的似然比函数

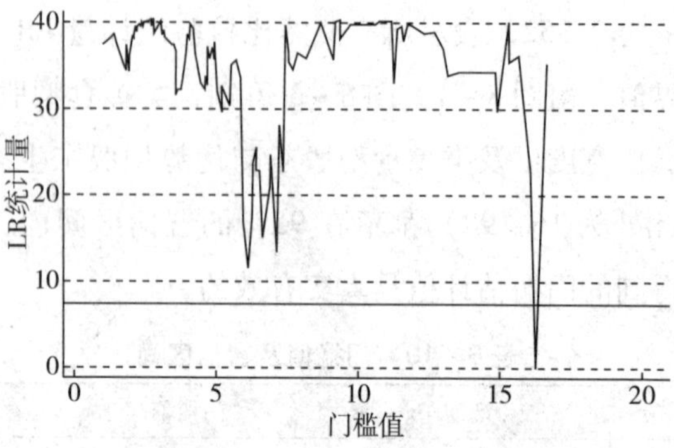

图 8－3　股东生态位重叠度 O_{12} 模型门槛估计值的似然比函数

结合表 8－11 可知，当法制化水平的取值小于等于 16.190 时，类掠食型股东生态位宽度、优势型股东生态位宽度和类掠食型股东与优势型股东的生态位重叠度对公司价值均无显著性作用，即对公司价值无任何作用；而当法制化水平的取值大于 16.190 时，类掠食型股东生态位宽度、优势型股东生态位宽度和类掠食型股东与优势型股东的生态位重叠度对公司价值的回归系数均为正向且显著，说明三者均能显著提升公司价值。这就意味着，只有当外部法律制度环境的完善达到一定水平，能够保障各类型股东种群自身的利益时，各类型股东群体才会积极投身于公司战略定位等各项重大决策中，发挥各自的资源和能力优势，以尽力提升公司价值；当企业所处的法制化水平较低，无法保障各类型股东的利益时，他们会缺乏动力参与公司治理，因此就起不到对公司价值的提升作用。

表 8－11　门槛回归结果

变量	模型 1	模型 2	模型 3
B_{1-0}	－0.566 (－1.490)		
B_{1-1}	0.827* (1.740)		
B_{2-0}		0.081 (0.560)	

续表

变量	模型 1	模型 2	模型 3
B_{2-1}		0.937*** (4.210)	
O_{12-0}			-0.011 (-0.080)
O_{12-1}			0.511*** (3.290)
R^2	0.166	0.166	0.174
N	822	822	822

注：*和***分别表示在10%和1%的水平上显著，表中括号内数字为稳健性 t 统计量。

8.5.2 中介效应检验

在本章的影响机制与研究假设部分，我们就股东生态位对公司价值产生影响的机制进行了分析和阐述。从中可以看出，在股东生态位对公司价值产生影响过程中，公司治理中的代理问题占了很大的比重。为了从实证检验代理问题在股东生态位影响公司价值的过程中是否起到了传导作用，本部分拟借助中介效应模型进行检验。中介效应模型表明，如果将解释变量 X 对被解释变量 Y 的影响进行分解，不仅含有 X 对 Y 的直接影响，还包含通过中间变量 M 对 Y 产生的间接影响，那么 M 就是中介变量，即中介变量是解释变量对被解释变量发生间接作用的内部传导媒介。结合本章的分析，中介效应模型中解释变量 X 为股东生态位，中介变量 M 为代理成本，被解释变量 Y 为公司价值。中介效应的检验程序为，首先构造解释变量股东生态位 X 对被解释变量公司价值 Y 的回归方程一，检验 X 的系数是否显著，若不显著则表明两者之间没有稳定关系，中介效应也就无从谈起。若回归系数显著，则进行第二步检验，即构建解释变量股东生态位 X 对中介变量代理成本 M 的回归方程二，以及解释变量股东生态位 X 和中介变量代理成本 M 对被解释变量公司价值 Y 的回归方程三，检验中介效应是否存在。如果方程二和方程三中股东生态位 X 的系数均显著，且方程三中

中介变量代理成本 M 的系数显著，则为部分中介效应；如果方程二中股东生态位 X 的系数显著，方程三中代理成本 M 的系数显著但股东生态位 X 的系数不显著，则为完全中介效应。具体关系如图 8-4 所示。

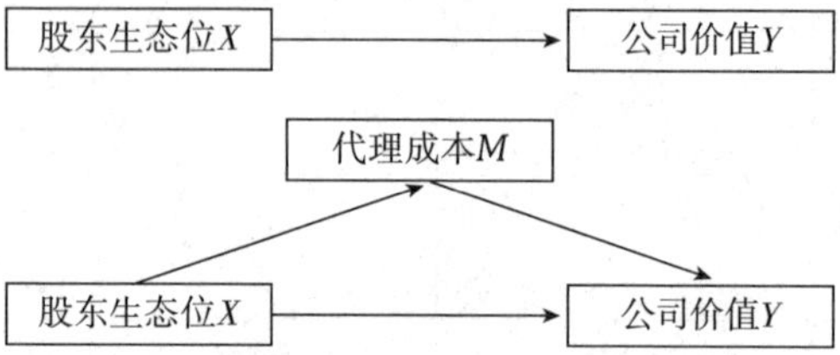

图 8-4　股东生态位 X、代理成本 M 与公司价值 Y 的中介效应传导路径

根据上述分析，构建模型（8-5）和模型（8-6）检验代理成本的中介效应。

$$Agenc = \varphi_0 + \varphi_1 Niche + \sum Control + \delta \tag{8-5}$$

$$\ln TQ = \gamma_0 + \gamma_1 Niche + \gamma_2 Agenc + \sum Control + \mu \tag{8-6}$$

式中，*Niche* 为股东生态位各维度；ln*TQ* 为公司价值；*Agenc* 为中介变量代理成本，控制变量（*Control*）在借鉴前人研究的基础上，涵盖了公司治理类变量［如独立董事比例（*Odir*）、声誉机制（*Rep*）、高管薪酬（*Excp*）］、公司自身变量［企业成长性（*Growth*）、财务杠杆（*Lev*）、企业规模（*Size*）、公司产权性质（*Gov*）、上市年限（*Age*）和流动比率（*Mov*）］和外部环境变量［市场化水平（*Index*）］。

其中，代理成本（*Agenc*）参照 ANG 等（2000）[32]、戴亦一等（2016）[33]、胡茜茜等（2018）[34]的研究，选取总资产周转率作为第 1 类代理成本的代理变量，以反映管理层对资产的利用能力和投资决策能力。由于管理层与股东利益的不一致，会存在偷懒、怠工、闲暇等机会主义行为或决策错误，因此该指标体现了因管理层对资产的低效率利用而引致的第一类代理成本。总资产周转率越低，股东与管理层之间的代理成本越高。

解释变量股东生态位 X 对被解释变量公司价值 Y 的回归结果，即模型

(8－1) 的结果，在前面基准回归中已经完成，由表 8－4 可知各类型股东生态位宽度、重叠度和自由度的平方均对公司价值显著正向影响，相当于上文中提到的模型 1 得证。接下来，只需要验证模型 (8－5) 和模型 (8－6) 即可，具体的回归结果见表 8－12 ~ 表 8－14。

由表 8－12 中的模型 1 可知，类掠食型股东生态位宽度 B_1、优势型股东生态位宽度 B_2 和建群型股东生态位宽度 B_3 对代理成本的回归系数分别为 0.620、0.067 和 0.326，且均具有统计上的显著性。这一实证结果表明，各类型股东种群的生态位宽度越大，占有的资源越多样化，越有能力和动力参与公司治理，监督管理层经营公司，做出正确的决策，进而降低了第一类代理成本，即股东和管理层之间的代理问题得到一定程度的缓和，因此这一结果符合预期的经济意义。从中介效应的角度来看，意味着被解释变量股东生态位 X 对中介变量代理成本 M 的回归系数显著，模型 2 得证。从模型 2 可知，代理成本会负向显著影响公司价值，而各股东生态位宽度 B_1、B_2 和 B_3 显著正向影响公司价值，符合实际的经济意义，从统计上表明解释变量股东生态位和中介变量代理成本，对被解释变量公司价值的回归系数均显著，说明中介变量代理成本在股东生态位宽度对公司价值的影响过程中起着部分中介作用。

表 8－12　代理成本对股东生态位宽度与公司价值的中介效应检验

变量名称	代码	模型 1	模型 2
		Agenc	ln*TQa*
代理成本	*Agenc*		0.076 *** (3.150)
类掠食型股东生态位宽度	B_1	0.620 *** (6.827)	0.455 *** (4.014)
优势型股东生态位宽度	B_2	0.067 * (1.924)	0.087 * (1.857)
建群型股东生态位宽度	B_3	0.326 *** (3.797)	0.169 * (1.689)

续表

变量名称	代码	模型1	模型2
		Agenc	ln*TQa*
企业成长性	*Growth*	-0.162*** (-6.883)	0.335*** (7.601)
独立董事比例	*Odir*	-0.002 (-1.346)	0.007*** (4.099)
声誉机制	*Rep*	0.102*** (2.843)	0.144*** (3.183)
财务杠杆	*Lev*	0.217*** (3.160)	-1.530*** (-17.90)
市场化水平	*Index*	0.008 (1.645)	0.002 (0.328)
企业规模	*Size*	-0.030*** (-3.238)	-0.317*** (-26.00)
高管薪酬	*Excp*	0.103*** (8.158)	0.103*** (6.255)
公司产权性质	*Gov*	0.003 (0.151)	-0.124*** (-5.196)
上市年限	*Age*	-0.000 (-0.191)	0.002 (1.092)
流动比率	*Mov*	-0.028*** (-5.420)	0.005 (0.751)
常数项	*Constant*	-0.386* (-1.829)	6.522*** (23.390)
样本量	*Observations*	2827	2827
R^2	R^2	0.317	0.741
行业	Ind	*Control*	*Control*
年度	Year	*Control*	*Control*

注：*和***分别表示在10%和1%的水平上显著，表中括号内数字为稳健性 t 统计量。

代理成本对股东生态位重叠度与公司价值的中介效应实证检验结果见表8-13。与表8-12的分析过程同理，表8-13中模型1、模型3和模型

5 的实证检验结果表明，各股东生态位重叠度均负向显著影响代理成本，即随着各类型股东重叠度的增大带来各类型股东种群间的激烈竞争，进而抑制代理问题，带来代理成本的下降，与前文的影响机制分析一致。表 8 – 13 中模型 2、模型 4 和模型 6 的实证检验结果表明，代理成本会显著负向影响公司价值，而各类型股东生态位重叠度会显著正向影响公司价值，因此根据中介效应理论，表明中介变量代理成本在股东生态位重叠度与公司价值之间起部分中介作用。

表 8 – 13　代理成本对股东生态位重叠度与公司价值的中介效应检验

代码	模型 1	模型 2	模型 3	模型 4	模型 5	模型 6
	Agenc	ln*TQa*	*Agenc*	ln*TQa*	*Agenc*	ln*TQa*
Agenc		0. 088 ***		0. 087 ***		– 0. 088 ***
		(3. 725)		(3. 719)		(– 3. 718)
O_{12}	0. 067 *	0. 132 ***				
	(1. 725)	(2. 751)				
O_{23}			0. 0490 **	0. 073 ***		
			(2. 408)	(2. 773)		
O_{13}					0. 046 **	0. 066 ***
					(2. 307)	(2. 692)
Growth	– 0. 174 ***	0. 324 ***	– 0. 174 ***	0. 324 ***	– 0. 174 ***	0. 325 ***
	(– 7. 325)	(7. 330)	(– 7. 351)	(7. 326)	(– 7. 345)	(7. 335)
Odir	– 0. 002	0. 007 ***	– 0. 002	0. 007 ***	– 0. 002	0. 007 ***
	(– 1. 155)	(4. 300)	(– 1. 126)	(4. 298)	(– 1. 098)	(4. 338)
Rep	0. 090 ***	0. 136 ***	0. 101 ***	0. 144 ***	0. 102 ***	0. 146 ***
	(2. 644)	(3. 046)	(2. 754)	(3. 204)	(2. 779)	(3. 229)
Lev	0. 177 **	– 1. 560 ***	0. 182 ***	– 1. 552 ***	0. 182 ***	– 1. 553 ***
	(2. 563)	(– 18. 08)	(2. 652)	(– 17. 96)	(2. 656)	(– 17. 95)
Index	0. 013 **	0. 005	0. 013 ***	0. 005	0. 013 ***	0. 005
	(2. 576)	(0. 829)	(2. 651)	(0. 919)	(2. 665)	(0. 928)
Size	– 0. 015 *	– 0. 305 ***	– 0. 016 *	– 0. 307 ***	– 0. 017 *	– 0. 308 ***
	(– 1. 649)	(– 24. 70)	(– 1. 783)	(– 24. 830)	(– 1. 830)	(– 24. 820)

续表

代码	模型 1	模型 2	模型 3	模型 4	模型 5	模型 6
	Agenc	ln*TQa*	*Agenc*	ln*TQa*	*Agenc*	ln*TQa*
Excp	0. 100 ***	0. 097 ***	0. 098 ***	0. 094 ***	0. 098 ***	0. 095 ***
	(7. 907)	(5. 904)	(7. 681)	(5. 722)	(7. 707)	(5. 760)
Gov	0. 027	-0. 111 ***	0. 028	-0. 109 ***	0. 028	-0. 109 ***
	(1. 254)	(-4. 861)	(1. 341)	(-4. 752)	(1. 342)	(-4. 757)
Age	-0. 002	0. 001	-0. 002	0. 001	-0. 002	0. 001
	(-1. 113)	(0. 706)	(-1. 341)	(0. 413)	(-1. 294)	(0. 462)
Mov	-0. 029 ***	0. 006	-0. 029 ***	0. 005	-0. 029 ***	0. 005
	(-5. 589)	(0. 794)	(-5. 666)	(0. 704)	(-5. 704)	(0. 667)
Constant	-0. 561 ***	6. 345 ***	-0. 459 **	6. 528 ***	-0. 459 **	6. 526 ***
	(-2. 609)	(22. 410)	(-2. 203)	(23. 260)	(-2. 201)	(23. 190)
Observations	2827	2827	2827	2827	2827	2827
R^2	0. 301	0. 740	0. 302	0. 740	0. 302	0. 740
Ind	*Control*	*Control*	*Control*	*Control*	*Control*	*Control*
Year	*Control*	*Control*	*Control*	*Control*	*Control*	*Control*

注：*、**和***分别表示在10%、5%和1%的水平上显著，表中括号内数字为稳健性 t 统计量。

代理成本对股东生态位自由度与公司价值的中介效应实证检验结果见表8-14。与上面的分析过程同理，表8-14中模型1的实证检验结果表明，股东生态位自由度对代理成本的影响不显著，而股东生态位自由度的二次项显著负向影响代理成本，即股东生态位自由度与代理成本存在显著的倒“U”形关系。表8-14中模型2的实证检验结果表明，代理成本会显著负向影响公司价值，而股东生态位自由度的二次项显著正向影响公司价值，因此根据中介效应理论，表明中介变量代理成本在股东生态位重叠度与公司价值之间也起到部分中介的作用。

表 8-14　代理成本对股东生态位自由度与公司价值的中介效应检验

代码	模型 1	模型 2
	Agenc	ln*TQa*
Agenc		0.084*** (3.496)
Free	-0.051 (-0.538)	-0.107 (-0.978)
$Free^2$	0.679*** (3.187)	0.590** (2.320)
Growth	-0.161*** (-6.890)	0.334*** (7.604)
Odir	-0.002 (-1.237)	0.007*** (4.222)
Rep	0.099*** (2.737)	0.143*** (3.178)
Lev	0.197*** (2.849)	-1.546*** (-18.040)
Index	0.010** (2.114)	0.004 (0.613)
Size	-0.025*** (-2.616)	-0.312*** (-25.480)
Excp	0.105*** (8.281)	0.102*** (6.175)
Gov	0.012 (0.572)	-0.121*** (-5.243)
Age	-0.001 (-0.878)	0.001 (0.672)
Mov	-0.028*** (-5.582)	0.005 (0.725)
Constant	-0.391* (-1.829)	6.551*** (23.560)
Observations	2827	2827
R^2	0.307	0.740

续表

代码	模型 1	模型 2
	Agenc	ln*TQa*
Ind	*Control*	*Control*
Year	*Control*	*Control*

注：*、**和***分别表示在10%、5%和1%的水平上显著，表中括号内数字为稳健性t统计量。

综合来看，在股东生态位影响公司价值的过程中，第一类代理成本起到了部分中介作用，即股东生态位对公司价值的影响是部分通过抑制第一类代理成本实现的，跟本章第一部分的股东生态位对公司价值的影响机制分析相吻合。该实证结论既具有统计学的意义，也具有经济学的意义。

8.6　本章小结

本章利用2010—2015年沪深*A*股上市公司的股东相关数据构建出股东生态位宽度、股东生态位重叠度和股东生态位自由度，以此作为股东生态位的代理变量，以托宾*Q*值的自然对数作为公司价值的代理变量，研究股东生态位的经济后果，且研究结果如下。

（1）股东生态位宽度与公司价值存在显著的正相关关系。随着股东生态位宽度的扩大，意味着各类型股东种群可以利用资源的多样化程度越来越高。一方面，可以占有更多的资源形成资源优势，进而积极主动地参与企业活动，以提升公司价值；另一方面，可以掌握更多的信息资源，以减少信息不对称程度，进而在一定程度上解决代理问题。同时，还可以增强对企业的了解和判断水平，进而提高决策的准确程度。在这些作用的影响下，带来公司价值的提升。

（2）股东生态位重叠度与公司价值存在显著的正相关关系。当两个股东种群的生态位重叠度增大时，两个股东种群之间面临着资源争夺和激烈竞争。一方面，在异质性股东理论指引下，建群型股东和优势型股东会为了自身的利益，有强烈的动机对类掠食型股东进行监督和制衡；另一方面，在激烈竞争的情况下，股东间的激烈竞争使各类型股东群体的偷懒行为容易被竞争对手发现，或者会促使各类型股东群体参与公司治理。同时，激烈的竞争向社会传递了一种积极的信号。这些因素的综合作用，带来公司价值的提升。

（3）股东生态位自由度与公司价值存在显著的“U”形关系，临界点在0.262。当股东生态位自由度小于该临界点时，公司价值随着股东生态位自由度的增大而减小，体现出不同类型股东间的利益侵占效应；当股东生态位自由度超过该临界点时，公司价值随着股东生态位自由度的增大而提升，体现出不同类型股东间的利益协同效应。

（4）本章基准回归虽然验证了股东生态位宽度、重叠度和自由度等对公司价值的影响，但无法排除反向因果、遗漏变量、模型设定等内生性问题。为了缓解内生性问题可能导致的回归偏误，本章将滞后一期的解释变量作为工具变量，通过两阶段最小二乘方法进行相应的内生性检验，检验结果与原结果保持一致，即在规避内生性问题后，研究结论仍然成立。此外，为了进一步提高研究结论的可靠性，本章从因变量出发，改变公司价值的计算方法以得到新的公司价值数据作为代理变量，代入基准回归模型重新进行回归。研究发现，变量间的回归系数符号和显著性均未发生变化，说明上述研究结论是稳健的。

（5）在进一步分析中，为了进一步验证外部环境法制化水平的门槛效应以及代理成本对股东生态位与公司价值的中介效应，分别进行了门槛效应检验和中介效应检验。门槛效应检验结果表明：随着外部法制环境的完善，当达到一定水平、能够保障各类型股东种群自身的利益时，各类型股东群体才会积极投身于公司战略定位等各项重大决策中，发挥各自的资源和能力优势，成为股东积极主义者，尽力提升公司价值；否则就无法发挥各类型股东种群自身应有的责任和作用。这在一定程度上表明了，外部环境法制化水平对各类型股东种群自身作用的发挥有着重要影响。中介效应检验结果表明，代理成本对各类型股东生态位与公司价值的关系均起到部分中介作用，在一定程度上验证了前文的影响机制分析。

第 9 章　对盈余管理影响的实证研究

9.1　影响机制和研究假设

在股东生态系统中，不同类型股东的生态位各不相同。其中，股东种群的数量、持股比例等股东生态位的"态"维度指标，比较容易被发现和识别；而与其相应的监督控制权（如通过委派董事、监事和高级管理人员实现对公司的监督和控制）等股东生态位的"势"维度指标，则需要通过挖掘数据来获取。传统的公司治理研究并没有将股权数量、股东关系和隐形控制权安排等内容结合起来分析，故所得结果存在一定的局限性。股东生态位的存在可以在一定程度上修正公司的控制权配置，进而影响董事会的监督和决策职能，并通过会计盈余的信息质量得以体现。因此，盈余管理是研究股东生态位经济后果的可行方向。

越来越多的证据表明，管理层对会计盈余数据的干预不只存在于财务呈报阶段，也可能存在于实际经营决策中，且调整价格和产量等的真实盈余管理比应计盈余管理更具迷惑性和隐蔽性（*Graham*，*Harvey*，*and Rajgopal*，2005）[35]。同时，随着利益相关者对盈余管理行为的关注，审计和诉讼风险不断加剧，会计政策不断从紧，管理者开始逐渐通过构建真实的经济交易事项实施真实活动盈余管理以达到特定的目的（*Cohen and Lys*，2008[36]；刘亭立、杨理嘉、王志华，2016[37]）。可以看出，与应计盈余管理相比，真实盈余管理更能体现股东生态位的治理效应。因此，本研究引入生态位理论，聚焦股东生态位对真实盈余管理可能产生的影响，具有一定的研究意义。同时，考虑到从属型股东和伴生型股东是由大量的中小股东构成的，而中小股东的相应数据较难收集，故本章仅探讨类掠食型股东、优势型股东和建群型股东及其相互的生态位宽度、生态位重叠度及生态位自由度对真实盈余管理的影响。

9.1.1　股东生态位宽度对真实盈余管理的影响

股东生态位宽度可以反映不同类型股东种群可利用资源的多样化程度，股东种群层级结构的改变使相应的信息和控制权等资源配置发生变化。随着会计准则的日趋完善和监管力度的不断加强，类掠食型股东在亲缘选择理论中利他行为的驱动下，在维护自身利益最大化的前提下，会倾向于将部分剩余控制权下放给与之存在亲缘关系或者类亲缘关系的优势型股东。这就改变了传统的股东种群层级结构，使其呈现出类掠食型股东、优势型股东及建群型股东等多层级结构。

首先，在股权集中或相对集中的情况下，类掠食型股东凭借其股权优势拥有超额的剩余控制权（周瑜胜、宋光辉，2014）[38]。因此，类掠食型股东的生态位宽度越大，其通过盈余管理获得超额控制权私利的动机越强（柳建华、魏明海、郑国坚，2008）[39]。而且，随着会计准则的日趋完善和监管力度的不断加强，相较于容易被发现的应计盈余操纵方式，类掠食型股东更倾向于通过较为隐蔽的真实盈余操纵方式来获取更多的私有收益，侵占和掠夺其他股东的利益。

其次，凭借与类掠食型股东的亲缘关系或类亲缘关系，优势型股东在关系资源方向的生态位得以拓展。生态位宽度的拓展使优势型股东可以获取稀缺信息资源（杨松令、董香兰、刘亭立，2016）[40]，以及类掠食型股东下放的部分股东大会表决权和“董监高”话语权等控制权资源。优势型股东与类掠食型股东的亲缘或类亲缘关系，使互惠成为利益博弈过程中社会关系得以维系的基础（杨松令、董香兰、刘亭立，2015）[41,42]。这在某种程度上有利于修正公司控制权的配置，牵制或者抑制类掠食型股东牟取私有收益的相关决策的达成或方案的通过（王福胜、吉姗姗、程富，2014）[43]，进而影响盈余管理程度。

此外，建群型股东与类掠食型股东之间没有直接的信息传递通道。由于信息传递过程中存在干扰，与优势型股东相比，建群型股东与类掠食型股东之间存在严重的信息不对称情况。因此，建群型股东对各种资源的利用程度较低，很难及时识别盈余操纵行为，反而倾向于“搭便车”等投机性行为。基于此，本章提出如下假设。

假设 *H*9 - 1：股东生态位宽度与真实盈余管理存在相关关系，但不同类型股东的生态位宽度与真实盈余管理的相关关系并不相同，需要实证检验。

9.1.2 股东生态位重叠度对真实盈余管理的影响

股东生态位重叠度是指不同类型股东种群在资源利用方面的相似程度，既包括“态”维度指标（如股权资源、股权关联情况等）的相似程度，又包括“势”维度指标（如公司影响力等）的相似程度。在股东生态系统中，不同类型股东种群的生态位重叠度越大，利用资源的相似程度就越大，发生激烈竞争的可能性也相应越大。在激烈的竞争中，股东生态系统中的生态位置会发生改变，原有的股东层级结构会遭到破坏，类掠食型股东会更倾向于加强对公司经营的控制和对控制权私利的获取，而优势型股东与建群型股东在竞争过程中的内耗会使其放松对类掠食型股东的监督行为，使代表类掠食型股东利益的管理者有机可乘，从而采取各种方式进行盈余操纵，进而影响真实盈余管理程度。基于此，本章提出如下假设。

假设 *H*9 - 2：股东生态位重叠度与真实盈余管理程度存在正相关关系，即不同类型股东种群的重叠度越高，真实盈余管理的程度就相应越大。

9.1.3 股东生态位自由度对真实盈余管理的影响

自由的股东生态位是指不同类型的股东占据着与自身相匹配的生态位置，且与其他类型股东的生态位重叠度适中，股东生态系统中不同类型股东之间的生态关系处于良性循环的状态。因此，股东生态位自由度是生态位宽度和生态位重叠度的综合体现。

当股东生态位自由度较低时，表明各类型股东的生态位宽度之和较小，或者相互之间的股东生态位重叠度较高，这样发生竞争的可能性较大，盈余管理的程度也相应较大。当股东生态位自由度较高时，类掠食型股东逐渐展露出“主宰者”的角色，占据绝对的生态位优势，具有强烈的盈余操纵动机以侵占其他类型股东的利益。而且，随着股东生态位自由度的提升，优势型股东和建群型股东的生态位重叠度逐渐减少，加剧了股东之间信息不对称的程度，使其很难有效监督类掠食型股东的利益侵占行为。在股东生态位自由度适中的情况下，优势型股东和建群型股东会通过积极监督和管理公司事务，抑制通过盈余操纵掩盖获取私有收益的行为，实现不同类型股东的互惠共生和协同进化。基于此，本章提出如下假设。

假设 *H*9 -3：股东生态位自由度与真实盈余管理程度存在“*U*”形关系，当股东生态位自由度较高和较低时，生态位自由度越高，真实盈余管理程度越大；而当股东生态位自由度适中时，生态位自由度越高，真实盈余管理程度越小。

9.2 研究设计

9.2.1 样本选择与数据来源

为了规避2007年新会计准则的实施等政策变化和2008—2009年国际金融危机的影响，本章将2010—2015年我国*A*股上市公司选为研究对象，并按照以下标准进行筛选：①考虑到金融类公司的资产负债表结构存在特殊性，本章按照2012年中国证监会行业分类标准，剔除金融类上市公司；②剔除样本期间被*ST*等特殊处理过的上市公司；③当年真实盈余管理的估计需要用到前两年的营业总收入，因而从*IPO*第三年开始选取样本；④剔除变量数据缺失的上市公司；⑤为了消除极端值对数据分析结果的影响，对所有的连续性变量进行了1%和99%分位的*Winsorize*缩尾处理。最终获得2839个样本。本章的研究数据来自上市公司年报、国泰安数据库

（*CSMAR*）、中国经济金融数据库（*CCER*）和万德数据库（*Wind*），借助 *Stata*12.0 软件对数据进行处理分析。

9.2.2 模型设计

本章借鉴袁知柱等（2014）[44,45]，*Achleitner* 等（2014）[46]和 *Doukakis*（2014）[47]的方法，构建以下多元线性回归模型来检验股东生态位对真实盈余管理的影响。

$$RM = \alpha_0 + \alpha_1 B_i + \alpha_2 Odir + \alpha_3 Excp + \alpha_4 Gov + \alpha_5 Rep + \alpha_6 Turn + \alpha_7 DA + \alpha_8 Ind + \alpha_9 Year + \varepsilon \quad (9-1)$$

$$RM = \alpha_0 + \alpha_1 O_{ij} + \alpha_2 Odir + \alpha_3 Excp + \alpha_4 Gov + \alpha_5 Rep + \alpha_6 Turn + \alpha_7 DA + \alpha_8 Ind + \alpha_9 Year + \varepsilon \quad (9-2)$$

$$RM = \alpha_0 + \alpha_1 Free + \alpha_2 Odir + \alpha_3 Excp + \alpha_4 Gov + \alpha_5 Rep + \alpha_6 Turn + \alpha_7 DA + \alpha_8 Ind + \alpha_9 Year + \varepsilon \quad (9-3)$$

式中，RM 为真实盈余管理程度；B_i 为不同类型股东的生态位宽度；O_{ij} 为不同类型股东种群间的重叠度；$Free$ 为股东生态位自由度。

考虑到应计盈余管理和真实盈余管理存在某种替代关系（余怒涛、沈中华、刘孟晖，2009[48]；袁知柱、郝文瀚、王泽燊，2014[44,45]；曾雪云、陆正飞，2016[49]），且真实盈余管理更加隐蔽，故本章将应计盈余管理作为控制变量纳入模型，以增强实证结论的稳健性。同时，为了更严谨地研究股东生态位特征对真实盈余管理的影响，并克服遗漏变量引起的误差，本章参考 *Roychowdhury*（2006）[50]，李玲芳和洪占卿（2015）[51]的做法，引入独立董事比例（Odir）、高管年薪（Excp）、公司产权性质（Gov）、声誉机制（Rep）和资产周转率（Turn）等，具体变量的定义及说明见表 9－1。

表 9－1　变量定义及说明

变量类型	变量名称	变量代码	变量说明
因变量	真实盈余管理程度	*RM*	$RM = \mid RM\_PROD - RM\_CFO - RM\_DISEXP \mid$

续表

变量类型	变量名称		变量代码	变量说明
自变量	股东生态位宽度	类掠食型股东生态位宽度	B_1	股东生态位宽度模型（7－5）计算所得
		优势型股东生态位宽度	B_2	股东生态位宽度模型（7－5）计算所得
		建群型股东生态位宽度	B_3	股东生态位宽度模型（7－5）计算所得
	股东生态位重叠度	类掠食型股东与优势型股东生态位重叠度	O_{12}	股东生态位重叠度模型（7－9）计算所得
		类掠食型股东与建群型股东生态位重叠度	O_{13}	股东生态位重叠度模型（7－9）计算所得
		优势型股东与建群型股东生态位重叠度	O_{23}	股东生态位重叠度模型（7－9）计算所得
	股东生态位自由度		*Free*	股东生态位自由度模型（7－10）计算所得
控制变量	独立董事比例/%		*Odir*	独立董事占董事会人数之比
	高管年薪		*Excp*	董事、监事及高管前三名薪酬之和的自然对数
	公司产权性质		*Gov*	国有企业为 1，非国有企业为 0
	声誉机制		*Rep*	审计报告为国际四大会计师事务所出具取值为 1，否则为 0
	资产周转率		*Turn*	营业收入占资产总额期末余额的比例
	行业		*Ind*	行业虚拟变量
	年份		*Year*	年份虚拟变量

9.3　实证检验

9.3.1　真实盈余管理程度的差异性检验

本章依据是否存在利他行为选择，将全样本分为不存在利他行为组和存在利他行为组，并进一步将存在利他行为组细分为存在优势型股东组、存在建群型股东组以及同时存在优势型股东和建群型股东组。其中，0 代表不存在利他行为组，1 代表存在优势型股东组，2 代表存在建群型股东组，3 代表优势型股东和建群型股东并存组，不同组别的均值描述结果见表 9－2。可以看出，存在类掠食型股东利他行为选择的优势型股东组（1 组）的真实盈余管理程度最小（0.15047），而存在建群型股东组（2 组）及优势型股东和建群型股东并存组（3 组）的真实盈余管理程度均比不存在利他行为组（0 组）的要大，其中优势型股东和建群型股东并存组最大（0.17284）。

表 9－2　真实盈余管理程度均值的差异性分析

	组别	样本量	均值	标准差	标准误	均值的95%置信区间		极小值	极大值
						下限	上限		
| *RM* |	0	5044	0.15065	0.23804	0.00335	0.14408	0.15722	0.00002	11.54345
	1	2462	0.15047	0.21134	0.00426	0.14212	0.15882	0.00008	4.85322
	2	1084	0.16594	0.26646	0.00809	0.15006	0.18182	0.00093	6.36639
	3	648	0.17284	0.18417	0.00723	0.15864	0.18705	0.00008	1.50377
	总数	9238	0.15395	0.23149	0.00241	0.14923	0.15867	0.00002	11.54345

为进一步验证不同组别间的真实盈余管理程度是否存在显著差异，本章进行了方差分析，结果见表 9－3。可以看出，真实盈余管理程度差异性检验的 F 值为 2.938，大于 1，说明组间方差大于组内方差，对应的 P 值为 0.032，小于显著性水平 0.05，则拒绝原假设，说明不同分组下的真实盈余管理程度存在显著差异。

表 9－3　不同组别盈余质量的方差分析

因变量		平方和	df	均方	F	显著性
| *RM* |	组间	0.472	3	0.157	2.938	0.032
	组内	494.503	9234	0.054	—	—
	总数	494.975	9237	—	—	—

9.3.2　描述性统计分析

本章根据手动和数据库搜集到的数据，对回归模型中的主要变量进行了描述性统计分析，统计结果见表 9－4。

表9-4　变量的描述性统计分析

变量名称	代码	样本量	均值	中位数	最小值	最大值	标准差
真实盈余管理程度	*RM*	2839	0.138	0.096	0.002	0.860	0.138
类掠食型股东生态位宽度	B_1	2839	0.224	0.210	0.022	0.716	0.107
优势型股东生态位宽度	B_2	2839	0.168	0.105	0.001	0.887	0.173
建群型股东生态位宽度	B_3	2839	0.074	0.040	0.000	0.847	0.102
类掠食型股东与优势型股东生态位重叠度	O_{12}	2839	0.844	0.918	0.064	1.000	0.188
类掠食型股东与建群型股东生态位重叠度	O_{13}	2839	0.176	0.000	0.000	1.000	0.359
优势型股东与建群型股东生态位重叠度	O_{23}	2839	0.166	0.000	0.000	1.000	0.346
股东生态位自由度	*Free*	2839	0.222	0.223	-0.435	0.718	0.145
独立董事比例/%	*Odir*	2839	37.398	35.714	25.000	60.000	5.409
高管年薪	*Excp*	2839	14.304	14.253	12.243	16.647	0.634
公司产权性质	*Gov*	2839	0.298	0.000	0.000	1.000	0.458
声誉机制	*Rep*	2839	0.050	0.000	0.000	1.000	0.219
资产周转率	*Turn*	2839	0.620	0.519	0.047	5.413	0.451

从表9-4可以看出，真实盈余管理程度（*RM*）的标准差为0.138，远小于Cohen和Zarowin（2010）[52]利用美国上市公司统计的结果（0.350），这说明样本公司的真实盈余管理程度远小于美国上市公司的盈余管理程度。从自变量的结果可以看出以下三点。①在生态位宽度指标中，类掠食型股东生态位宽度的均值最大（0.224），占整个生态位宽度的1/4；优势型股东生态位宽度的均值为0.168，远高于建群型股东的生态位宽度。说明在沪深A股上市公司中，类掠食型股东在股东生态系统中占据着绝对优势的生态位置，其次是优势型股东，最后是建群型股东。②在生态位重叠度指标中，类掠食型股东与优势型股东的生态位重叠度（O_{12}）的均值为0.844，远高于与其他两种类型股东的生态位重叠度，说明类掠食型股东与优势型股东间发生利益冲突的可能性最大，是股东生态主体的主要矛盾对象。③股东生态位自由度的均值为0.222，最大值是0.718，最小值是-0.435，标准差是0.145，说明

不同类型股东生态位自由度的差距较大。

从控制变量的结果可以看出，独立董事比例（*Odir*）的均值为37.398%，超过了《关于在上市公司建立独立董事制度的指导意见》（证监发〔2001〕102号）中1/3的规定，最高达60.000%，但也有企业未达到规定要求，仅为25.000%。董事、监事及高管前三名年薪之和的自然对数（*Excp*）的均值为14.304，远大于李增福等（2013）[53]对2007—2008年样本的统计均值5.844，而且管理层薪酬越高，越倾向于采取增大真实活动操控程度的措施。

9.3.3 相关性分析

鉴于相关性分析是后续股东生态位与真实盈余管理回归分析的基础，相关系数可以量化两个变量之间的线性相关性程度，数值越大意味着两个变量之间的相关性越强。本章借助SPSS 19.0统计分析软件中的Pearson相关性分析，计算主要变量之间的Pearson相关系数以及变量的显著性水平，以初步验证股东生态位与真实盈余管理的假设关系，分析结果见表9－5。

表9－5 变量间的Pearson相关系数

代码	RM	B_1	B_2	B_3	O_{13}	O_{23}	O_{13}	$Free$	$Free^2$
RM	1.000								
B_1	0.054***	1.000							
B_2	−0.036**	−0.584***	1.000						
B_3	0.066***	−0.158***	−0.175***	1.000					
O_{12}	0.030**	−0.064***	0.091***	−0.005	1.000				
O_{13}	0.072***	−0.115***	−0.080***	0.656***	0.048***	1.000			
O_{23}	−0.069***	−0.123***	−0.079***	0.650***	0.093***	0.933***	1.000		
$Free$	0.006*	0.788***	−0.229***	−0.633***	−0.221***	−0.437***	−0.458***	1.000	
$Free^2$	0.026*	0.849***	−0.366***	−0.121***	−0.237***	−0.171***	−0.188***	0.746***	1.000
$Odir$	0.035**	0.034**	0.005	−0.059***	−0.004	−0.035**	−0.023	0.055***	0.000
$Excp$	0.158***	0.095***	−0.071***	0.039**	0.021	0.117***	0.116***	0.036**	0.056***
Gov	−0.041**	0.258***	−0.326***	−0.037**	−0.070***	−0.045***	−0.037**	0.172***	0.201***
Rep	−0.023	0.126***	−0.064***	−0.034**	0.040**	−0.001	0.006	0.099***	0.102***

续表

代码	*RM*	B_1	B_2	B_3	O_{13}	O_{23}	O_{13}	*Free*	$Free^2$
Turn	0.111***	0.112***	−0.058***	0.035**	−0.005	0.003	0.014	0.077***	0.101***

注：*、**和***分别表示在10%、5%和1%的水平上显著。

可以看出，主要变量之间存在一定的相关关系且较显著，即各主要变量在整体上存在相关性。具体来说，主要的自变量与真实盈余管理程度（*RM*）均存在显著的相关关系。其中，优势型股东生态位宽度（B_2）与真实盈余管理程度（*RM*）呈显著负相关关系，即优势型股东生态位宽度越大，真实盈余管理程度越小；优势型股东与建群型股东生态位重叠度（O_{23}）与真实盈余管理程度（*RM*）呈显著负相关关系；股东生态位自由度的二次项与真实盈余管理程度（*RM*）呈显著正相关关系，说明股东生态位自由度与真实盈余管理程度之间存在“U”形关系。其余自变量与真实盈余管理程度（*RM*）均呈显著正相关关系，说明类掠食型股东生态位宽度（B_1）、建群型股东生态位宽度（B_3）、类掠食型股东与优势型股东的生态位重叠度（O_{12}）和类掠食型股东与建群型股东的生态位重叠度（O_{13}）越大，真实盈余管理程度（*RM*）越大，初步验证了假设的预期。多重共线性检验结果显示，各模型方差膨胀因子（*VIF*）小于2，容忍度（*Tolerance*）在0.9左右，都大于0.1，说明本章的模型设定不存在严重的多重共线性问题。股东生态位宽度、重叠度和自由度之间的相关系数比较高，主要源于各自变量均是对股东生态位不同角度的测度，故后文采取逐步回归的方法。

9.3.4　回归分析

为了分析股东生态位对真实盈余管理的影响，本章选择层层递进的回归分析思路，主要分为两步。第一步，通过逐步回归的方式分别观察不同类型股东之间生态位宽度、不同类型股东之间生态位重叠度对真实盈余管理程度的影响是否存在差异，以及影响程度，并在此基础上进行各自的总体回归，考察回归结果的可靠性。第二步，在第一步的基础上，综合考察建立在股东生态位宽度和股东生态位重叠度上的股东生态位自由度对真实盈余管理程度的影响，以探究股东生态系统中股东生态位整体对真实盈余管理程度的影响。

9.3.4.1 股东生态位宽度与真实盈余管理的回归结果

表9-6列示了股东生态位宽度与真实盈余管理的回归结果，其中第（1）~（3）列的结果为逐步回归的结果，第（4）列为总体回归的结果。

表9-6 股东生态位宽度与真实盈余管理的回归结果

变量名称	代码	（1）	（2）	（3）	（4）
常量	*Cons*	10.173*** (2.676)	10.319*** (2.712)	10.294*** (2.706)	10.041*** (2.644)
类掠食型股东生态位宽度	B_1	0.050*** (2.677)			0.076*** (3.226)
优势型股东生态位宽度	B_2		-0.019* (-1.017)		-0.033* (-1.377)
建群型股东生态位宽度	B_3			0.032* (1.805)	0.050*** (2.588)
应计盈余管理	*DA*	0.327*** (17.949)	0.327*** (17.863)	0.326*** (17.849)	0.327*** (17.894)
独立董事比例	*Odir*	0.033* (1.801)	0.035* (1.915)	0.037** (2.039)	0.035* (1.927)
高管年薪	*Excp*	0.140*** (7.498)	0.142*** (7.611)	0.142*** (7.600)	0.138*** (7.396)
公司产权性质	*Gov*	-0.057*** (-2.936)	-0.051*** (-2.567)	-0.043** (-2.288)	-0.050** (-2.524)
声誉机制	*Rep*	-0.031* (-1.659)	-0.027 (-1.478)	-0.026 (-1.425)	-0.031* (-1.674)
资产周转率	*Turn*	0.081*** (4.374)	0.085*** (4.587)	0.085*** (4.572)	0.078*** (4.224)
行业	*Ind*	*Control*	*Control*	*Control*	*Control*
年份	*Year*	*Control*	*Control*	*Control*	*Control*
调整的 R^2	*Adj.* R^2	0.171	0.169	0.170	0.173
调整的 F 值	*Adj. F*	60.557***	59.735***	60.033***	50.277***

续表

变量名称	代码	(1)	(2)	(3)	(4)
样本量	*Obs*	2839	2839	2839	2839

注：*、**和***分别表示在10%、5%和1%的水平上显著，表中括号内数字为稳健性 *t* 统计量。

从表9－6的结果可以看出，不同类型股东的生态位宽度对真实盈余管理的影响存在显著差异。其中，从第（1）列的结果可知，类掠食型股东生态位宽度（B_1）与真实盈余管理程度（*RM*）呈正相关关系，且在1%水平上显著，即类掠食型股东的生态位宽度越大，公司真实盈余管理程度越高。从第（2）列的结果可知，优势型股东生态位宽度（B_2）与真实盈余管理程度（*RM*）呈负相关关系，且在10%水平上显著，即优势型股东的生态位宽度越大，公司真实盈余管理程度越低。从第（3）列的结果可知，建群型股东生态位宽度（B_3）与真实盈余管理程度（*RM*）呈正相关关系，且在10%水平上显著，即建群型股东的生态位宽度越大，公司真实盈余管理程度越高。第（4）列是将三类股东的生态位宽度同时纳入模型进行总体回归的结果，可以看出，变量间回归系数的符号和显著性无实质性变化，即假设H9－1通过检验。

9.3.4.2　股东生态位重叠度与真实盈余管理的回归结果

表9－7列示了股东生态位重叠度与真实盈余管理的回归结果，可以发现，不同类型股东生态位的重叠度（O_{ij}）与真实盈余管理程度（*RM*）均存在正相关关系。其中，类掠食型股东与优势型股东的生态位重叠度（O_{12}）的回归系数为正，但未通过显著性检验；类掠食型股东与建群型股东的生态位重叠度（O_{13}）的回归系数和优势型股东与建群型股东的生态位重叠度（O_{23}）的回归系数均在5%水平上显著为正，即股东生态位的重叠度越大，公司真实盈余管理程度越高，即假设H9－2通过检验。

表9－7　股东生态位重叠度与真实盈余管理的回归结果

变量名称	代码	(1)	(2)	(3)
常量	*Cons*	10.383*** (2.729)	10.011*** (2.631)	10.069*** (2.647)

续表

变量名称	代码	(1)	(2)	(3)
类掠食型股东与优势型股东生态位重叠度	O_{12}	0.014 (0.785)		
类掠食型股东与建群型股东生态位重叠度	O_{13}		0.041 ** (2.260)	
优势型股东与建群型股东生态位重叠度	O_{23}			0.041 ** (2.263)
应计盈余管理	*DA*	0.327 *** (17.894)	0.327 *** (17.941)	0.328 *** (17.954)
独立董事比例	*Odir*	0.035 * (1.949)	0.036 ** (2.018)	0.036 ** (1.991)
高管年薪	*Excp*	0.143 *** (7.648)	0.138 *** (7.357)	0.138 *** (7.364)
公司产权性质	*Gov*	-0.044 ** (-2.306)	-0.042 ** (-2.213)	-0.042 ** (-2.238)
声誉机制	*Rep*	-0.028 (-1.512)	-0.027 (-1.451)	-0.027 (-1.462)
资产周转率	*Turn*	0.086 *** (4.640)	0.086 *** (4.655)	0.086 *** (4.633)
行业	*Ind*	*Control*	*Control*	*Control*
年份	*Year*	*Control*	*Control*	*Control*
调整的 R^2	*Adj.* R^2	0.169	0.170	0.170
调整的 *F* 值	*Adj. F*	59.679 ***	60.281 ***	60.283 ***
样本量	*Obs*	2839	2839	2839

注：*、**和***分别表示在10%、5%和1%的水平上显著，表中括号内数字为稳健性 *t* 统计量。

9.3.4.3 股东生态位自由度与真实盈余管理的回归结果

表9-8列示了股东生态位自由度与真实盈余管理的回归结果，从第(1)列的结果可以看出，股东生态位自由度（*Free*）与真实盈余管理程度(*RM*)虽然不存在显著的线性关系，但加入股东生态位自由度二次项后，由第（2）列的结果可知，股东生态位自由度（*Free*）和其二次项的回归

系数均显著，且两者系数相反，这表明股东生态位自由度对真实盈余管理的影响呈“U”形，且真实盈余管理程度随着股东生态位自由度的增加而呈现先降后升的“U”形关系，临界点为 0.275，验证了假设 H9 -3。

表 9 -8　股东生态位自由度与真实盈余管理的回归结果

变量名称	代码	(1)	(2)
常量	*Cons*	10.341 *** (2.717)	10.273 *** (2.702)
股东生态位自由度	*Free*	0.012 (0.634)	-0.038 * (-1.424)
股东生态位自由度二次项	$Free^2$		0.069 ** (2.527)
应计盈余管理	*DA*	0.328 *** (17.944)	0.328 *** (17.972)
独立董事比例	*Odir*	0.034 * (1.891)	0.037 ** (2.024)
高管年薪	*Excp*	0.143 *** (7.651)	0.142 *** (7.587)
公司产权性质	*Gov*	-0.047 ** (-2.440)	-0.051 *** (-2.674)
声誉机制	*Rep*	-0.028 (-1.508)	-0.029 (-1.575)
资产周转率	*Turn*	0.085 *** (4.586)	0.082 *** (4.445)
行业	*Ind*	*Control*	*Control*
年份	*Year*	*Control*	*Control*
调整的 R^2	$Adj.\ R^2$	0.169	0.171
调整的 F 值	$Adj.\ F$	59.650 ***	54.435 ***
样本量	*Obs*	2839	2839

注：*、** 和 *** 分别表示在 10%、5% 和 1% 的水平上显著，表中括号内数字为稳健性 t 统计量。

9.4 进一步分析

在本章的实证研究中，本研究已将声誉机制作为公司治理的外部因素纳入模型。在进一步分析中，又将市场化进程指数作为控制变量纳入模型，以探索外部因素对实证检验结果的影响。

具体来说，历史政策和地理交通等原因使我国形成了不同于西方发达国家的独特制度背景和市场环境，地区间市场化进程差异很大。在市场化程度较高的环境中，良好的法治水平和较低的政府干预以及健全的产品市场等因素均能促使市场充分发挥其资源配置效率，公司可以更多地按市场规则进行公平竞争，其真实盈余管理的空间较小。故本章借鉴张泽南和马永强（2014）[54]、侯晓红和张书寒（2015）[55]的做法，进一步将市场化进程（*Market*）作为控制变量检验上述结论，检验结果见表9－9。可以看出，在控制市场化进程后，上述变量与真实盈余管理程度的关系并未发生变化，且均通过了显著性检验，因此增强了本章实证结果的可信度。

表9－9 股东生态位与真实盈余管理的进一步检验结果

代码	(1)	(2)	(3)	(4)	(5)	(6)	(7)
Cons	12.482*** (3.824)	12.486*** (3.822)	12.274*** (3.760)	12.673*** (3.880)	12.121*** (3.710)	12.082*** (3.697)	12.461*** (3.817)
B_1	0.055*** (2.915)						
B_2		−0.041** (−2.117)					
B_3			0.060*** (3.278)				
O_{12}				0.032* (1.772)			
O_{13}					0.055*** (3.016)		
O_{23}						0.056*** (3.084)	

续表

代码	(1)	(2)	(3)	(4)	(5)	(6)	(7)
Free							-0.065 ** (-2.375)
Free^2							0.079 *** (2.860)
Odir	0.036 ** (1.965)	0.037 ** (2.038)	0.041 ** (2.239)	0.039 ** (2.121)	0.040 ** (2.203)	0.040 ** (2.169)	0.041 ** (2.242)
Excp	0.138 *** (7.251)	0.140 *** (7.352)	0.139 *** (7.311)	0.141 *** (7.415)	0.135 *** (7.044)	0.135 *** (7.043)	0.140 *** (7.329)
Gov	-0.097 *** (-4.976)	-0.097 *** (-4.858)	-0.082 *** (-4.280)	-0.082 *** (-4.269)	-0.081 *** (-4.234)	-0.081 *** (-4.245)	-0.088 *** (-4.549)
Turn	0.120 *** (6.394)	0.123 *** (6.561)	0.122 *** (6.523)	0.125 *** (6.695)	0.125 *** (6.685)	0.124 *** (6.645)	0.122 *** (6.543)
Rep	-0.051 *** (-2.732)	-0.047 ** (-2.507)	-0.045 ** (-2.388)	-0.049 *** (-2.597)	-0.046 ** (-2.476)	-0.047 ** (-2.492)	-0.048 ** (-2.551)
Market	0.030 (1.633)	0.031 * (1.669)	0.033 * (1.796)	0.033 * (1.775)	0.034 * (1.858)	0.034 * (1.843)	0.032 * (1.750)
Ind	*Control*	*Control*	*Control*	*Control*	*Control*	*Control*	*Control*
Year	*Control*	*Control*	*Control*	*Control*	*Control*	*Control*	*Control*
Adj. R^2	0.072	0.071	0.073	0.070	0.072	0.073	0.070
Adj. F	23.033	22.600	23.276	22.455	23.097	23.142	22.134
Obs	2839	2839	2839	2839	2839	2839	2839

注：*、**和***分别表示在10%、5%和1%的水平上显著，表中括号内数字为稳健性 *t* 统计量。

9.5　内生性及稳健性检验

9.5.1　内生性检验

本章的基准回归虽验证了股东生态位宽度、重叠度和自由度等对真实盈余管理的影响，但无法排除反向因果、遗漏变量、模型设定等内生性问题。为了缓解内生性问题可能导致的回归偏误，本章借鉴张耀伟等

(2017)[30]和蔡栋梁等（2018）[31]的做法，将滞后一期的解释变量作为工具变量，通过两阶段最小二乘方法进行相应的内生性检验。

9.5.1.1 股东生态位宽度与真实盈余管理的内生性检验结果

考虑到可能存在的内生性问题，本章将滞后一期的各类型股东生态位宽度（包括滞后一期的类掠食型股东生态位宽度 B_1_t、优势型股东生态位宽度 B_2_t 和建群型股东生态位宽度 B_3_t）作为工具变量，引入研究模型中进行回归。从表 9-10 的结果可以看出，在股东生态位宽度与真实盈余管理的内生性检验过程中，在第二阶段，类掠食型股东生态位宽度（B_1）和建群型股东生态位宽度（B_3）与真实盈余管理（RM）分别在 5% 和 10% 水平上显著正相关，优势型股东生态位宽度（B_2）与真实盈余管理（RM）不存在相关关系，与原结果保持一致，即规避内生性问题后研究结论仍然成立。

表 9-10 股东生态位宽度与真实盈余管理的内生性检验结果

代码	第一阶段			第二阶段		
	B_1	B_2	B_3	RM	RM	RM
B_1_t	0.877*** (88.149)					
B_1				0.067** (2.221)		
B_2_t		0.871*** (75.591)				
B_2					-0.010 (-0.679)	
B_3_t			0.670*** (41.302)			
B_3						0.080* (1.852)
DA				0.823*** (15.121)	0.820*** (15.025)	0.814*** (14.890)
$Odir$	0.000 (0.846)	-0.000 (-0.375)	-0.000 (-1.401)	0.001 (1.465)	0.001 (1.547)	0.001* (1.703)

续表

代码	第一阶段			第二阶段		
	B_1	B_2	B_3	*RM*	*RM*	*RM*
Excp	0.003 *	0.003	-0.001	0.034 ***	0.035 ***	0.034 ***
	(1.663)	(0.762)	(-0.561)	(7.605)	(7.733)	(7.614)
Gov	0.008 ***	-0.017 ***	-0.002	-0.009	-0.007	-0.005
	(3.248)	(-2.637)	(-0.577)	(-1.309)	(-0.991)	(-0.745)
Audit	-0.002	0.001	0.002	0.002	0.004	0.005
	(-0.319)	(0.068)	(0.212)	(0.152)	(0.319)	(0.386)
Turn	0.006 **	-0.002	-0.002	0.017 ***	0.019 ***	0.019 ***
	(2.364)	(-0.322)	(-0.541)	(2.739)	(3.026)	(2.983)
Grow	-0.000 *	-0.000	-0.000	0.000	0.000	0.000
	(-1.777)	(-0.491)	(-0.635)	(0.698)	(0.700)	(0.739)
Cons	-0.015	-0.016	0.045	-0.388 ***	-0.379 ***	-0.380 ***
	(-0.579)	(-0.244)	(1.177)	(-5.665)	(-5.504)	(-5.538)
Ind	*Control*	*Control*	*Control*	*Control*	*Control*	*Control*
Year	*Control*	*Control*	*Control*	*Control*	*Control*	*Control*
Adj. R^2	0.837	0.794	0.510	0.231	0.229	0.230
Obs	1770	1770	1770	1770	1770	1770

注：*、**和***分别表示在10%、5%和1%的水平上显著，表中括号内数字为稳健性 *t* 统计量。

9.5.1.2 股东生态位重叠度与真实盈余管理的内生性检验结果

为了缓解内生性问题可能导致的回归偏误，本章将滞后一期的股东生态位重叠度（包括滞后一期的类掠食型股东与优势型股东的生态位重叠度 O_{12}_t、优势型股东与建群型股东的生态位重叠度 O_{23}_t，以及类掠食型股东与建群型股东的生态位重叠度 O_{13}_t）作为工具变量，引入研究模型中进行回归，股东生态位重叠度与真实盈余管理的内生性检验结果见表9-11。

其中，从第一阶段的回归结果可以看出，滞后一期的股东生态位重叠度与当期相应的股东生态位重叠度（包括当期的类掠食型股东与优势型股东的生态位重叠度 O_{12}、优势型股东与建群型股东的生态位重叠度 O_{23}，以及类掠食型股东与建群型股东的生态位重叠度 O_{13}）之间均在1%水平上显著正相关，表明工具变量对原解释变量的解释力度较好，是有效且恰当的。从第二阶段的回归结果可以看出，类掠食型股东与建群型股东的生态位重叠度（O_{13}）与真实盈余管理（*RM*）在5%水平上显著正相关，表明在规避内生性问题后，研究结论仍基本成立。

表9-11 股东生态位重叠度与真实盈余管理的内生性检验结果

代码	第一阶段			第二阶段		
	O_{12}	O_{23}	O_{13}	*RM*	*RM*	*RM*
$O_{12\_}t$	0.789*** (51.655)					
O_{12}				-0.004 (-0.194)		
$O_{23\_}t$		0.638*** (34.142)				
O_{23}					0.032** (2.349)	
$O_{13\_}t$			0.623*** (32.538)			
O_{13}						0.027** (2.010)
DA				0.823*** (15.053)	0.821*** (15.064)	0.822*** (15.076)
Odir	-0.000 (-0.156)	-0.001 (-0.799)	-0.001 (-0.929)	0.001 (1.558)	0.001 (1.612)	0.001* (1.657)
Excp	-0.001 (-0.157)	0.023** (2.387)	0.028*** (2.744)	0.035*** (7.742)	0.033*** (7.099)	0.033*** (7.125)
Gov	-0.005 (-0.810)	-0.008 (-0.595)	-0.015 (-1.063)	-0.005 (-0.829)	-0.004 (-0.673)	-0.004 (-0.649)
Audit	0.015 (1.159)	0.003 (0.120)	-0.005 (-0.167)	0.004 (0.327)	0.005 (0.351)	0.005 (0.372)
Turn	0.008 (1.367)	-0.005 (-0.373)	-0.010 (-0.731)	0.019*** (3.098)	0.019*** (2.988)	0.019*** (3.026)

续表

代码	第一阶段			第二阶段		
	O_{12}	O_{23}	O_{13}	*RM*	*RM*	*RM*
Grow	0.000** (2.433)	-0.000 (-1.199)	-0.000 (-0.708)	0.000 (0.711)	0.000 (0.754)	0.000 (0.721)
Cons	0.185*** (2.713)	-0.206 (-1.400)	-0.233 (-1.501)	-0.381*** (-5.378)	-0.356*** (-5.130)	-0.362*** (-5.210)
Ind	*Control*	*Control*	*Control*	*Control*	*Control*	*Control*
Year	*Control*	*Control*	*Control*	*Control*	*Control*	*Control*
Adj. R^2	0.612	0.418	0.400	0.228	0.230	0.230
Obs	1770	1770	1770	1770	1770	1770

注：*、**和***分别表示在10%、5%和1%的水平上显著，表中括号内数字为稳健性 *t* 统计量。

9.5.1.3　股东生态位自由度与真实盈余管理的内生性检验结果

最后，本章将滞后一期的股东生态位自由度（*Free_ t*）作为工具变量，引入研究模型中进行回归，股东生态位自由度与真实盈余管理的内生性检验结果见表 9-12。可以看出，滞后一期的股东生态位自由度（*Free _ t*）与当期股东生态位自由度（*Free*）在 1% 水平上显著正相关，表明工具变量对原解释变量的解释力度较好，是有效且恰当的。从第二阶段的回归结果可以看出，当期股东生态位自由度与真实盈余管理程度（*RM*）均不存在相关关系，表明在规避内生性问题后，研究结论仍基本成立。

表 9-12　股东生态位自由度与真实盈余管理的内生性检验结果

代码	第一阶段	第二阶段
	Free	*RM*
Free_ t	0.805*** (62.815)	
Free		0.013 (0.543)
DA		0.824*** (15.076)

续表

代码	第一阶段	第二阶段
	Free	RM
Odir	0.000 (1.194)	0.001 (1.530)
Excp	0.007 ** (2.346)	0.035 *** (7.728)
Gov	0.011 *** (2.637)	-0.006 (-0.896)
Audit	-0.004 (-0.479)	0.004 (0.274)
Turn	0.010 ** (2.556)	0.019 *** (3.026)
Grow	-0.000 (-0.678)	0.000 (0.700)
Cons	-0.072 (-1.634)	-0.386 *** (-5.620)
Ind	*Control*	*Control*
Year	*Control*	*Control*
Adj. R^2	0.711	0.229
Obs	1770	1770

注：*、**和***分别表示在10%、5%和1%的水平上显著，表中括号内数字为稳健性 t 统计量。

9.5.2 稳健性检验

为了进一步提高研究结论的可靠性，本章用股东绝对生态位宽度（AB_i）替代股东生态位宽度（B_i）作为代理变量，重新进行回归。研究发现，变量间的回归系数符号和显著性无实质性改变，说明上述研究结论是稳健的。股东绝对生态位宽度与真实盈余管理的稳健性检验结果见表9-13。

表9－13 股东绝对生态位宽度与真实盈余管理的稳健性检验结果

代码	(1)	(2)	(3)	(4)
Cons	10.128*** (2.665)	10.361*** (2.723)	10.392*** (2.732)	10.129*** (2.666)
AB_1	0.054*** (2.948)			0.056*** (3.040)
AB_2		−0.017* (−0.939)		−0.013* (−0.680)
AB_3			0.029* (1.623)	0.033* (1.851)
DA	0.327*** (17.951)	0.327*** (17.867)	0.326*** (17.874)	0.325*** (17.828)
Odir	0.034* (1.900)	0.034* (1.889)	0.037** (2.031)	0.036** (1.971)
Excp	0.139*** (7.439)	0.143*** (7.633)	0.142*** (7.622)	0.138*** (7.364)
Gov	−0.054*** (−2.811)	−0.049** (−2.525)	−0.043** (−2.309)	−0.056*** (−2.850)
Rep	−0.031* (−1.691)	−0.027 (−1.472)	−0.027 (−1.440)	−0.031* (−1.661)
Turn	0.081*** (4.345)	0.085*** (4.615)	0.085*** (4.574)	0.079*** (4.252)
Ind	*Control*	*Control*	*Control*	*Control*
Year	*Control*	*Control*	*Control*	*Control*
Adj. R^2	0.171	0.169	0.170	0.172
Adj. F	60.762***	59.714***	59.949***	50.114***
Obs	2839	2839	2839	2839

注：*、**和***分别表示在10%、5%和1%的水平上显著，表中括号内数字为稳健性 t 统计量。

9.6 本章小结

本章依据我国沪、深两市 A 股上市公司 2010—2015 年的股东相关数据，以股东生态位模型计算的股东生态位宽度（B_i）、股东生态位重叠度（O_{ij}）和股东生态位自由度（*Free*）作为股东生态位的代理变量，继而以真实盈余管理为例研究股东生态位的经济后果。研究结果发现以下五方面内容。

（1）不同类型股东的生态位宽度对真实盈余管理的影响存在显著差异。其中，类掠食型股东生态位宽度（B_1）与真实盈余管理程度（*RM*）呈正相关关系；优势型股东生态位宽度（B_2）与真实盈余管理程度（*RM*）呈负相关关系；建群型股东生态位宽度（B_3）与真实盈余管理程度（*RM*）呈正相关关系，且均通过显著性检验。将三类股东的生态位宽度同时纳入模型，可以发现变量间回归系数的符号和显著性均未发生变化。

（2）不同类型股东生态位的重叠度（O_{ij}）与真实盈余管理程度（*RM*）均存在正相关关系。其中，类掠食型股东与优势型股东的生态位重叠度（O_{12}）的回归系数为正，但未通过显著性检验；类掠食型股东与建群型股东的生态位重叠度（O_{13}）的回归系数和优势型股东与建群型股东的生态位重叠度（O_{23}）的回归系数均在 5% 水平上显著为正，即股东生态位的重叠度越大，公司真实盈余管理程度越高。

（3）股东生态位自由度（*Free*）与真实盈余管理程度（*RM*）虽不存在显著的线性关系，但加入股东生态位自由度二次项（$Free^2$）后，股东生态位自由度（*Free*）及其二次项（$Free^2$）的回归系数均显著，且两者系数相反，表明股东生态位自由度对真实盈余管理的影响呈“U”形，且真实盈余管理程度随着股东生态位自由度的增加而呈现先降后升的“U”形关系，临界点为 0.275。

（4）在进一步分析过程中，本章将市场化进程指数作为控制变量纳入模型，以探索外部因素对实证检验结果的影响。可以看出，在控制市场化进程后，上述变量与真实盈余管理程度的关系并未发生变化，且均通过了显著性检验，增强了本章实证结果的可信度。

（5）本章的基准回归虽验证了股东生态位宽度、重叠度和自由度等对真实盈余管理的影响，但无法排除反向因果、遗漏变量、模型设定等内生性问题。为了缓解内生性问题可能导致的回归偏误，本章将滞后一期的解释变量作为工具变量，通过两阶段最小二乘方法进行相应的内生性检验，检验结果与原结果保持一致，即规避内生性问题后，研究结论基本成立。此外，为了进一步提高研究结论的可靠性，本章用股东绝对生态位宽度（AB_i）替代股东生态位宽度（B_i）作为代理变量，重新进行回归。研究发现，变量间的回归系数符号和显著性均未发生变化，说明上述研究结论是稳健的。

第10章　股东生态位重构案例研究

10.1　案例背景

10.1.1　万科股份有限公司简介

万科股份有限公司（以下简称“万科”）的A股于1991年1月29日在深圳证券交易所发行上市。经过20多年的发展，万科房地产的经营规模和收入稳步增长并达到行业领先水平。在1988年股改时，王石出于对自身职业经理人的定位选择放弃控股股东席位，造成万科股权结构分散一直以来无实际控制人的局面。公司自成立以来，以创始人王石为首的管理层全权负责万科的经营管理，实际经营控制权仍归属管理层。2000年以前，万科第一大股东持股比例仅约6.45%，股权结构的高度分散造成了控制权和现金流权的高度不匹配，增加了管理层的外部控制权威胁，引发了君安证券和万科的控制权之争。在“君万之争”平息后，2000年万科管理层引入国企华润作为第一大股东，并开始实施事业合伙人制度。截至宝能敌意收购日之前（2015年6月30日），万科的股权结构如图10-1所示。

由图10-1可知，尽管万科早已暴露了股权分散的弱点，但直至2015年上半年，万科第一大股东持股比例仍然仅提高至14.89%，一致行动人合计持股比例约为20.00%。与同行业其他九强上市公司（根据中国房地产协会“2015年中国房地产上市公司综合实力榜”筛选）相比，2006—2015年万科股权集中度平均较低，第一大股东持股比例约为14.77%，前

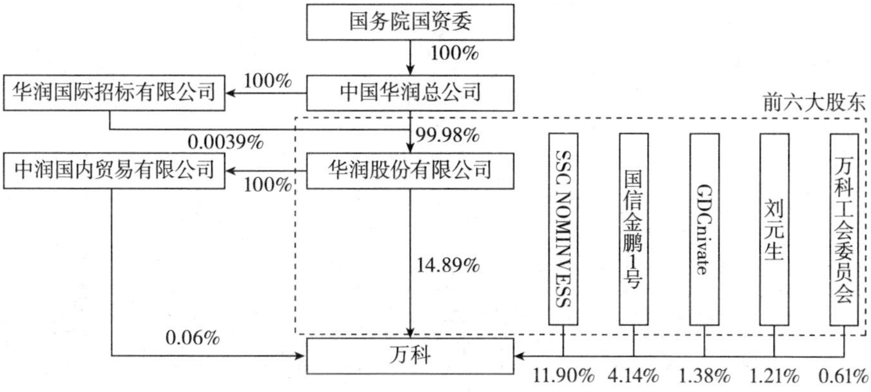

图 10－1　万科股权结构（2015 年 6 月 30 日）

（资料来源：相关数据均来自万科 2015 年半年报）

十大股东持股比例之和基本不超过 30%，这样持续的高度分散的股权结构成为宝能与万科控制权之争的导火索，为那些带有“掠食”动机的资本力量提供了可乘之机。

10.1.2　深圳市宝能投资集团有限公司简介

深圳市宝能投资集团有限公司（以下简称“宝能”）于 1992 年在深圳成立，是一家以综合物业开发为基础的大型民营非上市资本集团，实际控制人是姚振华，其股权结构如图 10－2 所示。宝能一直是国内控制权市场的活跃参与者，从 2010 年敌意收购深振业 A 股票开始，频频参与上市公司的控制权争夺。仅在 2015 年，宝能就试图通过资本运营子公司——深圳市钜盛华股份有限公司（以下简称“钜盛华”）和前海人寿保险股份有限公司（以下简称“前海人寿”），对包括万科、中炬高新和南玻 A 等在内的 7 家上市公司展开控制权争夺。

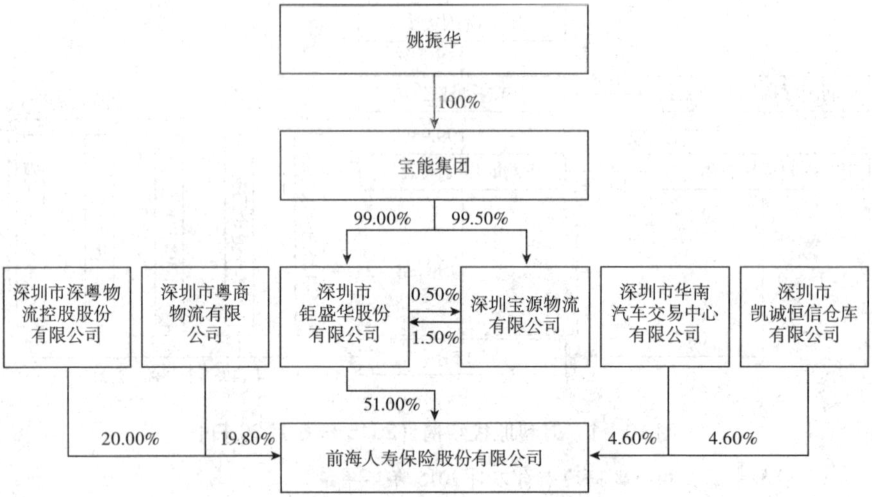

图 10－2　宝能股权结构（2016 年 5 月）

10.1.3　股权结构变更过程

2015 年 7 月初，前海人寿举牌万科，标志着“宝万之争”开始。宝能对万科的敌意收购属于二级市场杠杆收购，通过子公司钜盛华和前海人寿，采用集中竞价、收益互换、向证券公司融资和资管计划等方式，半年间多次在二级市场上收购万科股权。根据万科公告公布的宝能收购价格区间的均值乘以股数估算，此次杠杆收购的成本超过 487 亿元，资金来源主要包括自有资金、万能险资金、连环质押股权贷款、向证券公司融资购入股票和资管计划。其中，前海人寿分别使用自有资金和万能险资金收购 1.38% 和 5.28% 的万科股权，钜盛华分别使用资管计划和券商融资筹集资金收购 4.97% 和 0.08% 的万科股权。宝能披露的资管计划信息显示，资管计划的杠杆为 3 倍；全国企业信用信息公示系统显示，宝能已形成了以钜盛华为中心的 3 层连环质押，截至 2016 年 6 月 18 日已累计质押前海人寿 69% 的股权和钜盛华 29% 的股权向银行等金融机构融资收购剩余股权，可见其并购路径（见图 10－3）具有高杠杆和高风险的典型特点。

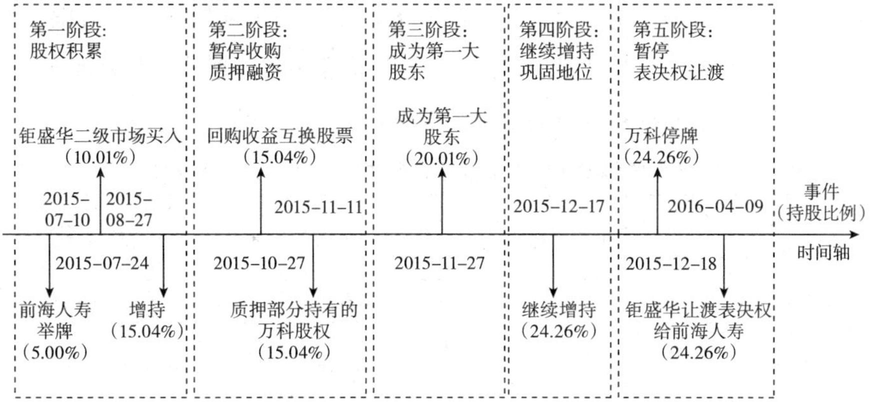

图 10－3　宝能敌意收购进程

10.2　万科股东生态位重构及其影响

10.2.1　万科股东生态位重构情况

本研究将公司股东按生态位特征划分为五种类型，其中类掠食型股东在股权上占有绝对优势，具有充分侵占控制权的能力，一般为第一大股东；优势型股东同样具有一定的股权优势，一般与第一大股东存在某种关系；建群型股东是大股东中非类掠食型和非优势型的股东，相互之间可能存在关系；从属型股东是互相存在关系的中小股东；伴生型股东是除以上股东类型以外的中小股东。由于企业年报中只披露前十大股东信息，因此无法获取其他中小股东信息，并且鉴于中小股东的持股比例较小，对公司价值波动的影响也较小，故本章案例研究中暂不考虑从属型股东和伴生型股东。

敌意收购发生前万科的股东生态位情况见表 10－1。在万科的股权结构中，华润股份有限公司（以下简称“华润”）系国有企业集团，经营领域涉猎广泛，具有雄厚的资金实力，作为第一大股东掌握着顶级资源，故将其划分为类掠食型股东。但是，华润一直秉承着扶持万科稳定发展的态度，并没有利用自身优势对万科采取侵占行为。国信证券与第一大股东华润存在关系，华润也是国信证券的第一大股东深圳国际信托投资有限责任公司的控股股东，且持股比例较高，因此将国信证券划分为优势型股东。其余的前十大股东均被划分为建群型股东。

表 10－1　敌意收购发生前万科的股东生态位情况（2015 年 6 月 30 日）

股东生态位类型	股东名称	股东性质	持股比例/%	持股总数/股
类掠食型股东	华润股份有限公司	国有法人	14.89	1645494720
优势型股东	国信证券—工商银行—国信金鹏分级 1 号集合资产管理计划	其他	4.14	456993190
建群型股东	HKSCC NOMINEES LIMITED	外资股东	11.90	1314934677
	GIC PRIVATE LIMITED	其他	1.38	151920952
	刘元生	其他	1.21	133791208
	MERRILL LYNCH INTERNATIONAL	其他	1.12	124049036
	中国人寿保险股份有限公司—分红—个人分红—005L—FH002 深	其他	0.87	95999739
	万科企业股份有限公司工会委员会	其他	0.61	67168517
	中国人寿保险（集团）公司—传统—普通保险产品	其他	0.57	63399921
	UBS AG	其他	0.54	59198577

注：相关数据均来自万科 2015 年半年报。

宝能（钜盛华、前海人寿和西部利得基金）于 2015 年利用资本优势分多次大举购买万科股权后，成为万科新的第一大股东，故将其划分为新的类掠食型股东。华润则退至与其持股比例相差不多的第二大股东，与国信证券同为优势型股东。宝能敌意收购发生后万科的股东生态位情况见表 10－2。

表 10－2　宝能敌意收购发生后万科的股东生态位情况（2015 年 12 月 31 日）

股东生态位类型	股东名称	股东性质	持股比例/%	持股总数/股
类掠食型股东	深圳市钜盛华股份有限公司	其他	8.38	926070472
	前海人寿保险股份有限公司—海利年年	其他	3.16	349776441
	西部利得基金—建设银行—西部利得金裕 1 号资产管理计划	其他	2.04	225494379
优势型股东	华润股份有限公司	国有法人	15.23	1682759247
	国信证券—工商银行—国信金鹏分级 1 号集合资产管理计划	其他	4.14	456993190
建群型股东	HKSCC NOMINEES LIMITED	外资股东	11.90	1314933176
	中国证券金融股份有限公司	其他	2.99	330361206
	招商财富—招商银行—德赢 1 号专项资产管理计划	其他	2.98	329352920
	安邦财产保险股份有限公司—传统产品	其他	2.34	258167403
	安邦人寿保险股份有限公司—保守型投资组合	其他	2.20	243677851

在宝能系实施敌意收购后，万科的股东生态位情况发生了较大变化，如图 10－4 所示。类掠食型股东的位置由宝能系占据，不同于华润的是宝能系的侵占意图十分明显，且后续也发生了实际的侵占行为，显露出“野蛮人”的攻击性，在万科的股东生态系统中扮演了“掠食者”的角色。华润则由原来的类掠食型股东身份变为优势型股东，丧失了对万科的绝对话语权。建群型股东的变化则相对较小。对于万科而言，宝能这样一个极具攻击意图的第一大股东的出现，很可能对万科其他股东以及企业造成很大的冲击，最终将损害万科的企业价值。

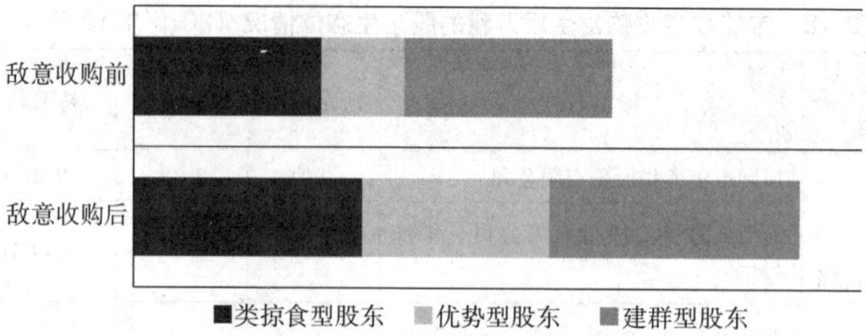

图 10－4　万科股东生态位重构情况

10.2.2　万科股东生态位重构的市场反应

本部分采用事件研究法对万科股权之争的案例进行研究，以考察因带有侵占行为的类掠食型股东侵入而造成的生态位重构对万科企业价值的影响。

根据事件特点，本章将宝能集团第一次恶意收购发生当天（2015 年 7 月 10 日）设为事件日，对该事件是否影响公司股价展开研究。在估计区间的选择方面，考虑到估计区间尽可能小的原则，本章采用的估计区间为 $t=-130\sim-11$ 天，窗口期为 $t=-10\sim10$ 天，进而以估计区间和事件窗口期的数据共同估计事件未发生情况下的期望收益。事件研究法的时间框架如图 10－5 所示。

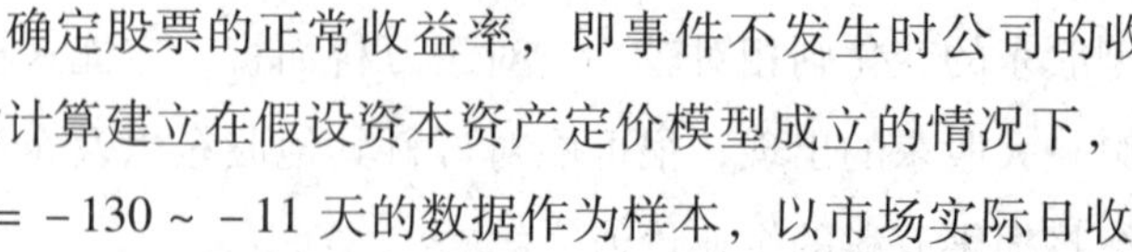

图 10－5　事件研究法的时间框架

首先，确定股票的正常收益率，即事件不发生时公司的收益率情况。市场模型的计算建立在假设资本资产定价模型成立的情况下，通过选择估计区间即 $t=-130\sim-11$ 天的数据作为样本，以市场实际日收益率为解释变量，以股票实际日收益率为被解释变量，得到线性回归方程为

$$R_{s,t}=\alpha_s+\beta_s\times R_{m,t}+\varepsilon_{s,t} \tag{10-1}$$

式中，$R_{s,t}$、$R_{m,t}$分别为股票实际日收益率和市场实际日收益率。若 α_s、β_s 在估计期内保持稳定，则可以计算得出预期正常收益率 $R'_{s,t}$ 为

$$R'_{s,t} = \alpha_s + \beta_s \times R_{m,t} \tag{10-2}$$

通过对样本公司 $t=-130 \sim -11$ 天的股价变动情况进行计算，获得股票实际日收益率，结合同时期创业板市场整体实际日收益率，经过回归计算得出的 α_s、β_s系数及相关统计检验指标见表 10－3。

表 10－3　回归系数

α_s	β_s	R^2	F	Sig. F
－0.0023	0.6640	0.2155	33.6900	0.0000

根据表 10－3 得出的回归系数，可以计算出万科股票在本研究界定的事件窗口期内，即 $t=-10 \sim 10$ 天的预期正常收益率 $R'_{s,t}$。此后，则需要计算股票在事件窗口期内每日的超额收益率，股票在第 t 日的超额收益率 $AR_{s,t}$为

$$AR_{s,t} = R_{s,t} - R'_{s,t} \tag{10-3}$$

其次，进一步计算股票在 $t=-10 \sim 10$ 天内每日的累计超额收益率，第 t 日的累计超额收益率 CAR_t 为

$$CAR_t = \sum_{-10}^{t} AR_t \tag{10-4}$$

股票日超额收益率（AR）和累计超额收益率（CAR）的计算结果见表 10－4。

表 10－4　万科股票日超额收益率及累计超额收益率

事件窗口期 t	AR	CAR
－10	0.0088	0.0088
－9	0.0711	0.0799
－8	0.0264	0.1063
－7	0.0282	0.1346
－6	0.0532	0.1877
－5	0.0205	0.2082
－4	0.1215	0.3297
－3	0.0384	0.3682
－2	－0.0354	0.3328

续表

事件窗口期 t	AR	CAR
-1	0.0353	0.3680
0	-0.0326	0.3354
1	-0.0492	0.2862
2	-0.0593	0.2269
3	0.0549	0.2818
4	-0.0111	0.2707
5	-0.0207	0.2500
6	0.0018	0.2519
7	-0.0703	0.1816
8	0.0036	0.1853
9	0.0049	0.1902
10	0.0278	0.2180

通过分析万科 $t=-10\sim10$ 天的日超额收益率及累计超额收益率可以看出，具有侵占性的类掠食型股东入侵后，引发股东生态位重构的市场反应。通过分析窗口期内日超额收益率与累计超额收益率的走势，可以得出市场对此事件做出的反应。图 10-6 为万科股票在事件窗口期日超额收益率的时间序列。

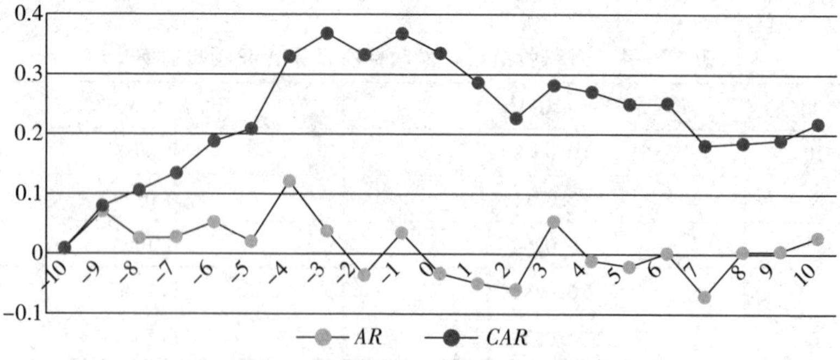

图 10-6 万科股票事件窗口期日超额收益率的时间序列

从整个窗口期来看，万科股票的日超额收益率及累计超额收益率整体均呈明显下降趋势。在事件发生前，股票累计超额收益率的水平整体呈上升趋势，说明市场在事件发生前对其有一定的预期。事件发生后的连续两个交易日，累计超额收益率明显降低，第三个交易日短暂上升后，在第四个交易日继续出现显著的持续下滑。总体来看，宝能敌意收购万科股权的事件造成了万科股价的显著下跌，反映出市场对其短期内的消极预期，表现为负向的市场反应。这说明，具有侵占意图的类掠食型股东的冲击造成的股东生态位重构，对万科的股价及公司价值的稳定产生了明显的负面影响。

10.3　本章小结

本章以宝能敌意收购万科案例为背景，围绕万科的股权结构变化重点讨论了万科股东生态位结构的重构，以及由此产生的经济后果。研究主要得到以下两方面结论。一是宝能敌意收购事件对万科的股东生态系统造成了冲击，股东生态位发生了重构，主要是大股东位置的转换。原本不具有攻击行为的类掠食型股东退至优势型股东位置，由新晋的具有侵占意图的类掠食型股东占据主导地位。二是具有侵占意图的类掠食型股东的增加造成生态位重构，进而危害其他股东以及公司的利益，并在短期内导致股价下行、企业价值减损。

根据以上结论，可以得出两点启示。一是股东生态位的重构会对企业产生一定程度的影响，尤其是由大股东变动造成的生态位重构，对企业有着至关重要的影响，因此应对大股东的变动给予足够的重视。二是当具有侵占意图的大股东在股东生态系统中占据主导位置时，不利于企业价值的提升。这很可能因为此类大股东利用自身优势占据有利生态位后，会侵害其他股东乃至企业的利益，最终损害了企业价值。

参考文献

［1］WERNERFELT B. A Resource based view of the firm［J］. Strategy Management Journal，1984（5）：171－180.

[2] 夏纪军. 股权集中度与公司治理绩效 [J]. 世界经济文汇，2017 (3)：46-63.

[3] 陈志斌，吴敏，陈志红. 家族管理影响中小家族企业价值的路径：基于行业竞争的代理理论和效率理论的研究 [J]. 中国工业经济，2017 (5)：113-132.

[4] 俞雪莲，王健俊. 公司治理、多元化战略对企业价值的影响：基于零售业上市公司的实证分析 [J]. 现代财经（天津财经大学学报），2017，37 (5)：86-100.

[5] 李文贵，余明桂，钟慧洁. 央企董事会试点、国有上市公司代理成本与企业绩效 [J]. 管理世界，2017 (8)：123-135+153.

[6] JOEL A C B, JITENSRA V S. Organizational niches and the dynamics of organizational founding [J]. Organization Science, 1994 (5): 483-501.

[7] 李勇，郑垂勇. 企业生态位与竞争战略 [J]. 当代财经，2007 (1)：51-56.

[8] 杨松令，董香兰，刘亭立. 基于生态位理论的股东关系分析 [J]. 管理现代化，2015 (6)：52-54.

[9] 王奇波，宋常. 国外关于最优股权结构与股权制衡的文献综述 [J]. 会计研究，2006 (1)：83-88+94.

[10] 徐向艺，张立达. 上市公司股权结构与公司价值关系研究：一个分组检验的结果 [J]. 中国工业经济，2008 (4)：102-109.

[11] 郑秀田，许永斌. 控股股东攫取私利下中小股东的行为选择："理性冷漠"还是"积极监督"? [J]. 经济评论，2013 (6)：11-16.

[12] 陈乾坤，卞曰瑭. 股权制衡、代理成本与企业绩效：基于我国 A 股民营上市公司的实证分析 [J]. 科学决策，2015 (5)：74-92.

[13] 陈德萍，陈永圣. 股权集中度、股权制衡度与公司绩效关系研究：2007—2009 年中小企业板块的实证检验 [J]. 会计研究，2011 (1)：38-43.

[14] 苏启林，朱文. 上市公司家族控制与企业价值 [J]. 经济研究，

2003 (8): 36 -45 +91.

[15] 杨文君，何捷，陆正飞. 家族企业股权制衡度与企业价值的门槛效应分析 [J]. 会计研究，2016 (11): 38 -45 +95.

[16] 隋静，蒋翠侠，许启发. 股权制衡与公司价值非线性异质关系研究：来自中国A股上市公司的证据 [J]. 南开管理评论，2016，19 (1): 70 -83.

[17] 陈信元，黄俊. 股权分置改革、股权层级与企业绩效 [J]. 会计研究，2016 (1): 56 -62 +96.

[18] 夏立军，方铁强. 政府控制、治理环境与公司价值：来自中国证券市场的经验证据 [J]. 经济研究，2005 (5): 82 -95.

[19] ANDREI S, VISHINY R W. A servey of corporate governance [J]. Journal of Finance, 1997 (52): 737 -783.

[20] 潘林. 大股东支持动机、公司治理与企业绩效关系的实证 [J]. 统计与决策，2016 (11): 176 -180.

[21] 李晋娴，张强. 法律与行政环境对信托公司绩效的影响研究 [J]. 财经理论与实践，2016，37 (3): 40 -46.

[22] 郑志刚，邓贺斐. 法律环境差异和区域金融发展：金融发展决定因素基于我国省级面板数据的考察 [J]. 管理世界，2010 (6): 14 -27.

[23] 陈丽英，李婉丽. 错报风险、法律环境与重述可靠性 [J]. 审计与经济研究，2018，33 (3): 83 -93.

[24] 徐勇，陈国伟. 机构投资者真的是价值创造者吗：基于制度环境调节效应的检验 [J]. 中山大学学报（社会科学版），2018，58 (3): 189 -198.

[25] FIRTH M, RUI O M, WU W. Cooking the books: recipes and costs of falsified financial statements in China [J]. Journal of Corporate Finance, 2011, 17 (2): 371 -390.

[26] LA PORTA R, LOPEZ - DE - SILANES F, SHLEIFER A, et al. Law and finance [J]. Journal of Political Economy, 1998 (106): 1113 -1155.

［27］LA PORTA R，LOPEZ－DE－SILANES F，SHLEIFER A，et al. Investor protection and corporate valuation［J］. The Journal of Finance，2002（57）：1147－1170.

［28］韩亮亮，徐业坤．投资者法律保护与公司价值：基于法律、所有权与投资者预期的实证分析［J］．管理评论，2010，22（7）：97－104.

［29］HANSEN B. Testing for linearity［J］. Journal of economic surveys，1999，13（5）：551－576.

［30］张耀伟，朱文娟，丁振松，等．综合化经营下银企关系、信息传递与银行系基金持股［J］．南开管理评论，2017，20（2）：81－93.

［31］蔡栋梁，邱黎源，孟晓雨，等．流动性约束、社会资本与家庭创业选择：基于CHFS数据的实证研究［J］．管理世界，2018，34（9）：85－100.

［32］ANG J S，COLE R A，LIN J W. Agency costs and ownership structure［J］. The Journal of Finance，2000，55（1）：81－106.

［33］戴亦一，肖金利，潘越．“乡音”能否降低公司代理成本：基于方言视角的研究［J］．经济研究，2016，51（12）：147－160＋186.

［34］胡茜茜，朱永祥，杜勇．网络环境下中小股东的治理效应研究：基于代理成本视角［J］．财经研究，2018，44（5）：109－120.

［35］GRAHAM J R，HARVEY C R，RAJGOPAL S. The economic implications of corporate financial reporting［J］. Journal of Accounting and Economics，2005，40（1）：3－73.

［36］COHEN D A，LYS D T Z. Real and accrual－based earnings management in the pre－ and post－sarbanes－oxley periods［J］. The Accounting Review，2008，83（3）：757－787.

［37］刘亭立，杨理嘉，王志华．大股东“关系治理”对真实盈余管理影响的实证分析［J］．统计与决策，2016（14）：167－170.

［38］周瑜胜，宋光辉．集中式股权结构、公司控制权配置与并购绩效：基于中国上市公司2004—2012年股权收购的证据［J］．山西财经大学学报，2014，36（8）：72－83.

[39] 柳建华，魏明海，郑国坚．大股东控制下的关联投资："效率促进"抑或"转移资源"[J]．管理世界，2008 (3)：133－141.

[40] 杨松令，董香兰，刘亭立．股东生态论：基于生态学理论的股东关系分析 [J]．经济与管理研究，2016 (1)：106－111.

[41] 杨松令，董香兰，刘亭立．关联股东生态位对真实盈余管理的影响研究 [J]．金融理论与实践，2015 (9)：87－91.

[42] 杨松令，董香兰，刘亭立．上市公司股东关系研究进展与评述 [J]．生产力研究，2015 (5)：155－159.

[43] 王福胜，吉姗姗，程富．盈余管理对上市公司未来经营业绩的影响研究：基于应计盈余管理与真实盈余管理比较视角 [J]．南开管理评论，2014，17 (2)：95－106.

[44] 袁知柱，郝文瀚，王泽燊．管理层激励对企业应计与真实盈余管理行为影响的实证研究 [J]．管理评论，2014，26 (10)：181－196.

[45] 袁知柱，王泽燊，郝文瀚．机构投资者持股与企业应计盈余管理和真实盈余管理行为选择 [J]．管理科学，2014 (5)：104－119.

[46] ACHLEITNER A K, GUENTHER N, KASERER C, et al. Real earnings management and accrual－based earnings management in family firms [J]. European Accounting Review, 2014, 23 (3): 431－461.

[47] DOUKAKIS L C. The effect of mandatory ifrs adoption on real and accrual－based earnings management activities [J]. Journal of Accounting and Public Policy, 2014, 33 (6): 551－572.

[48] 余怒涛，沈中华，刘孟晖．董事会特征和盈余质量：来自沪深股市的证据 [J]．华东经济管理，2009 (7)：76－81＋84.

[49] 曾雪云，陆正飞．盈余管理信息风险、业绩波动与审计意见：投资者如何逃离有重大盈余管理嫌疑的上市公司？[J]．财经研究，2016 (8)：133－144.

[50] ROYCHOWDHURY S. Earnings management through real activities manipulation [J]. Journal of Accounting and Economics, 2006, 42 (3):

335 – 370.

[51] 李玲芳，洪占卿．关于双向声誉机制的作用机理及有效性研究[J]．管理科学学报，2015（2）：1 – 12.

[52] COHEN D A，ZAROWIN P. Accrual – based and real earnings management activities around seasoned equity offerings [J]. Journal of Accounting and Economics，2010，50（1）：2 – 19.

[53] 李增福，林盛天，连玉君．国有控股、机构投资者与真实活动的盈余管理[J]．管理工程学报，2013（3）：35 – 44.

[54] 张泽南，马永强．市场化进程、薪酬差距与盈余管理方式选择[J]．山西财经大学学报，2014，36（7）：91 – 104.

[55] 侯晓红，张书寒．多板块资本市场 IPO 中真实和应计盈余管理[J]．当代会计评论，2015（2）：124 – 139.

第五篇 基于生态位的股东关系研究

>>>>

本篇为生态位视角下的股东关系研究，共分为两章。其中，第 11 章通过构建 Lotka – Volterra 模型和传染病模型，对不同生态位的股东关系进行分析，并尝试寻找不同生态位上股东实现和谐共生的路径；第 12 章首先讨论了传统股权资本成本估算模型的局限性，其次基于生态位理论分析了股东的异质性特征。在此基础上，提出了改进传统股权资本成本估算模型的建议，以期提高股权资本成本估算的准确性。

第 11 章　生态位视角下的股东关系分析

11.1　基于生态位的股东关系分类

从理论上看，不同类型股东之间生态位的关系可以分为三种形式：股东生态位基本重叠、股东生态位部分重叠和股东生态位分离。这三种形式可以借助股东生态位宽度、股东生态位重叠度以及股东生态位分离度表示。其中，股东生态位宽度用“b”表示，宽度越大，说明该股东种群可利用的资源越多，其实际利用的资源占整个资源谱的大多数，生存的综合能力和适应能力越强；股东生态位重叠度用“o”表示，重叠度越大，说明两个股东种群的相似程度越高，其利益冲突和竞争的强度越大，而股东生态位重叠度越小，说明股东种群的异质性越好；股东生态位分离度用“s”表示，是指相近物种或种群间为了减少对资源的竞争而形成的在选择生态位上的差异度。为了描述方便，假设股东种群 1 和股东种群 2 是类掠食型股东、优势型股东、建群型股东、从属型股东和伴生型股东中任意两个股东种群，则股东生态位的关系分析过程如图 11 -1 所示。

在股东生态位关系分析过程中，关系状态（a）是股东生态位基本重叠的情况。从图 11 -1 中可以得出，两类股东种群的生态位分离度 s 均小于其相应的股东生态位宽度 b_1 和 b_2，这说明两类股东种群之间存在严重的生态位重叠现象，但这并不意味着一定会发生激烈或者恶性的竞争，因为竞争的产生还与各自的生态位宽度大小相关。在股东生态位重叠严重的情况下，若股东种群 1 与股东种群 2 的生态位宽度都很大，虽然它们在各种资源上都存在一定的竞争，但是各种资源的占有能力并不突出。因此，尽

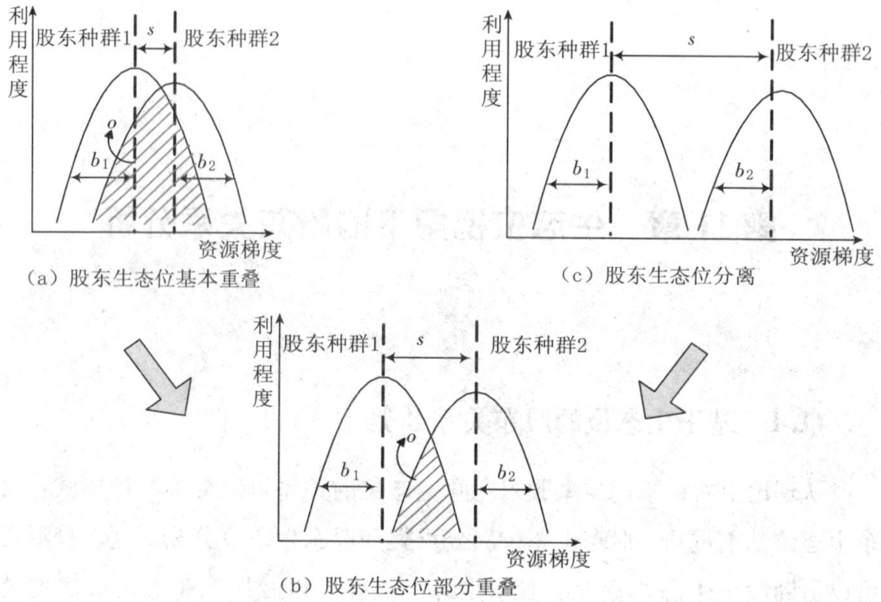

图 11－1　股东生态位关系分析过程

管此时的竞争很激烈，但并不会给对方造成致命的伤害。若股东种群 1 与股东种群 2 的生态位宽度都很窄，则说明两类股东种群对同类资源的依赖性很强，倘若这种资源是有限的，具有稀缺性，且不足以同时满足两类股东种群的生存和发展，那么此时，股东种群 1 与股东种群 2 将面临激烈的竞争。若股东种群 1 与股东种群 2 中，一类的生态位宽度大，另一类的生态位宽度小，则生态位宽度大的股东种群对某种重要资源的占有能力或利用程度较高，而生态位宽度小的股东种群凭借较广的资源优势，也能够获取适合自身的生存空间，以获得共生。若生态位宽度小的股东种群不能保持在该资源上的优势，就有可能在激烈的竞争中存在被挤出的风险。总之，生态位基本重叠的股东种群由于几乎利用相同的资源，导致竞争激烈。从长期看，竞争的结果是加大生态位的分离度向关系状态（b）发展，以减缓种群间竞争。

关系状态（b）为股东生态位部分重叠的情况。从图 11－1 中可以看出，两类股东种群的生态位分离度 s 均大于其相应的生态位宽度 b_1 和 b_2，说明两类股东种群的生态位存在较小的重叠。这意味着相互保持着比较适度的竞争，有利于各种资源的充分利用，是一种比较理想的生态位状态。

关系状态（c）为股东生态位分离的情况。从图 11－1 中可以看出，两类股东种群的生态位分离度 s 要大于其相应的生态位宽度 b_1 与 b_2 之和，说明两类股东种群不存在生态位重叠的现象，且分布在两条曲线之间的资源并未被完全利用，造成资源闲置，影响资源的优化配置。随着种群的发展和生态环境的变化，闲置资源必然被逐渐利用，从生态位的角度解释就是生态释放，即在没有种群竞争的情况下，物种将扩大其现有生态位，以寻求更好的生存和发展。因而，关系状态（c）也有向关系状态（b）变化的必然趋势。

从上述分析可知，不同类型股东种群间的生态位关系是处于不断变化的。从长期发展来看，股东生态位部分重叠应是他们和谐共存的理想状态。同时，本研究也发现股东生态位重叠不一定产生竞争，但竞争一定存在股东生态位重叠，这就需要我们借助其他方法进一步明确识别不同类型股东之间的生态位关系。

11.2　Lotka－Volterra 模型下股东生态位关系分析

从股东生态位关系的理论分析可知，股东生态位重叠不一定产生竞争，但竞争一定存在股东生态位重叠。为了避免不同类型股东生态位的过度重叠，对不同类型股东生态位的相对优势的具体分析就显得尤为重要。为此，我们根据种群生态学一般原理，借用 Lotka－Volterra 模型分析不同股东之间的相互关系。

11.2.1　Lotka－Volterra 模型的可行性分析

从自然界角度出发，考虑一个由两类生物种群组成的生态系统，其中一类生物种群被另一类生物种群捕食。设 x_1 为被捕食生物种群的数量，x_2 为捕食生物种群的数量。若假设不存在捕食生物种群，且环境中具备充足的资源，那么被捕食生物种群的数量将按指数速度增长，即

$$\frac{dx_1}{dt} = r_1 x_1 \tag{11-1}$$

其中，$r_1>0$。由于捕食者的存在，使被捕食生物种群的增长率要小于r_1x_1，减少的部分应与单位时间内两类生物种群相遇的多少成比例，且相遇的多少同两类生物种群的数量相关，两类生物种群数量越多，相遇的概率就越大。因此，相遇的机会应为x_1与x_2的单调增加函数。在参考化学动力学理论的基础上，Lotka 假定这个函数为x_1x_2，并将模型（11－1）修改为

$$\frac{dx_1}{dt}=r_1x_1-p_1x_1x_2 \tag{11-2}$$

类似分析捕食生物种群的变化，假设系统中只存在捕食生物种群，即在严重缺乏食物来源的情况下，捕食生物种群的数量将减少，有

$$\frac{dx_2}{dt}=-r_2x_2 \tag{11-3}$$

其中，$r_2>0$。当系统中添加了被捕食生物种群后，捕食生物种群数量下降的速度得以减缓，按照 Lotka 的假设，模型（11－3）应修改为

$$\frac{dx_2}{dt}=-r_2x_2+p_2x_1x_2 \tag{11-4}$$

而 Volterra 没有结合化学动力学的观点分析$p_1x_1x_2$与$p_2x_1x_2$，就两物种相互作用而言，只是认为应分别在模型（11－1）与模型（11－3）中减去一个同x_2成比例的项以及加上一个同x_1成比例的项。进一步地，模型(11－1)表示在没有捕食生物种群时，被捕食生物种群的数量按照指数规律增长，这并不符合实际，需要添加逻辑项使得即便不存在捕食生物种群时，被捕食生物种群的数量也不会无限制增长，即

$$\frac{dx_1}{dt}=r_1x_1-p_1x_1x_2-s_1x_1^2 \tag{11-5}$$

同样，对于捕食生物种群，有

$$\frac{dx_2}{dt}=-r_2x_2+p_2x_1x_2-s_2x_2^2 \tag{11-6}$$

即得到具有如下一般形式来描述一对相互制约的物种总数变化情况的二次总数模型

$$\frac{dx_1}{dt}=(a_0+a_1x_1+a_2x_2)x_1 \tag{11-7}$$

$$\frac{dx_2}{dt} = (b_0 + b_1x_1 + b_2x_2)x_2 \tag{11-8}$$

其中，a_i、b_i($i = 0,1,2$) 均为常数。

常数 a_0 和 b_0 表示相应物种在没有任何其他干扰下的自然生长。常数 a_1 表示 x 物种在自身增长率上的作用，如果 $a_1 < 0$ ，则被称为“种内自限系数”；如果 $a_1 > 0$ ，则被称为“种内互惠共生系数”。类似分析也适用于 b_2 。系数 a_2 和 b_1 表示一个物种对另一个物种增长率所起的作用，分为下述几种情形。

(1) $a_2 > 0$, $b_1 > 0$ ，即物种之间均为正向影响，此时物种之间互惠共生。

(2) $a_2 > 0$, $b_1 < 0$ (或 $a_2 < 0$, $b_1 > 0$)，即 x_2 正向影响 x_1 ，而 x_1 负向影响 x_2 (或 x_2 负向影响 x_1 ，而 x_1 正向影响 x_2)，此时为 x_1 捕食 x_2 (x_2 捕食 x_1)。

(3) $a_2 > 0$, $b_1 = 0$ (或 $a_2 < 0$, $b_1 = 0$)，即 x_2 正向影响 x_1 ，而 x_1 不影响 x_2 (或 x_2 负向影响 x_1 ，而 x_1 不影响 x_2)，此时偏利（偏害）共生。类似分析 $a_2 = 0$, $b_1 > 0$ (或 $a_2 = 0$, $b_1 < 0$) 的情况。

(4) $a_2 < 0$, $b_1 < 0$ ，即物种之间均为负向影响，此时物种相互捕食，或为共有资源而竞争。

在生态学中，两个或两个以上种群之间的 Lotka - Volterra 模型是对单种群生长的 Logistic 模型的一种修正，这是由美国数学家 Lotka 和意大利数学家 Volterra 共同提出的，被用于进行生物种群间的动态生态关系的描述，该模型的提出大大促进了现代生态学相关领域研究的发展。基于生态学等理论以及前文关于生态学模型的分析，将上市公司的任何两种股东种群的共生模型描述为如下形式的微分方程组，$x_1(t)$ 和 $x_2(t)$ 分别是这两种股东群体的规模状态。

$$\frac{dx_1}{dt} = r_1x_1\left(1 + \frac{\sigma_1x_2}{K_2} - \frac{x_1}{K_1}\right) \tag{11-9}$$

$$\frac{dx_2}{dt} = r_2x_2\left(-1 + \frac{\sigma_2x_1}{K_1} - \frac{x_2}{K_2}\right) \tag{11-10}$$

其中，r_i , $i=1,2$ 分别为只有股东种群 1 或股东种群 2 存在时，该股东的规模状态随公司价值增长的平均增长率；σ_i , $i=1,2$ 分别表示每单位股东种群 1 或股东种群 2 对对方规模状态变化的影响力；K 为公司在限定的环境下能达到的最大价值；$\frac{x}{K}$ 表示该规模状态占能够实现的规模状态最大值的比例，即自然增长饱和度。

不仅如此，学者还发现人类经济活动类似生物种群的动态发展，于是将 Lotka – Volterra 模型应用于人类社会经济管理活动，并取得了丰富成果。例如，伊辉勇和刘伟（2007）[1]通过对比生物种群和产品种群的特征，论证了利用种群生态理论研究企业产品竞争的可行性，并用 Lotka – Volterra 模型模拟两种企业产品竞争的过程，以寻求产品种群规模达到均衡时的稳定条件，继而判断企业的核心竞争力。徐爱东和龙勇（2008）[2]认为，Lotka – Volterra 模型可以很好地描述不同产品间不断扩散的竞争关系，并模拟了移动和联通之间竞争的动态稳定性和演变轨迹，发现用户的取向决定了二者的竞争优势。卞曰瑭等（2011）[3]借鉴共生理论，通过建立 Lotka – Volterra 竞争模型，模拟生产性服务业与先进制造业的内在关系，揭示了生产性服务业发展的内在机制。孙丽文和李跃（2017）[4]应用 Lotka – Volterra 模型理论分析了区域创新的演化机制，并评价了京津冀区域创新的生态位适宜度。这些文献为本研究将 Lotka – Volterra 模型引入股东生态位关系的研究奠定了坚实的应用基础。

结合第 4 章股东生态系统的理论分析可知，股东生态系统高度契合了自然生态系统的构成、特点及结构等，同类股东可以被看作股东生态系统中不同规模或实力群体。在自然生态系统中，种群间的生态关系表现为不同生物种群利用各种资源产生的相互作用关系。与此相类似，再结合第 6 章股东生态位内涵所包括的主要内容可知，不同类型股东种群之间在相互影响的过程中会受到来自股权资源禀赋、股权关联状况、股东生态环境等方面的约束，这完全符合自然生态系统的属性特征。除此之外，在股东生态系统中，任何上市公司的不同类型股东之间都存在无法分割的内在联系，由于不同类型的股东种群在自身具备的能力、拥有的资源禀赋（股权、控制权等），以及利用资源的程度方面存在明显的差异，所以在资源有限的约束下，使不同类型股东之间存在不同的生态关系状态，而不断处于捕食、寄生、竞争、互惠等关系的变化过程中，这与自然界中自然选择的功能和过程相类似，我们称为“市场选择过程”。因而，上述可行性分析结果满足了引入生态学中 Lotka - Volterra 模型的前提条件。

利用 Lotka - Volterra 模型研究生态系统中不同种群之间的竞争状况，除了要求存在不同的竞争种群之外，还需要满足以下几个基本条件：第一，相互竞争的种群所面临的外部环境一致；第二，相互竞争的种群生存空间范围不变；第三，相互竞争的种群依赖相同的食物来源；第四，相互竞争的种群行为保持一贯性。若将 Lotka - Volterra 模型在生物学上的假定借鉴到本研究不同类型股东种群之间的生态关系研究中，上述假定即代表了：第一，不同类型股东所面临的经济环境、法制环境等公司治理外部的股东生态环境是一致的；第二，不同类型股东是在某个上市公司范围内的竞争与合作；第三，不同类型股东存活的基础是股权收益或者控制权收益；第四，不同类型股东种群保持现有一贯的股东行为。可见，引入 Lotka - Volterra 模型分析不同类型股东种群间的生态关系是符合该模型基本条件的。

在此基础上，本研究进一步总结发现，在股东生态系统中竞争物种是不同类型股东，竞争范围为同行业的上市公司或上市公司内部，竞争约束条件就是股权资源禀赋、股权关联情况和股东生态环境条件的有限性。这与 Lotka - Volterra 模型的假设条件相对应，且不同类型股东共存时，各自生态位的变化会因对方的存在而受到抑制或者促进，这也与 Lotka - Volterra 模型描述的方式一致。

因此，基于上述假定及分析，本研究认为可以建立研究不同类型股东之间生态关系的 Lotka - Volterra 模型，且认为该模型参数能够反映保持公司治理外部环境相对固定和内部行为持续变化情形下不同类型股东之间的生态关系。

11. 2. 2 Lotka – Volterra 模型下股东关系的判别准则

从本研究第 4 章可知，股东生态主体是由异质性的股东群体构成的，以股东性质、股东持股规模、股权关联情况和侵占行为四个维度为起点，依据生态学中适者生存理论与亲缘选择理论，并按照自然界的分类思路和分类方法，最终划分为类掠食型股东、优势型股东、建群型股东、从属型股东和伴生型股东五大类。结合第 6 章中不同类型股东生态位特征分析可知，从属型股东和伴生型股东多为中小股东，其生态位宽度比较小，与其他类型股东的生态位重叠度很小，基本处于生态位分离状态，属于在股东生态系统的缝隙中生存，这也是众多中小股东虽在系统中处于弱势地位，但并没有因为市场竞争或大股东内斗而减少或退出股市，反而成为与处于强势或优势地位的股东群体或个体长期共存的主要原因。同时，鉴于从属型股东和伴生型股东相关数据的可获得性较低，从本章节开始，所有的股东数据仅限于前三类股东，即类掠食型股东、优势型股东和建群型股东。

不同类型股东种群只要在同一生态空间，就不可避免地发生竞争，从而影响股东生态位的扩展。为了满足理论分析的需要，假设股东种群 1 和股东种群 2 是类掠食型股东、优势型股东和建群型股东中任意两个种群，假设x_1（t）和 x_2（t）分别是股东种群 1 和股东种群 2 的生态位宽度，a_1 和 a_2 分别是两类股东种群生态位的内禀增长率，b_1和 b_2分别为两类股东种群的内部制约因素，称为“股东种群内部的作用系数”，c_1和 c_2分别为两类股东种群相互作用的因素，称为“股东种群之间的作用系数”，那么建立的股东种群内和种群间相互作用的 Lotka – Volterra 竞争模型的一般形式为

$$\begin{cases}\dfrac{dx_1(t)}{dt} = a_1x_1(t) + b_1x_1^2(t) + c_1x_1(t)x_2(t) \\ \dfrac{dx_2(t)}{dt} = a_2x_2(t) + b_2x_2^2(t) + c_2x_1(t)x_2(t)\end{cases} \tag{11-11}$$

式中，股东种群之间的作用系数符号可以反映两个种群的相互作用关系。若系数为正，则说明另一种群对该种群有利，产生促进作用；反之，则有害，产生抑制作用。根据模型（11 – 11）对股东种群之间的相互作用进行

分析推演，可得到 3 种股东生态位关系结果。

（1）捕食或者寄生关系（$c_1 \times c_2 < 0$）。若 $c_1 < 0$，$c_2 > 0$，则股东种群 2 对股东种群 1 有害，股东种群 1 对股东种群 2 有利，股东种群 1 为被捕食者或者寄主，股东种群 2 为捕食者或者寄生者。例如，类掠食型股东可能在亲缘选择、包容性适应等影响下，帮助与其存在亲缘关系或类亲缘关系的优势型股东，使其获得比建群型股东更多的剩余控制权，如较高的“董监高”委派比例。与此同时，还可能与这些优势型股东分享部分剩余控制权收益或者内部信息资源。这虽然有利于优势型股东种群的增长，但类掠食型股东或许得不到正向的报答，即当类掠食型股东欲对公司采取“掏空”行为时，可能遭到优势型股东的反对。

（2）竞争关系（$c_1 < 0$ 且 $c_2 < 0$）。每个种群的存在都对另一种群的增长产生抑制作用，它们为了利益相互博弈，更多的是对共同资源的竞争。虽然按照科斯的企业契约理论，不同股东种群在剩余控制权的分配上没有权力上的差异，只是凭借持股情况获得相应的分享比例而已，但是持股比例多少的背后隐藏着对股东生态环境特别是公司治理内部环境的控制权安排情况，即享有委派多少“董监高”的权力。这可能是不同类型股东间争夺更多股权或控制权的原因之一。

（3）互惠关系（$c_1 > 0$ 且 $c_2 > 0$）。每个股东种群的存在都对另一种群的增长产生促进作用，它们在共同适应、共同发展的过程中促进资源的有效配置。例如，不同股东种群的势力或者竞争力是存在差距的，处于弱势的种群在信息成本高的压力下，审视自己所处的地位可能采取适当的“搭便车”行为，既为自己节约了成本，又如类掠食型股东通过维护与其存在亲缘关系或类亲缘关系的优势型股东获得信任，为自己提高了信誉。

11.2.3　Lotka－Volterra 模型下股东关系状态分析

11.2.3.1　案例公司简介

中航地产股份有限公司成立于 1985 年，1994 年在深交所上市（股票代码：000043），是隶属于中国航空工业集团公司的央企上市公司。自

2006年起，该企业已多年入围深圳百强企业，主营业务包括房地产、物业管理、服务业及国内贸易。2010—2015年，中航地产的第一大股东为中航国际控股股份有限公司。本研究以2010—2015年中航地产股份有限公司的股东数据为例，探讨不同类型股东之间的生态位关系。由于中航地产在2010—2015年有两次增发了新股，且结合公司治理实践中股东内斗事件可知，不同类型股东之间的利益格局可能不再是持股比例数量差异的结果，而是耦合了股东之间的亲缘关系或类亲缘关系在公司治理内部环境中控制权安排状况的结果。

11.2.3.2 中航地产股东生态位数据

股东之间的亲缘关系或类亲缘关系已作为其中一个分类维度被融合到股东生态主体的划分上，那么本研究在此基础上将不同类型股东在公司治理内部环境中的控制权安排状况，即委派“董监高”数量所占的比例纳入股东生态位参数的度量范围，综合考虑不同类型股东对股权资源禀赋和股东生态环境状况的利用情况。通过查询国泰安数据库和手动搜集公司年报获取该公司与股东相关的原始数据，借助SNS1.0软件进一步提炼股东生态位态维度和势维度指标，并依据股东生态位宽度模型（7－5）计算出不同类型股东的生态位宽度，具体数据见表11－1，为进一步借助Lotka－Volterra模型识别不同类型股东之间生态位关系提供了基础数据。

表11－1 2010—2015年中航地产股东种群生态位宽度

年份	t	类掠食型股东	优势型股东	建群型股东
2010	1	19.31	23.26	6.03
2011	2	14.43	20.82	6.03
2012	3	14.43	23.26	6.03
2013	4	14.28	24.98	5.98
2014	5	14.50	18.50	12.19
2015	6	15.46	16.62	12.75

11.2.3.3 Lotka－Volterra模型数据处理过程

鉴于Lotka－Volterra模型（11－11）的主要优势在于识别两类股东种群的生态关系，故采取对类掠食型股东（记为股东种群1）、优势型股东

（记为股东种群2）和建群型股东（记为股东种群3）两两组合而成三组，分别建立 Lotka－Volterra 模型，计算方法采用灰色估计法（卞曰瑭、何建敏、庄亚明，2011；陈海俊等，2011）[3,5]估计模型（11－11）的参数，数据处理工具选用 Matlab 8.4 软件，进而识别不同类型股东种群间具体的生态关系。以模型（7－10）中的第一个方程为例说明获取参数过程，因为股东生态位数据为年度数据，属于典型的离散型数据，所以需要将该模型（11－11）转化为以下离散化模型（11－12）

$$x_{1(t)} - x_{1(t-1)} = a_1 \frac{x_{1(t)} + x_{1(t-1)}}{2} + b_1 \left[\frac{x_{1(t)} + x_{1(t-1)}}{2}\right]^2 + c_3\left[\frac{x_{1(t)} + x_{1(t-1)}}{2}\right]\left[\frac{x_{2(t)} + x_{2(t-1)}}{2}\right] \tag{11-12}$$

将 $t=1, 2, \cdots, 7$ 时相对应的原始数据代入模型（11－12），可得到矩阵方程组（11－13）。

$$Y_1 = B_{12}[a_1, b_1, c_1] \tag{11-13}$$

其中，$Y_1 = [x_{1(2)} - x_{1(1)}, x_{1(2)} - x_{1(1)}, \cdots, x_{1(6)} - x_{1(5)}]^T$，是 $\frac{dx_1(t)}{dt}$ 的近似矩阵。

$$B_{12} = \begin{pmatrix} \frac{x_{1(2)} + x_{1(1)}}{2} & \left[\frac{x_{1(2)} + x_{1(1)}}{2}\right]^2 & \left[\frac{x_{1(2)} + x_{1(1)}}{2}\right]\left[\frac{x_{2(2)} + x_{2(1)}}{2}\right] \\ \frac{x_{1(3)} + x_{1(2)}}{2} & \left[\frac{x_{1(3)} + x_{1(2)}}{2}\right]^2 & \left[\frac{x_{1(3)} + x_{1(2)}}{2}\right]\left[\frac{x_{2(3)} + x_{2(2)}}{2}\right] \\ \vdots & \vdots & \vdots \\ \frac{x_{1(6)} + x_{1(5)}}{2} & \left[\frac{x_{1(6)} + x_{1(5)}}{2}\right]^2 & \left[\frac{x_{1(6)} + x_{1(5)}}{2}\right]\left[\frac{x_{2(6)} + x_{2(5)}}{2}\right] \end{pmatrix}$$

B_{12} 为股东种群1与股东种群2建立的 Lotka－Volterra 模型（11－11）中第一个方程的数据矩阵。同理，可得到其他组数据，（见表11－2）。其中，Y_i 是 $dx_i(t)/dt$ 的近似矩阵；B_{ij} 是股东种群 i 和股东种群 j 间方程数据矩阵，i 和 j 的取值为1、2和3，且 $i \neq j$。

表 11-2 Lotka-Volterra 模型数据

DataA 类掠食型股东与优势型股东							
Y_1	Y_2	B_{12}			B_{21}		
-4.88	-2.44	16.870	284.597	371.815	22.040	485.762	371.815
0.00	2.44	14.430	208.225	318.037	22.040	485.762	318.037
-0.15	1.72	14.355	206.066	346.243	24.120	581.774	346.243
0.22	-6.48	14.390	207.072	312.839	21.740	472.628	312.839
0.96	-1.88	14.980	224.400	263.049	17.560	308.354	263.049
DataB 优势型股东与建群型股东							
Y_2	Y_3	B_{23}			B_{32}		
-2.44	0.00	22.040	485.762	132.901	6.030	36.361	132.901
2.44	0.00	22.040	485.762	132.901	6.030	36.361	132.901
1.72	-0.05	24.120	581.774	144.841	6.005	36.060	144.841
-6.48	6.21	21.740	472.628	197.508	9.085	82.537	197.508
-1.88	0.56	17.560	308.354	218.973	12.470	155.501	218.970
DataC 类掠食型股东与建群型股东							
Y_1	Y_3	B_{13}			B_{31}		
-4.88	0.00	16.870	284.597	101.726	6.030	36.361	101.726
0.00	0.00	14.430	208.225	87.013	6.030	36.361	87.013
-0.15	-0.05	14.355	206.066	86.202	6.005	36.060	86.202
0.22	6.21	14.390	207.072	130.733	9.085	82.537	130.733
0.96	0.56	14.980	224.400	186.801	12.470	155.501	186.801

在 Lotka-Volterra 模型的最小二乘准则下，方程参数矩阵可表示为

$$[a_1, b_1, c_1]^T = (B_{12}^T B_{12})^{-1} B_{12}^T Y_1 \qquad (11-14)$$

11.2.3.4 Lotka-Volterra 模型数据结果与分析

基于表 11-2 中 Lotka-Volterra 模型的相应数据矩阵，运用 Matlab8.4 软件进行最小二乘矩阵计算，便可计算出方程（11-14）的相应数值，即方程的系数。同理，可得出其余方程系数，完整的结果见方程组（11-15）、方程组（11-16）和方程组（11-17）。

$$\begin{cases} \dfrac{dx_1(t)}{dt} = 2.3411x_1(t) - 0.1237x_1^2(t) - 0.0246x_1(t)x_2(t) \\ \dfrac{dx_2(t)}{dt} = -0.3054x_2(t) + 0.0279x_2^2(t) + 0.2410x_1(t)x_2(t) \end{cases} \tag{11-15}$$

$$\begin{cases} \dfrac{dx_2(t)}{dt} = 1.0828x_2(t) - 0.0315x_2^2(t) - 0.0599x_2(t)x_3(t) \\ \dfrac{dx_3(t)}{dt} = -6.9469x_3(t) + 0.2067x_3^2(t) + 0.2546x_2(t)x_3(t) \end{cases} \tag{11-16}$$

$$\begin{cases} \dfrac{dx_1(t)}{dt} = 1.4398x_1(t) - 0.1095x_1^2(t) + 0.0202x_1(t)x_3(t) \\ \dfrac{dx_3(t)}{dt} = 2.6760x_3(t) - 0.0079x_3^2(t) - 0.1621x_1(t)x_3(t) \end{cases} \tag{11-17}$$

从方程组（11－15）(类掠食型股东与优势型股东)、方程组（11－16）(优势型股东与建群型股东）和方程组（11－17）(类掠食型股东与建群型股东）的种群间作用系数来看，c_i和c_j的乘积均是小于0的，说明不同类型股东种群间的生态位关系均属于捕食或寄生关系，但影响程度存在差异。

从方程组（11－15）和方程组（11－17）的种群间作用系数可以看出，类掠食型股东与优势型股东属于寄生关系，其中类掠食型股东是寄主；而类掠食型股东与建群型股东属于捕食关系，其中类掠食型股东是捕食者。可见，类掠食型股东偏向侵占建群型股东的利益。具体来看，类掠食型股东对优势型股东的种群间作用系数为0.2410，说明类掠食型股东生态位宽度的增大有利于优势型股东生态位宽度的增大，原因可能是类掠食型股东基于亲缘选择的动机，选择利他行为，下放给优势型股东部分剩余控制权，或者与之分享部分稀缺性信息资源等，以增加优势型股东获取的收益，或者降低优势型股东获取信息的成本，使优势型股东的生态位宽度得以增大，并增大了生存和发展的空间。而类掠食型股东对亲缘关系或者类亲缘关系较远的建群型股东的种群间作用系数为 -0.1621，说明类掠食型股东种群生态位宽度的增大抑制了建群型股东生态位宽度的增大，使建群型股东生存的空间相对减小，对环境的适应能力下降，这从侧面验证了类掠食型股东只会对优势型股东选择利他的社会行为。与第 6 章的理论分析相一致，类掠食型股东这种基于亲缘的利他行为并没有给自己带来积极的正面回报，从方程组（11-15）中第一个方程可以看出，优势型股东对类掠食型股东的种群间作用系数为 -0.0246，说明优势型股东对类掠食型股东生态位宽度的增大起抑制作用，可能原因在于优势型股东为了维护自身的利益，凭借与类掠食型股东的亲缘关系和类亲缘关系对其形成牵制，有效抑制了类掠食型股东的“隧道行为”。本研究从方程组（11-17）中还发现，建群型股东对类掠食型股东的种群间作用系数为 0.0202，说明建群型股东生态宽度的增大在一定程度上促进了类掠食型股东生态位的增大，原因可能在于建群型股东的“用脚投票”，或者其委派的“董监高”比例较小，不能影响公司经营方面的决策，从而不足以起到抑制控股股东侵占行为的作用，进而在某种程度上相当于助长了类掠食型股东生态位宽度的增大。可见，相对于优势型股东而言，建群型股东才是类掠食型股东利益侵占的对象。由此推测，生存在缝隙中的从属型股东和伴生型股东对类掠食型股东的监督力度更小，而且更有可能成为类掠食型股东的侵占对象。

从方程组（11-16）的股东种群间作用系数可以看出，优势型股东对建群型股东的种群间作用系数为 0.2546，而建群型股东对优势型股东的种群间作用系数为 -0.0599，说明两者之间的生态位关系是寄生的，其中优势型股东扮演着寄主的角色。与方程组（11-15）对比发现，优势型股东对建群型股东的促进程度（0.2546）要远大于对类掠食型股东的抑制程度（-0.0246），说明优势型股东借助与类掠食型股东的亲缘关系或者类亲缘关系牵制住了类掠食型股东，使类掠食型股东迫于维系良好关系的需要减小对建群型股东、从属型股东和伴生型股东的侵占程度。

对比方程组（11-16）和方程组（11-17）我们可以发现，建群型股东虽然抑制了优势型股东生态位宽度的增大，却在一定程度上促进了类掠食型股东生态位宽度的扩展，原因可能在于建群型股东有优势型股东与类掠食型股东可能合谋的顾虑，这种合谋的结果致使建群型股东、从属型股东和伴生型股东被侵占的程度加大，最终使整个股东生态系统的稳定性急速下降。建群型股东对类掠食型股东的促进作用，在某种程度上为传统视角下将第二至第十大股东同质看待的股权制衡研究提供了一种生态位视角的解释。

通过对三组方程的整体分析和局部分析，本研究将中航地产三类股东生态位宽度的关系结果进行了总结（见图 11 - 2），其中“（ + ）” 表示促进作用，“ （ - ）” 表示抑制作用。总之，类掠食型股东、优势型股东和建群型股东之间均没有达到相互促进的互惠共生关系。

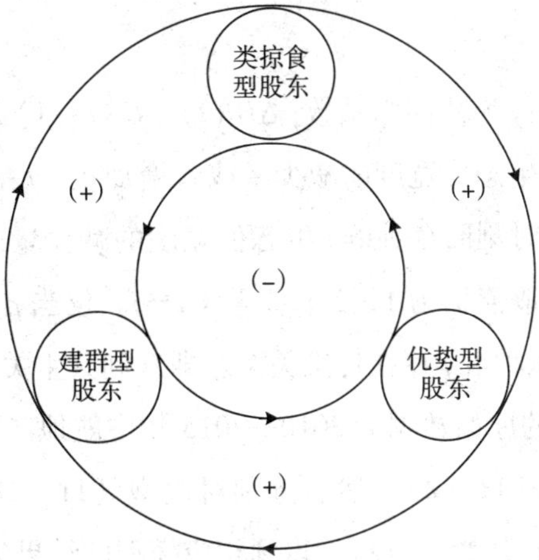

图 11 - 2　中航地产不同类型股东生态位关系结果

11. 2. 3. 5　稳健性检验

通过 Lotka - Volterra 模型初步揭示了不同类型股东生态位关系的结果。为了验证研究结论的稳健性，我们采用两种检验方法，一种是改换其他模型的方法，另一种是替换股东生态位变量的方法。

一方面，种群间协同演化原理告诉我们，两类种群间存在传染关系和竞争关系，其中传染关系是指两类种群中的一类种群数量或者其他特征或行为的变化会影响另一类种群做出相应变化的现象，在生态学中也称这种非理性决策为“互利共生”，否则便是竞争关系，同时这也是传染病模型的假设条件。传染病模型同样具有检验不同类型股东之间是互利共生关系还是竞争关系的功能，所以本研究进一步引入了传染病模型来检验基于Lotka－Volterra模型的股东生态位关系结果的可靠性，具体构建的三类股东相互的传染病模型为

$$\Delta B_1(t) = \rho_{10} + \rho_{11} \times B_2(t-1) + \rho_{12} \times \Delta B_2^2(t-1) + \varepsilon(t) \tag{11-18}$$

$$\Delta B_2(t) = \rho_{20} + \rho_{21} \times B_3(t-1) + \rho_{22} \times \Delta B_3^2(t-1) + \varepsilon(t) \tag{11-19}$$

$$\Delta B_3(t) = \rho_{30} + \rho_{31} \times B_1(t-1) + \rho_{32} \times \Delta B_1^2(t-1) + \varepsilon(t) \tag{11-20}$$

式中，ρ_{i0}、ρ_{i1}和ρ_{i2}为待回归系数；$\Delta B_i(t)$、$B_j(t-1)$和$\Delta B_j(t-1)$分别为t时刻股东种群i生态位宽度的减少量或者增加量、$t-1$时刻股东种群j生态位宽度和$t-1$时刻股东种群j生态位宽度的减少量或者增加量；$\varepsilon(t)$为误差项；i和j的取值均为1、2和3，且$i \neq j$。仅当ρ_{i1}和ρ_{i2}均大于0时，股东种群i与股东种群j存在传染关系，即互利共生关系。

传染病模型的原始数据为2010—2015年中航地产不同类型股东的生态位宽度数据（见表11－2），然后分别对模型（11－18）、模型（11－19）和模型（11－20）做统计分析，得到相应模型的结果为

$$\begin{cases} \Delta B_1(t) = 2.411 - 0.673B_2(t-1) + 0.676\Delta B_2^2(t-1) \\ \Delta B_2(t) = 9.854 - 1.934B_3(t-1) + 1.812\Delta B_3^2(t-1) \\ \Delta B_3(t) = -88.935 + 0.701B_1(t-1) - 0.597\Delta B_1^2(t-1) \end{cases} \tag{11-21}$$

结合模型（11－21）可以看出ρ_{i1}和ρ_{i2}的乘积均小于0，说明不同类型股东种群间不存在传染行为，互相都没有达到互利共生的生态关系，这与Lotka－Volterra模型的分析结果相一致。

另一方面，按照股东生态位重叠度模型（7－9）计算出 2010—2015 年中航地产不同类型股东种群的生态位重叠度，见表 11－3。可以看出，类掠食型股东与优势型股东的生态位重叠度（O_{12}）均在 0.8 以上，2015 年竟高达 0.983；优势型股东与建群型股东的生态位重叠度（O_{23}）随着年份的增长有下降趋势，数值暂时稳定在 0.6 以上；类掠食型股东与建群型股东的生态位重叠度一直稳定在 0.5 左右。横向比较来看，股东生态位重叠度（O_{12}）最大，说明类掠食型股东与优势型股东发生竞争的可能性最大，是不同类型股东中最易发生竞争和冲突的股东主体。总之，三种类型股东间的生态位重叠度都比较大，均超过了 0.5，说明中航地产不同类型股东之间并没有互利共生的关系，这也与 Lotka－Volterra 模型的分析结果相一致。

表 11－3　2010—2015 年中航地产不同类型股东间的生态位重叠度

年份	O_{12}	O_{13}	O_{23}
2010	0.959	0.454	0.864
2011	0.867	0.580	0.788
2012	0.806	0.580	0.672
2013	0.759	0.582	0.750
2014	0.928	0.561	0.672
2015	0.983	0.542	0.620

通过稳健性检验分析，本研究验证了不同类型股东之间生态位关系结果的可靠性，同时通过方法对比，本研究还发现 Lotka－Volterra 模型具有一个独特的优点，就是它不仅能明确股东种群间的生态位关系状态，还在一定程度上印证了第 4 章在股东生态主体划分过程中的理论分析结果，而且有助于明确不同类型股东相互促进和抑制的影响方向。

11.3　股东互利共生的策略

从上述分析可以看出，不同生态位的股东之间存在捕食与被捕食关系、竞争关系和互利共生关系等，其中互利共生是股东之间的最佳生存状态。那么，怎样达到互利共生或者和谐共生呢？本部分通过生态学模型进行理论分析，证明不同生态位股东之间的关系存在均衡点，即可以达到互利共生状态。同时，基于此分析了互利共生状态下各类型股东的生存策略。

11.3.1 股东关系模型的平衡点分析

由生态学理论可知，两类相互制约的物种在共同的环境中经过足够长的时间，完全有可能达到某种平衡。根据二次总数模型（11－7）和模型（11－8），在平衡状态下要么两物种的变化率为零，即 $\frac{\mathrm{d}x_1}{\mathrm{d}t}=0$ 与 $\frac{\mathrm{d}x_2}{\mathrm{d}t}=0$，此时对应该模型的平衡点；要么两物种的数目呈周期性变化，此时 $x_1(t)$ 和 $x_2(t)$ 是时间 t 具有公共周期的非常数的周期函数。图 11－2 中给出了几种不同形式的曲线。

定理 11.1　如果模型（11－7）和模型（11－8）的系数满足如下条件：

A：$a_1b_2-a_2b_1\neq 0$，

B：$a_1b_0(a_2-b_2)-a_0b_2(a_1-b_1)\neq 0$。

则该模型不存在非平衡点的周期解。

证明　在模型（11－7）和模型（11－8）中，对于 $x_1(t)>0$ 和 $x_2(t)>0$，定义函数

$$K(x_1,x_2)=x_1{}^{\alpha}x_2^{\beta}$$

其中

$$\alpha=\frac{b_2(b_1-a_1)}{A}-1,\quad \beta=\frac{a_1(a_2-b_2)}{A}-1$$

设 f 和 g 分别表示微分方程（4－7）和方程（4－8）的右端项，考虑函数

$$\frac{\partial}{\partial x_1}(Kf)+\frac{\partial}{\partial x_2}(Kg)$$

可以证明，不论 $B=0$ 与否，只要 $A\neq 0$，就有

$$\frac{\partial}{\partial x_1}(Kf)+\frac{\partial}{\partial x_2}(Kg)=\frac{B}{A}K \tag{11-22}$$

现假定微分模型（11－7）和模型（11－8）存在一非平衡点的周期解 Γ，设 R 表示 Γ 和 Γ 内部的并集（见图 11－3），由于 $x_1(t)>0$，$x_2(t)>$

0 时，$\frac{B}{A}K(x_1,x_2)$ 有确定的符号且不为零。由方程组（11－13）可得

$$0 \neq \iint_R \frac{B}{A}K(x_1,x_2)\mathrm{d}x_1\mathrm{d}x_2 = \iint_R \left[\frac{\partial}{\partial x_1}(Kf) + \frac{\partial}{\partial x_2}(Kg)\right]\mathrm{d}x_1\mathrm{d}x_2 \tag{11-23}$$

由 Green 定理知

$$\iint_R \left[\frac{\partial}{\partial x_1}(Kf) + \frac{\partial}{\partial x_2}(Kg)\right]\mathrm{d}x_1 x_2 = -\oint_\Gamma [Kg\mathrm{d}x_1 - Kf\mathrm{d}x_2] \tag{11-24}$$

因此有

$$\oint_\Gamma [Kg\mathrm{d}x_1 - Kf\mathrm{d}x_2] = \int_0^T \left[Kg\frac{\mathrm{d}x_1}{\mathrm{d}t} - Kf\frac{\mathrm{d}x_2}{\mathrm{d}t}\right]\mathrm{d}t = \int_0^T [Kgf - Kfg]\mathrm{d}t = 0 \tag{11-25}$$

其中，T 为 Γ 的周期。由方程（11－23）－ 方程（11－24）得

$$0 \neq \iint_R \left[\frac{\partial}{\partial x_1}(Kf) + \frac{\partial}{\partial x_2}(Kg)\right]\mathrm{d}x_1\mathrm{d}x_2 = 0$$

导出矛盾，即微分模型（11－7）和模型（11－8）在引理的条件下不存在非平衡点的周期解。

因此，当引理条件成立时，由微分模型（11－7）和模型（11－8）作为模型的一对非零物种的唯一可能的平衡状态，就是平衡点处。

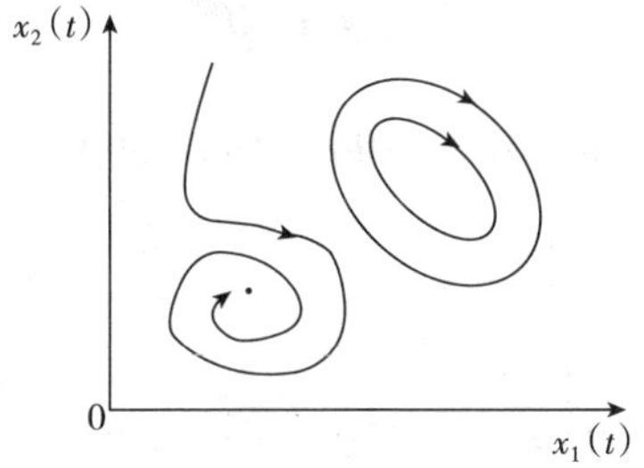

图 11－2　相图中不同轨线

定理 11.2　微分方程组（11－9）和方程组（11－10）有 4 个平衡点 (0, 0)、$(K_1,0)$、$(0,-K_2)$ 和 $\left(\frac{K_1(-1+\sigma_1)}{\sigma_1\sigma_2-1}, -\frac{K_2(-1+\sigma_2)}{\sigma_1\sigma_2-1}\right)$，且均为鞍点。

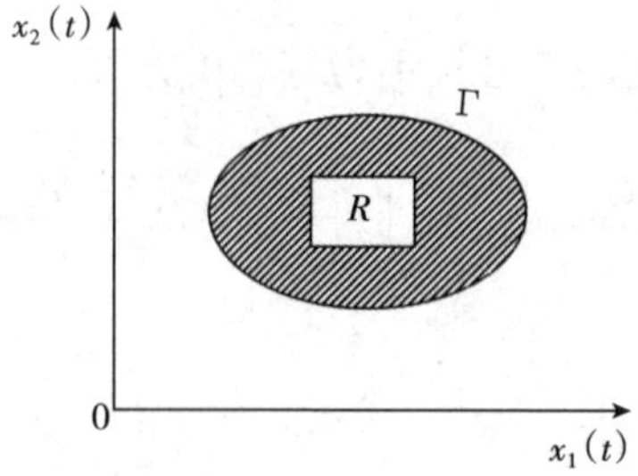

图 11－3　周期解 Γ 的区域 R

证明　令微分方程组（11－9）和方程组（11－10）的右端为0。

$$r_1x_1(1+\frac{\sigma_1x_2}{K_2}-\frac{x_1}{K_1})=0,$$

$$r_2x_2(-1+\frac{\sigma_2x_1}{K_1}-\frac{x_2}{K_2})=0,$$

该方程组的解分别为 $(0,0)$、$(K_1,0)$、$(0,-K_2)$ 和 $(\frac{K_1(-1+\sigma_1)}{\sigma_1\sigma_2-1},-\frac{K_2(-1+\sigma_2)}{\sigma_1\sigma_2-1})$。下面以 $(0,0)$ 为例，证明该平衡点为鞍点。令

$$\frac{dx_1}{dt}=r_1x_1 \tag{11-26}$$

$$\frac{dx_2}{dt}=-r_2x_2 \tag{11-27}$$

为方程组（11－9）和方程组（11－10）的变分方程，系数矩阵 $J=\begin{pmatrix} r_1 & 0 \\ 0 & -r_2 \end{pmatrix}$。

求解特征方程 $|\lambda I-J|=0$，有 $\lambda_1=r_1>0$，$\lambda_2=-r_2<0$，则该系数矩阵 J 具有两个异号的实特征根，即平衡点 $(0,0)$ 为变分方程的鞍点。

此外，原方程组的非线性项

$$\Phi(x_1,x_2)=\frac{r_1\sigma_1x_1x_2}{K_2}-\frac{r_1x_1^2}{K_1},\ \Psi(x_1,x_2)=\frac{r_2\sigma_2x_1x_2}{K_1}-\frac{r_2x_2^2}{K_2}$$

满足以下条件：

(1) $\Phi(x_1,x_2)$，$\Psi(x_1,x_2)$ 在原点的邻域内对 x_1，x_2 连续可微。

(2) $\Phi(x_1,x_2)$，$\Psi(x_1,x_2) = o(r)$，$r = \sqrt{x_1^2 + x_2^2}$。

由 Perron 第一定理可以判定平衡点 (0,0) 为原方程组（11－9）和方程组（11－10）的鞍点，同理可证其余平衡点为鞍点。

定理 11.3 **(平衡点分支)** 如果微分方程组（11－9）和方程组(11－10)的系数 σ_1,σ_2 满足如下条件：

(1) 当 $\sigma_1 = 1$ 且 $\sigma_2 \neq 1$ 时（或 $\sigma_2 = 1$ 且 $\sigma_1 \neq 1$ 时），则原方程组有 3 个平衡点（即定理 11.2 中前 3 个平衡点）。

(2) 当 $\sigma_1\sigma_2 \neq 1$ 且 σ_1，$\sigma_2 \neq 1$ 时，则原方程组有 4 个平衡点（即定理 11.2 中全部 4 个平衡点）。

定理 11.4　如果微分方程组（11－9）和方程组（11－10）的系数满足如下条件：

(1) $\sigma_1\sigma_2 \neq 1$。

(2) $r_1(\sigma_1 - 1) - r_2(\sigma_2 - 1) \neq 0$。

则原方程组不存在闭轨。

证明　微分方程组（11－9）和方程组（11－10）是模型（11－7）和模型（11－8）的特殊形式，可知模型系数满足

$$(a_0,a_1,a_2,b_0,b_1,b_2,) = (r_1, -\frac{r_1}{K_1},\frac{r_1\sigma_1}{K_2},r_2,\frac{r_2\sigma_2}{K_1}, -\frac{r_2}{K_2})$$

运用引理 11.1，便可得出相应结论。

11.3.2　股东关系模型的稳定性分析

在定理 11.2 中，前 3 个平衡点均表示大股东与中小股东至少有一方最终收益为 0，这难以解释为双方达到长期平衡；在定理 11.3 的条件（2）下，微分方程组（11－9）和方程组（11－10）存在平衡点（$\frac{K_1(-1+\sigma_1)}{\sigma_1\sigma_2 - 1}$，$-\frac{K_2(-1+\sigma_2)}{\sigma_1\sigma_2 - 1}$），显然在 σ_1 和 σ_2 的不同取值下该平衡点会落在 $x_1 - x_2$ 平

面的不同区域。设 l_1 和 l_2 分别为直线 $1+\frac{\sigma_1 x_2}{K_2}-\frac{x_1}{K_1}=0$ 和 $-1+\frac{\sigma_2 x_1}{K_1}-\frac{x_2}{K_2}=0$，考虑参数条件 $0<\sigma_1<1<\sigma_2<\frac{1}{\sigma_1}$，则 x_1，$x_2>0$ 的部分被分割成 $\frac{dx_1}{dt}$ 与 $\frac{dx_2}{dt}$ 都具有固定符号的 4 个区域，如图 11-4 所示。

定理 11.5 如果微分方程组（11-9）和方程组（11-10）的系数 σ_1 和 σ_2 满足条件 $0<\sigma_1<1<\sigma_2<\frac{1}{\sigma_1}$，则 $\frac{dx_1}{dt}$ 与 $\frac{dx_2}{dt}$ 在 4 个区域的符号见表 11-4，并且微分方程组（11-9）和方程组（11-10）的每个解 $[x_1(t),x_2(t)]^T$ 在 t 趋于无穷时，趋于平衡点 $\left(\frac{K_1(-1+\sigma_1)}{\sigma_1\sigma_2-1}, -\frac{K_2(-1+\sigma_2)}{\sigma_1\sigma_2-1}\right)$。

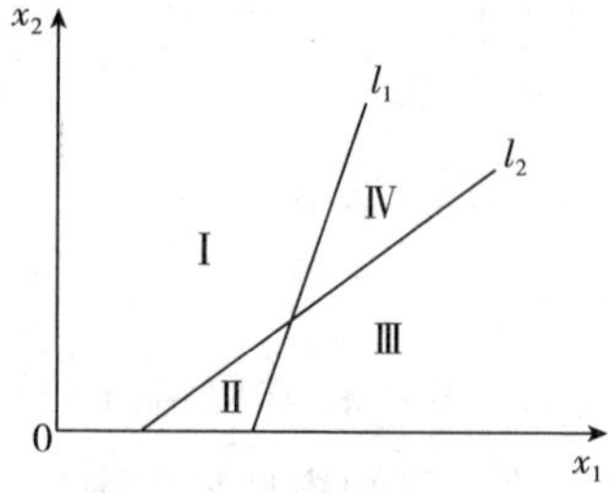

图 11-4 当 $0<\sigma_1<1<\sigma_2<\frac{1}{\sigma_1}$ 时，l_1 和 l_2 将 x_1，$x_2>0$ 划分的 4 个区域

表 11-4 当 $0<\sigma_1<1<\sigma_2<\frac{1}{\sigma_1}$ 时，$\frac{dx_1}{dt}$ 与 $\frac{dx_2}{dt}$ 在 4 个区域的符号

区域	$\frac{dx_1}{dt}$与$\frac{dx_2}{dt}$的符号	区域	$\frac{dx_1}{dt}$与$\frac{dx_2}{dt}$的符号
Ⅰ	$\frac{dx_1}{dt}>0$，$\frac{dx_2}{dt}<0$	Ⅲ	$\frac{dx_1}{dt}<0$，$\frac{dx_2}{dt}>0$
Ⅱ	$\frac{dx_1}{dt}>0$，$\frac{dx_2}{dt}>0$	Ⅳ	$\frac{dx_1}{dt}<0$，$\frac{dx_2}{dt}<0$

现改变参数条件为 $0<\sigma_2<1<\frac{1}{\sigma_2}<\sigma_1$，则分割区域如图 11-5 所

示，$\frac{dx_1}{dt}$与$\frac{dx_2}{dt}$在4个区域的符号见表11－5。但微分方程组（11－9）和方程组（11－10）的每个解$[x_1(t), x_2(t)]^T$在t趋于无穷时不能够趋于平衡点$\left(\frac{K_1(-1+\sigma_1)}{\sigma_1\sigma_2-1}, -\frac{K_2(-1+\sigma_2)}{\sigma_1\sigma_2-1}\right)$。

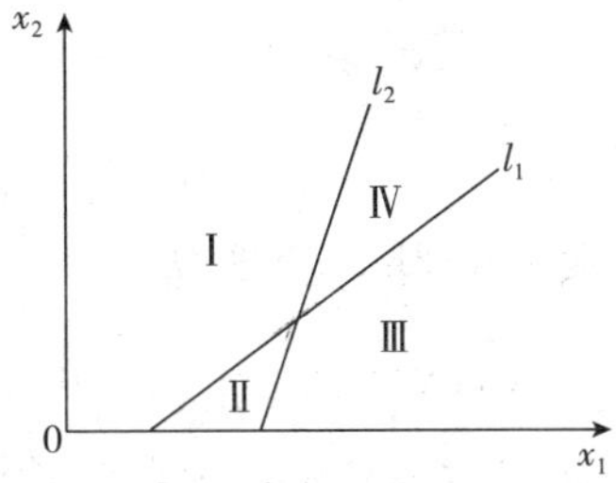

图 11－5　当$0<\sigma_2<1<\frac{1}{\sigma_2}<\sigma_1$时，$l_1$和$l_2$将$x_1$，$x_2>0$划分的4个区域

表 11－5　当$0<\sigma_2<1<\frac{1}{\sigma_2}<\sigma_1$时，$\frac{dx_1}{dt}$与$\frac{dx_2}{dt}$在4个区域的符号

区域	$\frac{dx_1}{dt}$与$\frac{dx_2}{dt}$的符号	区域	$\frac{dx_1}{dt}$与$\frac{dx_2}{dt}$的符号
Ⅰ	$\frac{dx_1}{dt}>0$，$\frac{dx_2}{dt}<0$	Ⅲ	$\frac{dx_1}{dt}<0$，$\frac{dx_2}{dt}<0$
Ⅱ	$\frac{dx_1}{dt}<0$，$\frac{dx_2}{dt}>0$	Ⅳ	$\frac{dx_1}{dt}>0$，$\frac{dx_2}{dt}>0$

定理11.5讨论了上市公司股东生态关系模型平衡点$\left(\frac{K_1(-1+\sigma_1)}{\sigma_1\sigma_2-1}, -\frac{K_2(-1+\sigma_2)}{\sigma_1\sigma_2-1}\right)$的稳定性，相应的稳定条件与控制策略为$0<\sigma_1<1<\sigma_2<\frac{1}{\sigma_1}$。在此条件下，股东$x_1$与股东$x_2$的规模状态均为正值，且分别趋于$\frac{K_1(-1+\sigma_1)}{\sigma_1\sigma_2-1}$和$-\frac{K_2(-1+\sigma_2)}{\sigma_1\sigma_2-1}$，可以解释为两者依存共生。表明在平衡点附近，无论是股东x_1还是股东x_2，都获得了规模状态的增长，并且是长期的、稳定的，达到了“共赢”的效果，符合双方的利益。

此外，通过控制条件$0 < \sigma_1 < 1 < \sigma_2 < \frac{1}{\sigma_1}$，能够对相关参数所表达的实际意义做进一步阐述。首先，$\sigma_1 < 1$表示由于实力相对弱小，公司的股东x_2对股东x_1规模状态变动的影响较小；相反，$\sigma_2 > 1$表示由于对资源具有主导优势，公司的股东x_2对股东x_1规模状态变动的影响较大。其次，$\sigma_1\sigma_2 < 1$表示股东x_2虽然实力雄厚但数量少，股东x_1虽然实力薄弱但数量众多，也较符合实际情况。

11.3.3 各类型股东互利共生的策略

从上述股东关系理论分析中可以看出，不同股东之间存在着多种关系。通过对上市公司股东关系模型的平衡点进行求解和稳定性分析，可以发现，上市公司存在股东之间互利共赢的平衡点和稳定区间，表明股东之间达到一种互利互惠的状态是有可能的。这一模型的分析结论为如何调控梳理股东之间的关系，使股东收益趋势更优提供了理论依据。

根据股东关系数学模型的平衡点和稳定性分析可以看出，要想建立和谐共生的股东关系，占据不同生态位的股东应该采取不同的策略。具体策略如下。

（1）类掠食型股东的策略。类掠食型股东的生态位宽度最大（$\sigma_2 > 1$），其凭借天然的生态位优势在股东生态系统中占据着中心位置，扮演着“主宰者”的角色。类掠食型股东有可能剥夺或侵占建群型股东、从属型股东和伴生型股东的合法利益，攫取较多的控制权私利，使整个股东生态系统无法维持健康运转。因此，在竞争日益激烈的市场环境下，监管机构应限制类掠食型股东的夺食行为，对于那些损害其他类型股东利益的类掠食型股东应予以谴责或法律制裁，促进其与其他类型股东形成生态位上的互补和合作。

（2）优势型股东的策略。优势型股东的生态位宽度较大（$\sigma_1 < 1$），在系统中处于仅次于类掠食型股东的地位，扮演着“关键者”的角色。在制衡类掠食型股东、保护其他类型股东的利益和营造公司良好生态环境等方面发挥着积极的作用。优势型股东在巩固已有生态位的前提下，应该拓

展自身生态位宽度，加强与其他股东成员间的联盟关系；实现资源共享，提高资源利用效率；实现“协同进化”，改善生存和竞争环境。同时，与类掠食型股东保持适度的重叠度，充分发挥对类掠食型股东的监督作用，最大化全体股东的控制权共享收益。

（3）建群型股东的策略。建群型股东的生态位宽度较小（$\sigma_1 < 1$，更小于优势性股东），在股东生态系统中发挥的作用也较小，竞争力较差，倾向选择投机行为，在系统中扮演“支持者”的角色。该类型股东应增加种群数量，通过横向和纵向的方式整合各类资源，提高在股东大会上的投票权，进而为自身争取较多的董事会表决权和高管层话语权，以维护自身的合法利益，并与优势型股东保持适度的生态位重叠度，搭建良好的资源共享平台，降低信息不对称程度，充分发挥在股东生态系统中的积极作用。

（4）从属型股东和伴生型股东的策略。从属型股东和伴生型股东虽数量多，但个体作用很小，与其他股东的重叠度也小，不太受到重视，在系统中扮演着“缝隙者”的角色。由于其个体维权成本较高，且不易组织，大多有着“搭便车”的心理。这两类股东应积极向优势型股东和建群型股东靠拢，在重大问题决策时要更加主动地参与股东大会，以维护自身的合法利益。同时，可积极利用各种传媒，及时关注公司活动，发挥对董事会的监督作用。

需要说明的是，不同类型股东之间的生态关系不是永恒不变的，它们会随股东生态环境的相互影响产生协同进化，如新政策的实施或者修正，可能使某类型股东的生态位发生变异或跃迁，继而调整到更加适宜的生态位，以提高股东生态环境的适应性，从而达到与其他股东的互利共生。

11.4 本章小结

股东生态位是股东资源获取和利用能力的外在表现形式，不同类型的股东占据着不同的生态位置。不同类型股东的生态位特征、权力和利益结构，决定了不同的生态位特性。处于不同生态位的股东，应该采取不同的策略以寻找自身最佳的生态位置，避免恶性竞争，从而获得生存或长久的发展。

本章首先对不同类型股东间的生态关系进行了理论分析，研究发现只有股东生态位部分重叠，才是不同类型股东互利共存的理想状态。继而进一步构建 Lotka – Volterra 模型，提出了不同类型股东的互利共生关系的判定标准，并以中航地产为案例进行研究，发现类掠食型股东、优势型股东和建群型股东均没有达到相互促进的互利共生关系。这就佐证了公司治理实践中股东利益冲突问题，同时指出了不同类型股东之间生态关系的影响方向，即呈“正”循环方向的促进作用和“逆”循环方向的抑制作用。通过对 Lotka – Volterra 模型下股东生态位进行研究和分析，明确了不同类型股东各自的竞争优势，为制定尽可能避开股东生态位过度重叠、促进股东和谐共生的政策建议奠定了基础。

根据股东关系模型分析，不同股东之间存在多种关系，但是处于不同生态位的股东之间的关系是可以协调的，且存在一个平衡点，股东之间达到一种互利互惠的状态是有可能的。为了达到互利共生的股东关系，不同股东应采取不同的策略。

第12章　异质性股东视角下股权资本成本模型改进研究

12.1　传统股权资本成本估算模型及其局限性

股权资本成本是股权投资者基于投资风险要求获得的必要报酬率，是向公司投入股权资本的机会成本。自20世纪50年代起，伴随着人们对股权结构以及代理冲突等问题的深入研究，股权资本成本日益引起广泛关注，并逐渐成为公司资本成本估算的核心问题。1990年前后，Markowitz、Miller、Sharpe等在金融经济学、公司财务方面的开创性工作为股权资本成本的估算奠定了基础。

股权资本成本的估算方法主要包括风险补偿法和内含报酬率法两类。其中，采用风险报酬率法的有资本资产定价模型CAPM（Shyarpe，1964；Lintner，1965）[6,7]、三因素模型FFM（Fama and French，1992）[8]和套利定价模型APT（Ross，1976）[9]等。采用内含报酬率法的有股利折现模型DDM（Williams，1938）[10]、股利增长模型GM、OS模型（O'Hanlon and Steele，2000）[11]、剩余收益模型GLS（Gebhardt，Lcc，and Swaminathan，2001）[12]、非正常盈余增长模型CT（Claus and Thomas，2001）[13]、ETSS模型（Easton et al，2002）[14]、非正常盈余增长模型（Ohlson and Juettner－Nauroth，2005）[15]、PEG模型以及MPEG模型（Easton，2004）[16]等。

以上这些传统的股权资本成本估算模型以股东同质化（Shareholder Homogeneity）为前提条件，不考虑其股权性质和持股比例的差异，而且假设公司所有的股东都是同质的，其要求的必要报酬率都是基于已经进行充分投资组合的消极股东所承担的系统性风险来估算的，因此完全相同（汪平、邹颖、兰京，2015）[17]。

但现实并非如此。公司股东可以按照不同标准划分为控股股东、大股东、中小股东、机构投资者、自然人股东等，各类型股东的性质不同，承担的风险不同，对利益的追求也不同。股东基于投资风险所要求的必要报酬率，构成了被投资公司的股权成本。因此，股东异质性是普遍存在的，并体现在各类型股东所要求的必要报酬率差异上，最终将导致股权资本成本的差异。基于这种现实情况，股权资本成本估算模型也应充分体现出股东群体的异质性特征，以增强股权资本成本估算的准确性。

12.2　基于股东生态位视角对公司股权成本估算模型的改进

基于股东生态位视角，异质性股东可以分为类掠食型股东、优势型股东、建群型股东、从属型股东和伴生型股东五类。各类型股东处于公司生态环境的不同位置，拥有不同的生态位宽度；股东之间因其生态位的重叠而形成利益的重叠；股东会基于各自的利益追求，承担不同的风险，进而形成有差别的报酬率预期，并最终体现在公司的股权资本成本上。由此可见，股东生态位为如何向传统股权资本成本估算模型中融入股东异质性特征提供了新的视角。

12.2.1　股东生态位特征的数理表达

在生态位视角下，公司的异质性股东拥有各自的生态位宽度，其中类掠食型股东和优势型股东的生态位宽度会明显大于其他三类股东，具有绝对性的资源获取优势。由于公司的生态环境有限，拥有不同生态位宽度的股东之间会形成一定的生态位重叠，这种重叠因共同的资源需求而表现为利益的重叠。

因此，可以将不同股东性质假设下的生态位特征进行归纳，如表12－1所示。

表 12－1　不同股东性质假设下的生态位特征

	股东同质性	股东异质性
生态位宽度	相同	不同
生态位重叠	相同	不同

以此为基础，可以用如下生态学参数描述股东的同质性，即在股东同质性假设下，所有股东都拥有相同的生态位宽度，彼此的重叠比例也完全一致。

$$B_i = B_j, \alpha_{ij} = \alpha_{ji} = 0, i \neq j \quad (12-1)$$

其中，B 表示股东的生态位宽度；α_{ij}表示股东 j 对股东 i 的重叠比例；α_{ji}表示股东 i 对股东 j 的重叠比例。

而股东异质性可进一步表达为

$$B_i \neq B_j, \alpha_{ij}, \alpha_{ji} \neq 0, i \neq j \quad (12-2)$$

即在股东异质性假设下，各类股东的生态位宽度和重叠比例都存在差异。

12.2.2　股东生态位特征的模型计量

生态位宽度可以理解为种群通过某种对应关系占用资源的一种度量。以经典的 Levins（1968）[18]和 Hurlbert（1978）[19]生态位宽度测度模型为基础，本研究将股东生态位宽度界定为股东群体在公司生态环境内获取资源的能力，这种能力既包括所获取资源的种类，也包括对某种资源的占有比重，最终表现为股东所获取资源的总价值。

因此，股东生态位宽度的计量模型可以表示为①

$$B_i = \frac{(N_{i1} + N_{i2} + \cdots + N_{is})^2}{\sum_{j=1}^{s}\left(\frac{N_{ij}^2}{r_{ij}}\right)} \quad (12-3)$$

式中，B_i为第 i 类股东的生态位宽度；N_{ij}为第 i 类股东获取资源 j 的数量；s 为资源的种类数；r_{ij}为第 i 类股东所获取资源 j 的收益率，等于第 i 类股东所获取资源 j 的价值占其持股金额的比重。

---

① 与第7章计算生态位宽度模型相比，此处的测算依据稍有不同，但两者在本质上是一致的。

在此基础上，根据r_{ij}的定义，令S_{ij}为第i类股东所获取资源j的价值，C_i为第i类股东的持股金额，则有$r_{ij}=S_{ij}/C_i$。

将r_{ij}代入股东生态位宽度模型（12－3）中，可得

$$B_i = \frac{(N_{i1}+N_{i2}+\cdots+N_{is})^2}{C_i\sum_{j=1}^{s}\left(\frac{N_{ij}^2}{S_{ij}}\right)} \tag{12-4}$$

则S_i为第i类股东所获取全部资源的价值总和，对于任意的S_i，都有

$$\frac{\partial S_i}{\partial B_i} = \frac{C_i\left(\sum_{j=1}^{s}\frac{N_{ij}^2}{S_{ij}}\right)^2}{(N_{i1}+N_{i2}+\cdots+N_{is})^2\sum_{j=1}^{s}\left(\frac{N_{ij}^2}{S_{ij}^2}\right)} > 0$$

由此可知，股东所获取资源的能力会随着生态位宽度的扩大而提高，即股东生态位宽度越大，其获取资源的能力越强。

12.2.3　股东生态位特征对股权资本成本的影响

在股东都是自利人的前提下，拥有不同生态位特征的股东根据自身的投资风险，形成不同的报酬率预期，最终影响公司的股权资本成本。因此，存在如下关系。

$$R_{si} = R_{si同} + R_{si异} \tag{12-5}$$

式中，$R_{si同}$为公司全体股东期望现金流量的风险报酬；$R_{si异}$为第i类股东由于股东生态位特征差异导致的期望现金流量风险报酬的差异，即

$$R_{si异} = g(股东生态位特征,特征的度量)$$

$R_{si异}$会随股东生态位特征的不同而不同，进而影响第i类股东的必要报酬率R_{si}。

根据前文的分析，股东生态位特征主要体现在生态位宽度上，且生态位宽度越大，股东获取资源的能力越强，也就相应提高自身所要求的必要报酬率，最终导致其股权资本成本的增加。

12.2.4　股东生态位视角下对股权资本成本估算模型的改进

通过以上分析，有必要基于股东生态位视角，放宽传统公司股权资本

成本估算模型的同质性假设，对其做出改进。

如模型（12－6）所示，公司股权资本成本是不同生态位上各股东股权资本成本的加权。

$$R_s = \sum w_i \times R_{si} \tag{12-6}$$

式中，R_s为考虑了异质性股东生态位特征的公司股权资本成本；w_i为加权的权重，是第 i 类股东的持股比例。

前文已述及，在股东同质性的情况下，所有股东的生态位宽度相同，获取资源的能力相同，各股的收益率相同，即

$$B_1 = B_2 = \cdots = B_p = B_0$$

式中，B_0为同质性股东的基准生态位宽度；p 为股东的个数。

由于股东生态位宽度与公司股权资本成本呈同方向变动，可以通过股东生态位宽度的变化拟合公司股权资本成本的变化。以同质性股东的生态位宽度 B_0为基准，在异质性假设下，第 i 类股东的生态位宽度 B_i与 B_0的比值表示该股东的生态位宽度相对同质性假设下的变化程度，并将该比值作为公司股权资本成本由同质性假设向异质性假设转换程度的度量。

因此，第 i 类股东的股权成本 R_{si}可由模型（12－7）计算获得

$$R_{si} = \frac{B_i}{B_0} R_{s0} \tag{12-7}$$

式中，R_{s0}为同质性股东的股权成本，考虑到异质性股东生态位宽度的差异，将第 i 类股东的股权成本由 R_{s0} 调整为 R_{si}。然后，将其代入模型（12－6）中，可得到调整后的加权平均股权资本成本 R_s，即

$$R_s = \sum \left(w_i \times \frac{B_i}{B_0} R_{s0}\right) \tag{12-8}$$

12.3　公司股权资本成本模型的应用分析

本部分以上市公司 A 为研究对象，对改进后公司股权资本成本模型的应用进行了实测。测算的过程是，首先将 A 公司的股东划分为三类，分别是第一大股东，第二大股东至第十大股东以及中小股东。其次，根据公司

A 的溢价收益和分红收益计算各类股东在 2010—2015 年的股东生态位宽度。以 2015 年末为观测点，将计算的生态位宽度代入改进的股权成本计算方程中，计算 A 公司 2015 年末的股权成本。

12.3.1 A 公司的基本情况

A 公司属于电力、热力、燃气及水生产及供应业，1994 年成立，于 2001 年在上海证券交易所挂牌上市。2010—2015 年，A 公司第一大股东和前十大股东持股比例情况如图 12－1 所示。

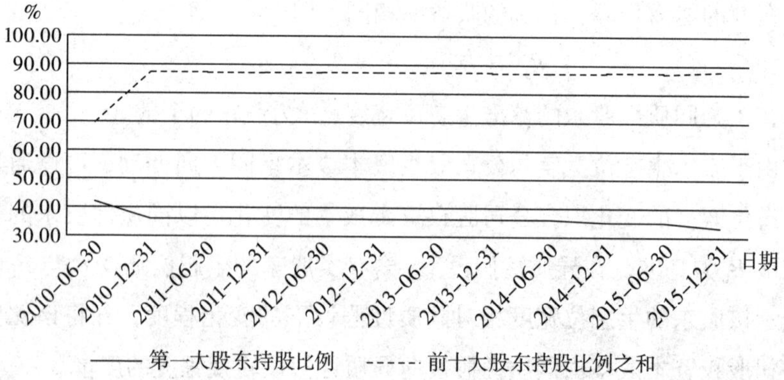

图 12－1　2010—2015 年 A 公司第一大股东和前十大股东持股比例情况

由图 12－1 可以看出，A 公司的股权结构较为稳定，除了 2010 年外，第一大股东的持股比例和前十大股东的持股比例之和在各报告期都没有发生明显的变动。第一大股东的持股比例维持在 35% 左右，前十大股东的持股比例之和维持在 87% 左右。

12.3.2 A 公司股东生态位宽度的计量

上文提到，上市公司股东的生态位宽度与其获取资源的方式和能力有关。在公司内部的股东生态系统中，股东在公司内部环境中能够获取的资源为股东获取收益的渠道和收益率，主要包括股东能够获得的股票溢价收益以及分红收益。各种股东行为的结果在一定程度上都会在较长的时间跨度下最终反映到显性的参数——股票溢价收益与分红收益中。

溢价收益是股东购买股票后，由于股价波动而引起的收益变化。根据

上文对 r_{ij} 的定义（第 i 类股东获取资源 j 的收益率），股东获取的溢价收益为第 i 类股东获取溢价收益的金额与该类股东期初能够获取溢价收益的股本金额的比。由于存在一年内多次买入或卖出的情况，股东的溢价收益为

$$r_Y = \frac{(P_1 - P_0) \times (Q_0 - Q_S) + (P_S - P_0) \times Q_S + (P_1 - P_B) \times Q_B}{P_0} \tag{12-9}$$

式中，r_Y 为股东的溢价收益；P_1 为期末的股票价格；P_0 为期初的股票价格；P_S 为期间卖出股票时的价格；P_B 为期间买入股票时的价格；Q_0 为期初的股票数量；Q_S 为期间卖出股票的数量；Q_B 为期间买入股票的数量。为保证计算结果的精确，本研究选取 2010—2015 年可以利用的全部数据进行计算，包括年报、半年报以及季报，并将上下相邻两报告期的平均数视为期间的股权认证价格。

分红收益是一种公司在扣除相关的公积金、公益金等项目后向股东发放的收益，每股有固定的红息，股份公司只有在获得利润时才能分配红利。股东获取分红收益为第 i 类股东获取分红的金额与该类股东期初能够获取分红收益的股本金额的比，各期间股东的分红收益为

$$r_F = \frac{G \times Q}{P_0 \times Q_0} \tag{12-10}$$

式中，G 为红息；Q 为计算所得的分红当期股票数量的平均值。在计算 A 公司的分红收益时，本研究根据公司分红公告以除权免息日作为股利发放的时点，各股东的股票数量通过该时点上下相邻报告期的各股东持股的平均数计算得到。

A 公司 2010—2015 年溢价收益和分红收益的计算结果见表 12－2。

表 12－2　A 公司 2010—2015 年的溢价收益和分红收益

年份	全部股东	第一大股东	第二大股东至第十大股东	中小股东
溢价收益				
2010 年	－0.2460	－0.2534	－0.2371	－0.5375
2011 年	－0.1024	－0.1024	－0.1025	－0.1023

续表

年份	全部股东	第一大股东	第二大股东至第十大股东	中小股东
溢价收益				
2012 年	0.3811	0.3810	0.3806	0.3831
2013 年	-0.4110	-0.4111	-0.4110	-0.4112
2014 年	0.4200	0.4270	0.4143	0.4243
2015 年	-0.2460	-0.2534	-0.2371	-0.5375
分红收益				
2010 年	0.0225	0.0262	0.0260	0.0170
2011 年	0.0347	0.0347	0.0346	0.0353
2012 年	0.0097	0.0097	0.0097	0.0096
2013 年	0.0415	0.0415	0.0416	0.0413
2014 年	0.0419	0.0430	0.0430	0.0358
2015 年	0.0225	0.0262	0.0260	0.0170

从表 12-2 中两种收益的对比来看，溢价收益各年的波动程度较大，股东之间的差异也较分红收益更为明显。溢价收益的主要影响指标为股东的持股数量以及当期股票的波动情况，在买卖股票和股价波动的影响下，股东的溢价收益会出现负数的情形。在短期来看，中小股东的溢价收益可能是因为在某期买卖股票大于大股东的收益，如 2012 年。但是从长期来看，大股东由于掌握内部消息、控制公司的发展方向等原因，必定会取得长期的稳定收益。分红收益的主要影响指标为股东的持股数量以及当期公司的红息，由于分红为股东既得的现实利益，所以其计算结果不存在负数的可能。在 A 公司中，第一大股东稳定持有股票，各年获得与持股数相对应的分红收益，而其他股东在不能确定分红时间及分红方式、红息的情况下，就不能确定正确的买卖股票的时间，导致这些股东分红收益的波动相对明显。

股票溢价和分红两类资源均按照股东的持股数量进行分配，不存在分配当期持有股票而未获得收益的情况。考虑到数据来源的局限性和各报告期间持股数量变化程度较小，本研究认为股东获取两类资源时的股东数量是相同的，即 $N_{i1}=N_{i2}$。将计算所得的全部参数代入生态位宽度的计算模型中，得到股东的生态位宽度，见表 12－3。

表 12－3　A 公司 2010—2015 年的股东生态位宽度

年份	全部股东	第一大股东	第二大股东至第十大股东	中小股东
2010	0.0990	0.1170	0.1166	0.0704
2011	0.2101	0.2101	0.2089	0.2154
2012	0.0377	0.0377	0.0378	0.0375
2013	0.1846	0.1847	0.1849	0.1835
2014	0.1526	0.1564	0.1559	0.1321
2015	0.0990	0.1170	0.1166	—

从表 12－3 可以看出，A 公司中异质性股东在同一年的生态位宽度存在一定差异，同一类股东在不同年份的生态位宽度也有明显差异，说明异质性股东获取资源的广度和能力都存在显著差别。通过各类型股东生态位宽度的对比，我们可以发现，A 公司第一大股东的生态位宽度分别在 2010 年、2014 年以及 2015 年最大，其余年份另外两类大股东的生态位宽度交替最大，其主要原因是短期内中小股东通过灵活地买卖股票赚取差价，获得分红收益。

12.3.3　A 公司股权资本成本的估算

根据改进后的股权资本成本估算模型，以 2015 年为观测点计算得到三类股东生态位宽度与股东同质性假设条件下生态位宽度的比值，以此表示异质性股东对必要报酬率的差异，计算结果见表 12－4。

表 12－4　A 公司 2015 年异质性股东的必要报酬率差异

	第一大股东	第二大股东至第十大股东	中小股东
$\frac{B_i}{B_0}$	1.0413	1.0394	0.9178

根据计算结果我们发现，A 公司考虑了股东的异质性特征，不同类型股东的生态位宽度与股东同质性假设条件下生态位宽度的比值具有显著的

差异，第二大股东至第十大股东的平均生态位宽度比值略低于第一大股东，中小股东的生态位宽度比值最低。

根据模型（12－8），首先通过资本资产定价模型（CAPM）计算出 A 公司的 R_{s0}，即股东同质性假设条件下的股权成本，结果为 9.28%。其中，主要参数包括以 2015 年底财政部发行的 5 年期债券利率 4% 为无风险利率；从国泰安数据库中选取 2007 年 1 月至 2015 年 12 月 A 公司的分市场贝塔值，取平均值 0.82 为系统风险系数；选取 2007 年 1 月至 2015 年 12 月上海证券交易所月末收盘指数代表市场收益值，计算市场的平均收益率为 10.44%。

将 A 公司计算所得 R_{s0} 代入改进后的股权资本成本估算模型（12－8）中，可以得到 A 公司修正后的股权资本成本为

$$
\begin{aligned}
R_s &= \sum \left(w_i \times \frac{B_i}{B_0} R_{s0}\right) \\
&= (33.33\% \times 1.0413 + 54.59\% \times 1.0394 + 12.08\% \times 0.9178) \times 9.28\% \\
&= 9.52\%
\end{aligned}
$$

计算得到 $R_s = 9.52\%$，与同质性下的 9.28% 相差 0.24 个百分点。其中，第一大股东要求的报酬率较高，为 9.66%；第二大股东至第十大股东要求的报酬率为 9.65%，与第一大股东的股权成本较为接近；中小股东要求的报酬率最低，为 8.52%。在 A 公司中，考虑了股东的异质性后，公司的股权成本高于股东同质性假设条件下的股权成本，说明不同类型股东要求的报酬率差异最终在该公司导致了资本成本的提升。

从改进后公司股权资本成本估算模型的结果来看，一方面，不同类型的股东由于先天的个体差异以及实施股东行为后在公司内部形成地位上的差异，会导致生态位宽度的不同，进而形成其要求的报酬率差异。在 A 公司中，三类股东要求的报酬率均出现了明显的差异。另一方面，在公司进行投资、融资等财务决策时，细小的百分点差异在大额的金额计算中也会带来巨大的差异。因此，改进模型后形成 0.24 个百分点的差异在决策时会发挥重要作用。

12.4　本章小结

本章分析了传统股权资本成本估算模型中存在的股东同质性假设问题，探讨了异质性股东生态位特征差异对公司股权资本成本的影响，并基于此对传统股权资本成本估算模型进行了改进。此外，本章还采用 A 上市公司的数据进行改进后的股权资本成本估算模型的应用实测，通过计算不同股东的溢价收益和分红收益来计算股东的生态位宽度，通过改进的股权成本模型发现不同股东要求的报酬率具有差异，并且在改进模型下计算的股权成本与传统的股权成本计算存在一定差异，说明了股权成本模型改进的必要性。研究发现，处于不同生态位的股东由于其生态位宽度差异和生态位的重叠，导致单个股东的期望报酬率之和大于平均报酬率，进而影响公司的股权资本成本。在估算股权资本成本时，考虑股东生态位这一异质性特征能够丰富股权资本成本度量的内涵，增加度量参数，体现出股东差异，实现对不同股东的风险识别，有利于提高股权资本成本估算的准确性，进而为更准确地进行公司估值提供了新的思路和方法。

本章的局限性在于，改进后的股权资本成本估算模型在量化股东所获取的资源时，目前只能使用显性可度量的参数，而一些不能量化的变量则难以进入模型。

参考文献

[1]伊辉勇,刘伟．基于产品种群竞争模型的企业核心竞争力识别[J].管理科学, 2007(3):16－22.

[2]徐爱东,龙勇．产品竞争与技术合作效应研究[J]．中国软科学, 2008(1):116－124.

[3]卞曰瑭,何建敏,庄亚明．基于 Lotka－Volterr 模型的生产性服务业发展机理研究[J]．软科学, 2011(1): 32－36.

[4]孙丽文,李跃．京津冀区域创新生态系统生态位适宜度评价[J]．科

技进步与对策,2017(4): 47 -53.

[5]陈海俊,娄喜娟,刘洁,等. Lotka - Volterra 模型参数的灰色估计法及应用[J]. 数学的实践与认识, 2011(23):108 - 113.

[6]SHYARPE W F. Capital asset prices: a theory of market equilibrium under conditions of risk [J]. The Journal of Finance, 1964, 19(3): 425 -442.

[7]LINTNER J. The valuation of risk assets and the selection of risky investments in stock portfolios and capital budgets [J]. Review of Economics and Statistics, 1965, 47(1): 13 -37.

[8]FAMA E F, FRENCH K R. The cross - section of expected stock returns [J]. The Journal of Finance, 1992, 47(2): 427 -465.

[9]ROSS SA. The arbitrage theory of capital asset pricing [J]. Journal of Economic Theory, 1976, 13(3):341 -360.

[10]WILLIAMS J B. The theory of investment value [M]. Cambridge: Harvard University Press, 1938.

[11]O'HANLON J, STEELE A. Estimating the equity risk premium using accounting fundamentals [J]. Journal of Business Finance and Accounting, 2000,27(9 -10):1051 -1083.

[12]GEBHARDT W R, LEE C M C, SWAMINATHAN B. Toward an implied cost of capital [J]. Journal of Accounting Research, 2001, 39(1): 135 - 176.

[13]CLAUS J, THOMAS J. Equity premia as low as three percent? evidence from analysts' earnings forecasts for domestic and international stock markets [J]. Journal of Finance, 2001, 56(5): 1629 -1666.

[14]EASTON P, TAYLOR G, SHROFF P, et al. Using forecasts of earnings to simultaneously estimate growth and the rate of return on equity investment [J]. Journal of Accounting Research, 2002, 40(3): 657 -676.

[15]OHLSON J A, JUETTNER - NAUROTH B E. Expected eps and eps growth as determinants of value [J]. Review of Accounting Studies, 2005, 10

(2－3)：349－365.

[16]EASTON P. Pe ratios, peg ratios, and estimating the implied expected rate of return on equity capital [J]. The Accounting Review, 2004, 79(1): 73－95.

[17]汪平,邹颖,兰京．异质股东的资本成本差异研究:兼论混合所有制改革的财务基础[J]. 中国工业经济, 2015, (9): 129－144.

[18]LEVINS R. Evolution in changing environments: Some theoretical exploration [M]. USA: Princeton University Press, 1968.

[19]HURLBERT S H. The measurement of niche overlap and some relatives [J]. Ecology, 1978, 59(11): 67－77.

第13章　研究结论与展望

13.1　主要研究结论

鉴于近年来我国上市公司股东冲突频发的现状，传统以股东性质和持股规模对异质性股东的区分已不足以解释日益复杂的股东关系，本研究将生态学相关理论引入对股东关系及其经济后果的研究中，构建了股东生态系统，提出了股东生态位的概念；根据股东生态位特征重新对股东进行分类；借鉴生态位的基本参数和测度模型，计算出股东生态位的宽度、重叠度和自由度指标；采用实证研究法，考察了股东生态位对公司价值、盈余管理的影响作用；采用案例研究法，分析了万科公司股东生态位重构的经济后果；并从股东关系分析和股权资本成本估算模型改进两个角度提出了未来研究的方向。

本研究的主要研究结论如下。

（1）股东与其所处的环境共同构成股东生态系统。与自然生态系统相似，上市公司股东可以被看作一个虚拟的生态群落。股东生态系统由股东生态主体、股东生态环境和股东生态调节机制三部分构成。根据股东的生态位特性，股东生态主体可分为类掠食型股东、优势型股东、建群型股东、从属型股东和伴生型股东五种类型。

（2）不同类型的股东归属于不同的生态位，处于不同生态位的股东具有不同的行为特征。类掠食型股东位于股东生态链的顶端，扮演着“主宰者”的角色；优势型股东在系统中处于仅次于类掠食型股东的地位，扮演着“关键者”的角色；建群型股东个数众多，在系统中扮演着“支持者”

的角色；从属型股东和伴生型股东在系统缝隙中求得生存，扮演着“缝隙者”的角色。

（3）股东生态位宽度决定了股东在生态系统中的位置，股东生态位重叠度决定了股东之间的关系状况。股东种群拥有的生态位宽度越大，说明该类股东种群可利用资源的多样化程度越大。股东种群间的生态位重叠度越大，竞争的激烈程度越大，越可能产生利益冲突，也越能发挥更强的监督和制衡作用。在特定的股东生态系统中，股东种群间的生态位重叠度越小，股东类型的多样性越强。股东生态位自由度是判断公司股东关系良好程度的指标。股东生态位自由度越大，生态位宽度越大，且相互之间的生态位重叠度越小，存在资源闲置的可能性越大。股东生态位自由度过大或者过小都不利于公司的整体发展。

（4）互利共生是不同类型股东相处的最终目标。不同股东之间存在多种关系，短期内股东之间因利益冲突而存在的各种矛盾和争斗虽然不可避免，但是从长期来看，处于不同生态位的股东之间的关系是可以协调的，不同类型的股东最终应该达到一种互利共生的状态。

（5）股东生态位会显著影响公司价值。股东生态位宽度、重叠度与公司价值存在显著的正相关关系，而股东生态位自由度与公司价值存在显著的“U”形关系，临界点在0.262。外部法律制度环境的完善水平对各类型股东种群自身作用的发挥具有重要影响，代理成本对股东生态位与公司价值的关系能起到部分中介作用。

（6）不同类型股东的生态位特征对真实盈余管理的影响存在显著差异。优势型股东的生态位宽度与真实盈余管理程度呈负相关，说明优势型股东的生态位宽度越大，对真实盈余管理行为的抑制作用越明显。股东生态位的重叠度越大，公司真实盈余管理程度越高。真实盈余管理程度随着股东生态位自由度的增加而呈现先降后升的“U”形关系，临界点为0.275。

（7）股东生态位的重构，特别是由大股东之间变动造成的生态位重构会对公司产生重要影响。当具有侵占意图的大股东在股东生态系统中占据主导地位时，将不利于企业价值的提升。

（8）基于股东生态位视角，对公司股权资本成本估算模型的改进是必要的。股东所处生态位的差异决定了股东对未来收益期望的差异，异质性股东对未来期望收益的要求可能大于同质性股东，会导致公司股权资本成本的增加，进而影响公司的加权平均资本成本。

13.2　研究启示

本研究的成果对于如何改善股东关系以及如何规范资本市场等带来以下几点启示。

（1）不同类型股东应采取不同的生态位优化策略，以寻找自身最佳的生态位位置，并将股东生态位的自由度限定在临界点附近。具体来说，出于本能，为争取有限的资源，不同类型的股东会主动改变自身状况以寻求各自适合的生态位。类掠食型股东应寻求共生生态位的策略，适当控制其持股比例和委派“董监高”的比例，与其他类型股东形成生态位上的互补和合作。优势型股东可以努力拓展自身的生态位宽度，减少与类掠食型股东的生态位重叠度。而建群型股东应努力扩展生态位宽度，搭建良好的资源共享平台，降低信息不对称程度，充分发挥在股东生态系统中的积极作用。

（2）完善股东生态位理论体系建设，加强不同类型股东生态位相关信息的强制性披露。生态位理论范式下的股东关系及其经济后果的研究成果，能够更好地解释股东的异质性特征，提供关于股东关系的增量信息，帮助公司及时制定并修正治理政策，提高各种资源的利用率，继而实现提高公司价值的根本目标。然而，已有研究对股东生态位的“势”维度（委派董事、监事或者高管）关注较少，且局限于类掠食型股东的控制权安排情况。主要原因在于对其他类型股东相关信息的披露较少，难以完全统计不同类型股东的委派情况，缺乏对不同类型股东控制权配置情况的认识，为股东之间利益冲突的发生埋下了隐患。因此，在进一步完善相关法律法规，防范股东滥用股权或控制权的基础上，在股东亲缘关系、兼任与控制信息等方面完善对股东生态位相关信息的强制性披露。

（3）鉴于近年来我国上市公司股东冲突频发的现状，股东之间的利益冲突影响公司治理水平，进而影响公司的正常经营活动，损害公司价值，破坏股票市场的稳定。因此，相关监管部门应加强对上市公司股权变更等重大事项的监督和管理，维护股票市场的健康发展，为投资者创造良好的投资环境。

13.3　研究局限与展望

将生态学相关理论与研究方法应用于股东关系领域的研究尚处于起步阶段，可供借鉴的国内外研究成果非常有限。本研究基于生态位理论范式，对股东关系及其经济后果的研究属于探索性的尝试，研究内容不尽丰富，研究深度尚显粗浅，也给后续研究留下了很大的扩展空间。

（1）本研究将自然生态系统理论与股东关系研究相结合，讨论了股东生态系统的概念、构成、结构及特征，并运用生态位模型分析处于不同生态位的股东特征及其相互的关系，为运用生态学研究股东勾勒出一个基本的研究框架并提供了相应的研究方法。未来的研究，可对股东生态系统的运行机制、稳定性评价和演化规律等进行具体剖析，进一步将生态学的其他理论和发展规律应用到公司治理领域的相关研究中，在借鉴中产生新的认识。

（2）本研究通过理论推导、实证检验和案例分析等方式，从公司价值和盈余管理等方面研究了股东生态位的经济后果，以及股东生态位重构对公司价值的影响。在此基础上，扩展了已有研究的股东同质性假设，从股东异质性特征入手，改进传统股权资本成本估算模型，后续研究可进一步探讨股东生态位的其他经济后果。

（3）本研究借鉴生态学的基本参数和测度模型，计算出股东生态位宽度、生态位重叠度和生态位自由度等指标，并在实证检验中通过稳健性检验与内生性检验，保证了模型和数据分析的稳定性和科学性。但是由于经济社会的高速发展以及公司治理结构的不断改变和创新，因此后续研究将进一步讨论股东生态位的变化趋势和动态影响。

后 记

用生态学理论研究股东关系是本书研究团队多年来的重点研究方向。十几年来，我们围绕这一方向的研究先后得到了北京市自然科学基金、教育部人文社科基金和国家社科基金重点项目等的支持，并分别在《会计研究》《数量经济技术经济研究》《经济管理》等学术期刊发表了数十篇相关论文，还在美国会计学会（AAA）年会、中国会计学会年会等重要国际学术会议上宣读论文，受到了国内外学术界的关注。

本书是国家社科基金重点项目“生态位理论范式下的股东关系及其经济后果研究”（13AGL003）的最终成果，是我们继共生理论股东关系研究的深入研究结果。我们将生态学中的生态位概念引入股东关系研究，认为不同类型的股东处于不同的生态位，并借鉴生态学模型研究处于不同生态位各类型股东的行为特征，试图从生态位的角度寻找协调股东关系的路径，以促进公司建立良好的公司治理机制。

本项目的研究是在杨松令教授和刘亭立教授带领下开展的，王仕卿老师、张艾莉老师也有参与。参与研究的博士研究生有董香兰、王红武、石倩倩、孙大卫、王志华、牛登云等，硕士研究生有陈璐、解晰、杨晶晶、晏文婷、张薇、程宇、王昱茜、王淼、孔嘉欣、孙思婧、李萌萌、姜莹、田梦元、杜晓玲、付秋园等。大家齐心协力，圆满完成了该研究任务。

本项目的研究还得到多位教授的指导和帮助，他们是中国人民大学商学院戴德明教授、荆新教授、赵西卜教授、况伟大教授，中国社会科学院李金华教授，对外经济贸易大学王强教授，北京科技大学王道平教授，北京工商大学谢志华教授、杨有红教授，首都经济贸易大学崔也光教授、许江波教授，北京工业大学经济与管理学院李京文院士、韩福荣教授、黄鲁成教授、宗刚教授、张永安教授等。在此，对他们表示深深的敬意和感谢。

本书能够得以尽快出版，离不开中国经济出版社赵静宜编辑的大力帮助以及彭欣编辑的严谨和细致的工作，特此致谢。

运用生态学理论研究股东关系是我们的初步尝试，有关理论和模型的建立尚不成熟，我们真诚希望有关专家学者对我们的观点提出批评和建议，以促进该理论的进一步完善。